L'ÉNERGÉTIQUE PSYCHIQUE

Les chapitres de cet ouvrage ont paru dans
différents volumes publiés chez Walter Verlag, Olten
et en particulier dans :
Über die psychische Energetik und das Wesen der Träume.

Paru dans Le Livre de Poche :

L'ÂME ET LA VIE

MÉTAMORPHOSES DE L'ÂME ET SES SYMBOLES

PRÉSENT ET AVENIR

PSYCHOLOGIE DE L'INCONSCIENT

LES RACINES DE LA CONSCIENCE

LA RÉALITÉ DE L'ÂME

1. Structure et dynamique de l'inconscient

2. Manifestations de l'inconscient

SUR L'INTERPRÉTATION DES RÊVES

C.G. JUNG

L'ÉNERGÉTIQUE PSYCHIQUE

PRÉFACE ET TRADUCTION DE YVES LE LAY

Cinquième édition

GEORG

ISBN : 978-2-253-90443-4 – 1re publication LGF

PRÉFACES
AUX ÉDITIONS FRANÇAISES

PRÉFACE
À LA SECONDE ÉDITION FRANÇAISE

Revoir les œuvres de C.G. JUNG en langue française et préparer leur réédition est une joie singulière.

A l'épreuve de l'accueil concret de ces œuvres, il se confirme que l'écho relativement modeste qu'elles ont éveillé au début, et qui va régulièrement en s'amplifiant — comme en témoigne objectivement l'accélération des rééditions nécessaires — était dû au fait que cet esprit créateur, que ce savant chercheur était trop en avance sur son temps pour être compris et suivi immédiatement comme il le méritait.

Cet ouvrage réédité constitue donc aujourd'hui une œuvre de la plus brûlante actualité : les préoccupations relatives à l'énergie psychique sont au centre des travaux et des recherches les plus modernes en psychologie et en parapsychologie, en psychopathologie et en psychanalyse (perspectives dites « économiques » et « dynamiques »).

Des réflexions relatives à l'énergie psychique sous-tendent également les recherches neurophysiologiques dans le domaine du sommeil et du rêve. Elles imprègnent les efforts psychothérapeutiques, les méthodes de relaxation, par exemple, s'efforçant de transformer l'énergie de contracture en « énergie de détente », qui entraîne bien-être et enrichissement intérieur.

Dès lors, cet ouvrage jette un pont nécessaire entre les observations magistrales et trop ignorées des pionniers de la psychologie et de la psychiatrie et les progrès humains et psychothérapeutiques les plus récents.

Dr Roland CAHEN
Paris 1973

PRÉFACE
À LA PREMIÈRE ÉDITION FRANÇAISE

Les divers essais groupés dans ce volume ont vu le jour à des époques très éloignées les unes des autres. Ils concernent des problèmes très différents bien que des liens essentiels les rattachent.

*L'intention de ceux qui ont été réunis dans la première partie a été clairement indiquée par l'auteur dans la préface écrite en 1947 pour la deuxième édition de l'*Energetik der Seele. *L'ouvrage en langue allemande était quelque peu différent de celui-ci parce qu'il contenait des études qui ont trouvé place dans d'autres volumes de l'édition française*[1] *; c'est le cas notamment pour une étude sur « l'essence des rêves » et une autre sur « des considérations générales sur la psychologie du rêve », ainsi que pour les « Généralités sur la théorie des complexes ». Cependant l'intention n'en est nullement modifiée, comme on le verra par la suite si l'on se rappelle les grandes lignes de la conception qu'à Jung de la psychologie humaine. Nous reproduisons ci-dessous les remarques essentielles de la préface de 1947.*

« Les essais contenus dans le présent volume représentent des tentatives faites pour mettre de l'ordre dans la diversité

1. C.G. Jung : *L'Homme à la découverte de son âme*, préfaces et adaptation du Dr Roland Cahen, 1943, 6e édition, Éditions du Mont-Blanc, Genève, et Hachette, Paris, 1962, 8e édition, Petite Bibliothèque Payot, Paris, 1966. et C.G. Jung : *La Guérison psychologique*, préface et adaptation du Dr Roland Cahen, Librairie de l'Université, Genève, et Buchet/Chastel, Paris, 1953, 2e édition, 1972.

chaotique des phénomènes psychiques en y introduisant des notions en vogue dans d'autres domaines. Comme nous n'en sommes encore que tout au début de la science psychologique, notre effort porte sur l'éclaircissement de notions et groupes de faits élémentaires et nullement sur les complications individuelles dont regorge notre casuistique, mais que l'on ne peut jamais éclairer de façon absolue. Les "modèles" freudiens de la névrose et du rêve n'expliquent qu'insuffisamment ce qui s'offre à l'expérience ; il en résulte que la psychologie médicale doit s'efforcer de perfectionner encore ses méthodes et ses concepts psychologiques. Cela est d'autant plus nécessaire notamment que, jusqu'à présent, la psychologie "académique" s'est refusée à faire l'étude empirique de l'inconscient. Par conséquent, après comme avant, c'est à la psychologie médicale qu'échoit la tâche d'explorer les rapports de compensation entre l'âme consciente et l'âme inconsciente, rapports dont l'importance est incalculable si l'on veut saisir ce qu'est la totalité du psychisme. »

Il s'agit donc d'un ouvrage théorique, mais qui, cependant, repose aussi, comme tous les ouvrages de l'auteur, sur des observations faites directement sur des malades et des bien-portants. Il conserve donc aussi le caractère empirique caractéristique de tous les ouvrages de JUNG.

*La notion qu'il s'agit d'introduire dans l'étude des phénomènes psychiques est celle d'*énergie*, qui joue, comme on le sait, un rôle si éminent dans d'autres domaines de la connaissance humaine.*

Il n'est pas inutile de fixer de façon plus précise ce que JUNG *entend par* énergie psychique *et le point de vue strictement psychologique auquel il se place. La notion d'énergie est certes courante aujourd'hui. On parle d'énergie électrique, d'énergie solaire, d'énergie atomique, désignant par ce terme d'énergie, en lui-même un peu obscur et difficile à définir, une certaine possibilité d'action ou, si l'on préfère, une certaine possibilité de travail. L'énergie est enclose dans la matière, le soleil, etc., sans qu'il soit possible de la séparer de ses supports bien qu'elle soit, dans sa nature, différente d'eux. En elle-même confuse, indiscernable, mais réelle puisque nous en saisissons les effets de diverses manières, puisque nous la mesurons, sinon directement, du moins dans l'intensité de ses multiples effets. Nous comparons, pour les mesurer, des énergies de sources très différentes : celle, par exemple, d'une chute d'eau et celle d'une génératrice électrique. Nos journaux quotidiens sont remplis de ces comparaisons ; et cette mesure repose uniquement sur l'identité ou la différence des effets produits séparément par chacune. Nul ne songerait à mettre en doute l'existence de l'énergie dans ces domaines. Nous constatons sa présence continuelle par le travail produit et sa transformation en activités nouvelles qui diffèrent beaucoup de la source première dont elles sont issues. L'électricité et le charbon produisent, dans certaines conditions, du mouvement qui entraîne des trains lourdement chargés. Dans les effets produits, nous retrouvons conservée, mais sous une autre forme, l'énergie potentielle initiale.*

Tant que l'on s'en tient au domaine des sciences physico-chimiques, les choses sont relativement simples et la notion d'énergie ne se heurte à aucune opposition décidée. Il en est tout autrement dès que nous abordons le domaine de la vie psychique. La jeunesse de la science psychologique, sa limitation durant de longues années à l'étude de la seule conscience, que l'on voulait bien considérer comme plus ou moins claire — W. Wundt, mort en 1920, refusait encore d'admettre l'existence d'une vie psychique inconsciente et affirmait que c'était une contradiction de réunir les mots psychique et inconscient, le terme psychique ne pouvant avoir qu'un sens valable, celui de conscient —, toutes ces circonstances ont empêché de saisir dans sa totalité l'ensemble de la vie psychique ; il en est résulté pendant des années une science psychologique, utile certes et dont les observations sont d'une très grande importance, mais morcelée, fragmentaire, se heurtant à tout instant à des obstacles insurmontables, et de plus sans utilité pratique, n'apportant, par conséquent, que très peu de satisfaction[1].

Pourtant on ne peut guère nier que le psychisme soit un producteur de travail. Même la psychologie la plus courante le reconnaît par les termes qu'elle emploie. Volonté, intérêt, émotion et tant d'autres sont des expressions qui n'ont de sens que par l'idée de potentiel énergétique qu'elles traduisent. Le

---

1. Voir C.G. Jung : *Les Racines de la conscience*, traduction d'Yves Le Lay, Buchet/Chastel, Paris, 1971, dernier chapitre.

travail humain, sur lequel nous nous extasions à juste titre, ne se peut comprendre que par l'idée d'une énergie psychique qui se transforme selon les besoins qu'il faut satisfaire. La richesse accumulée au cours des millénaires est le fruit de cette énergie psychique dont il est question ici. Le psychisme apparaît comme un réservoir d'énergie dans lequel nous puisons sans cesse et qui pourtant se conserve durant toute l'existence. Malgré cela, le problème de l'énergie psychique reste encore sans solution satisfaisante. Non que des psychologues ne se soient préoccupés de le résoudre. Il est facile de trouver dans l'histoire de la psychologie bien des considérations sur ce sujet. Mais on ne s'est, semble-t-il, arrêté qu'à deux propositions de solution extrêmes : ou bien on réduit l'énergie psychique à l'activité organique ou matérielle et l'on considère la vie mentale comme un épiphénomène, *comme un phénomène accessoire, sans rien d'essentiel, venant se surajouter comme un luxe à des phénomènes physiologiques et dont la disparition ne changerait rien au cours des choses. Ou bien, en vertu de croyances que l'on ne songe pas à discuter et dont on ne suppose pas un instant qu'elles pourraient être trompeuses, on en fait un phénomène supérieur, divin plutôt, dont il n'est ni bon, ni nécessaire de chercher à pénétrer la nature. Loin d'apporter une solution, chacune de ces deux conceptions supprime en fait le problème.*

Jung *prend à ce sujet une position intermédiaire. Il se refuse, parce qu'il est empiriste, à s'engager dans des conceptions qui relèvent en fait de la métaphysique, parce qu'aucune n'est à même de présenter des preuves entraînant une adhésion complète. Aussi s'en tient-il aux seuls faits constatables et contrôlables. Il ne s'agit pas d'interdire les conceptions métaphysiques qui peuvent avoir leur utilité. Il ne s'agit pas davantage de nier les liens indubitables qui unissent l'organisme, et notamment le système nerveux et le cerveau, au psychisme. Mais dans l'état actuel de nos connaissances en ce domaine, il est impossible de trancher définitivement la question. Libre donc à chacun de la résoudre pour soi-même selon sa disposition mentale particulière. La science psychologique, qui observe selon la méthode des sciences naturelles, doit se borner à ce qui est observable et ne tirer que les conclusions autorisées. C'est ce que l'on trouvera dans la première partie du présent volume.*

Des observations faites il résulte que l'on peut considérer le psychisme — et par ce terme il faut entendre la totalité psychique, c'est-à-dire le conscient et *l'inconscient — du point de vue énergétiste parce qu'il présente des analogies frappantes avec certains systèmes matériels. On peut le considérer comme un système relativement clos dans lequel l'énergie se comporte comme elle le fait dans le domaine physique. A la condition, toutefois, comme nous le disions tout à l'heure, que l'on ne limite pas le psychisme à ses manifestations conscientes et que l'on se souvienne que le conscient et l'inconscient sont continuellement en relations l'un avec l'autre, l'inconscient jouant vis-à-vis du conscient un rôle compensateur. Le psychisme est donc un système doté d'un potentiel énergétique dont chacun dispose durant toute sa vie. Il s'y déroule une activité continuelle, saine ou morbide, des transformations multiples, et la somme d'énergie dont il dispose s'y retrouve relativement constante. Les principes de conservation et de transformation de l'énergie trouvent ainsi leur confirmation également dans le domaine du psychisme.*

On lira dans cet ouvrage les considérations théoriques puisées par l'auteur dans les multiples observations faites par lui sur l'homme sain et malade. Mais en outre, selon une habitude qui lui est chère, on verra qu'il va puiser aussi dans la psychologie des peuples primitifs et dans le folklore des observations qui lui apportent la confirmation de ce qu'il a établi dans l'autre domaine. Il n'y a là aucune contradiction puisque pour JUNG *existe un lien constant entre les générations depuis les temps les plus lointains.*

Il n'est pas sans intérêt de rappeler que toute l'œuvre de JUNG *repose sur cette notion d'énergie et de comportement énergétique. L'énergie dont il s'agit ici est désignée aussi très souvent par le terme de* libido *choisi par l'auteur. « J'entends par libido, dit-il dans la définition n° 40 des* Types psychologiques[1], *l'énergie psychique... Je l'utilise pour désigner des*

1. C.G. Jung : *Types psychologiques*, préface et traduction d'Yves Le Lay, Librairie de l'Université, Genève, et Buchet/Chastel, Paris, 1950, 3e édition, 1967.

intensités ou des valeurs. » Les Métamorphoses de l'âme et ses symboles[1], *dont le premier titre était* Métamorphoses et symboles de la libido, *sont une illustration importante des transformations et de la conservation de cette énergie. On en trouvera également des exemples dans* La Théorie psychanalytique[2].

* * *

La deuxième partie du volume comprend quatre essais : « Rêve de nombres », « Psychologie et pathologie des phénomènes dits occultes », « Âme et mort » et les « Fondements psychologiques de la croyance aux esprits ». C'est encore une préface écrite pour un volume en 1938 qui nous fixera sur l'intention de ces études.

Il s'agit là de problèmes qui ont toujours préoccupé l'esprit humain, problèmes pour lesquels les solutions les plus diverses ont été proposées, sans que jamais l'une d'elles ait pu s'imposer et entraîner l'adhésion universelle. Ce sont, nous dit l'auteur, « des problèmes limites de l'âme humaine » : celui de l'existence de l'âme après la mort, celui de la dissociation de la personnalité et des relations avec l'esprit des défunts ; celui de la croyance à l'immortalité. Mais il ne faut jamais perdre de vue l'attitude de l'auteur en face de ces problèmes. Il nous dit textuellement à ce sujet : « Ces études sont faites au point de vue et selon l'esprit de la psychologie empirique moderne, dont la méthode est celle des sciences naturelles. Bien qu'elles traitent de sujets que se réservent généralement la philosophie et la théologie, ce serait une erreur de croire que la psychologie s'occupe du problème de l'immortalité sous son aspect métaphysique. *La psychologie ne peut et ne veut établir aucune vérité métaphysique ; elle s'occupe uniquement de la* phénoménologie *psychique.*

« L'idée de l'immortalité est un phénomène psychique

1. C. G. Jung : *Métamorphoses de l'âme et ses symboles*, préface et traduction d'Yves Le Lay, Librairie de l'Université, Genève, et Buchet/-Chastel, Paris, 1953, 2e édition, 1967.

2. C. G. Jung : *La Théorie psychanalytique*, traduction de Mme M. Schmid-Guisan, Éditions Montaigne, Paris, 1932. Épuisé.

répandu sur la terre entière. Au point de vue psychologique, toute « idée » est un phénomène, comme la philosophie ou la théologie. Pour la psychologie moderne, les idées sont des êtres *aussi bien que les animaux et les plantes. Sa méthode est la* description de la nature. »

Nous ne saurions trop insister sur l'importance de cette « mise au point » de l'auteur. Elle nous avertit que nous ne devons pas lui demander plus qu'il ne peut et ne veut nous donner. Trop souvent les études sur ces problèmes derniers sont abordées avec une idée préconçue, une conviction, une croyance, un espoir même dont on s'efforce de trouver une justification dans des essais de ce genre et l'on se réjouit de penser qu'un esprit de l'envergure de C.G. JUNG se rangerait dans tel ou tel camp. C'est là dépasser la mesure. JUNG ne veut nullement « sortir de sa poche une croyance ni inviter le lecteur à faire précisément ce qu'il n'a jamais pu faire : adopter une croyance ». « Je dois avouer, ajoute-t-il, que moi-même je ne l'ai jamais pu. »

Cela dit, il nous faut bien reconnaître que l'humanité a toujours cherché à se faire des idées claires au sujet de ces problèmes. Elle en a eu, bien avant que fût créée une psychologie scientifique. Elle les a manifestées, depuis les âges les plus reculés, sous des formes très diverses dont les grandes religions représentent les éléments essentiels. C'est donc en tant que manifestations psychiques, si l'on veut en tant que manifestations de l'énergie psychique, que nous avons à les considérer. « Mais cette constatation n'établit nullement le bien-fondé... de la croyance à l'immortalité. A strictement parler, cette question ne regarde pas le psychologue. L'immortalité, pas plus que l'existence de Dieu, ne peut être démontrée empiriquement, ni par la philosophie, ni par les sciences naturelles. Nous savons que le sel est indispensable au bien-être physiologique, mais ce n'est pas en raison de cette connaissance que nous en mangeons ; c'est parce que, de tout temps, la nourriture assaisonnée de sel a été estimée plus savoureuse. » Nous touchons ici ce que JUNG a appelé « l'importance fonctionnelle de l'idée ». *Elle est inscrite dans la psyché humaine ; elle concerne « ces idées primordiales et universelles » qui ne sauraient être détruites par une intention quelconque, mais qui, à certains moments, semblent disparaître, pour reparaître plus tard sous une autre forme et avec une égale intensité, confirmant une fois de plus la conception énergétiste de la vie psychique exposée dans la première partie de cet ouvrage.*

Nous avons abondamment cité, dans cette préface, des mises au point de l'auteur. Nous avons pensé que c'était indispensable pour préciser à la fois sa position vis-à-vis de problèmes sur lesquels les controverses sont encore fréquentes et le seront sans doute encore longtemps, et pour bien indiquer aussi dans quel esprit il est nécessaire d'aborder ce livre. Les idées, sous quelque forme qu'elles se présentent, sont des réalités psychiques qui ont leur valeur et leur nécessité puisqu'elles existent. Il doit donc être possible d'en faire une étude scientifique sans tomber dans les exagérations et dans les erreurs de l'imagination ou du mépris, sans dépasser les limites de ce qui est permis et confirmé par l'observation. JUNG *n'est pas homme à faire des concessions ni dans un sens ni dans l'autre ; il s'en tient rigoureusement à ce qu'il peut affirmer sans violenter les faits. De là l'influence enrichissante de son œuvre tant sur le plan de la science de la psychologie que sur le plan spécifiquement humain.*

Y. Le Lay
1956

PREMIÈRE PARTIE

ÉNERGÉTIQUE PSYCHIQUE INSTINCT ET INCONSCIENT

ÉNERGÉTIQUE PSYCHIQUE

I. GÉNÉRALITÉS SUR LA CONCEPTION ÉNERGÉTISTE EN PSYCHOLOGIE

a) *Introduction*

Le concept de *libido*, que j'ai proposé [1], s'est heurté à bien des malentendus et même à des refus catégoriques. Il n'est donc pas superflu d'en examiner encore une fois les fondements.

Les phénomènes physiques, c'est chose bien connue, peuvent être considérés selon deux points de vue : le point de vue *mécaniste* et le point de vue *énergétiste* [2]. La conception mécaniste est purement causale et conçoit l'événement comme l'effet d'une cause, en ce sens que des substances immuables modifient, selon des lois fixes, leurs rapports les unes avec les autres.

La conception énergétiste, au contraire, est, dans son essence, finale [3], et conçoit l'événement en allant de l'effet à la cause, en ce sens qu'une énergie servirait de base aux transformations des phénomènes, se maintiendrait constante en eux et finalement produirait, par entropie, un état d'équilibre

---

1. *Métamorphoses de l'âme et ses symboles*, *op. cit.*

2. *Cf.* Wundt : *Mechanik und Energetik. Grundz. d. phys. Psych.*, 1903, t. III, pp. 692 sq. Pour la conception dynamique, *cf.* Ed. V. Hartmann : *Weltanschauung der modernen Physik*, 1909, pp. 202 sq.

3. J'évite le terme : « téléologique » pour écarter les méprises inévitables quand il est question du concept courant de téléologie et pour qu'on ne croie pas qu'il y aurait là l'idée d'un but posé par anticipation.

général. Le déroulement énergétique a une direction définie (but), obéissant invariablement (irréversiblement) à la différence de niveau potentiel. L'énergie n'évoque pas une substance en mouvement dans l'espace, mais est un *concept* abstrait des relations de mouvement. Ses fondements ne sont donc pas les substances elles-mêmes, mais leurs relations, tandis que le fondement de l'idée mécaniste est la substance qui se meut dans l'espace.

Ces deux points de vue sont indispensables pour la compréhension du phénomène physique : c'est pourquoi ils jouissent d'une approbation générale ; car l'existence côte à côte des points de vue mécaniste et énergétiste a donné naissance à une troisième forme de conception qui s'en est dégagée peu à peu, à la fois mécaniste et énergétiste ; bien que, du point de vue de la pure logique, la montée de la cause à l'effet, la suite causale progressive, ne puisse, au même instant, être aussi choix régressif d'un moyen en vue d'une fin [1]. Il nous est impossible de penser qu'un seul et même enchaînement de faits soit, au même instant, causal et final, puisque l'une des déterminations exclut l'autre. Il s'agit ici de deux façons différentes d'envisager les choses dont l'une est l'inverse de l'autre, puisque le principe de finalité est le renversement logique du principe de causalité. Non seulement la finalité est possible logiquement, mais elle est en outre un principe indispensable

1. « Causes finales et causes mécaniques s'excluent parce qu'une fonction univoque ne peut être en même temps multivoque. » (WUNDT : *Grundz. d. phys. Psych.*, 1903, t. III, V. p. 728.) Il me semble inadmissible de parler de « causes finales » ; c'est là un concept hybride, issu d'une confusion des points de vue causal et final. Chez WUNDT, la série causale comporte deux membres et est univoque : à savoir : cause M et effet E, tandis que la série finale comporte trois membres et est multivoque : à savoir : fixation du but A, moyen M, réalisation de la fin E. Cette construction, je la considère également comme une formation hybride ; car l'idée qui pose le but est un complément causalement conçu de la série réelle finale M-E, qui, elle, a également deux membres et est univoque. En effet, si le point de vue final n'est que l'inverse du causal (WUNDT), M-E n'est autre chose que la liaison causale considérée à l'envers. La finalité ne connaît point de cause posée au début, car le point de vue final n'a rien de causal, ne comporte donc nulle idée de cause, de même que le point de vue causal ne comporte aucune idée de but, autrement dit de réalisation.

d'explication, car aucune explication de la nature ne peut être uniquement mécaniste. Certes, si nous ne connaissions que des substances en mouvement, il n'y aurait que des explications causales. Mais des rapports de mouvement nous sont également donnés ; d'où la nécessité du point de vue énergétiste [1]. S'il n'en était pas ainsi, jamais il n'eût été nécessaire d'inventer le concept d'énergie. La prédominance de l'une ou de l'autre façon de voir dépend beaucoup moins du comportement objectif des choses que de l'attitude psychologique du savant et du penseur. L'*Einfühlung* conduit à la conception mécaniste, l'abstraction, à la conception énergétiste. Chacune de ces deux orientations a tendance à commettre la faute qui consiste à hypostasier ses principes dans la matière — dite objective, de l'expérience —, et à admettre que la représentation subjective est identique au comportement des choses, et par suite, que la causalité, par exemple, telle que nous la trouvons en nous, existe aussi objectivement dans le comportement des choses. Cette erreur est très répandue et conduit à de continuels conflits avec le principe opposé : car, ainsi que nous l'avons dit, il est impossible de concevoir que la détermination soit en même temps causale et finale. Or cette insupportable contradiction ne provient que de la projection illicite et irréfléchie en l'objet de la façon même que l'on a de voir ce qui est. Les façons de voir ne sont exemptes de contradiction que si on les maintient dans la sphère psychologique et si on les projette dans le comportement objectif des choses uniquement comme des hypothèses. Le principe de causalité supporte sans contradiction son inversion logique ; il n'en est pas de même des faits, et c'est pourquoi finalité et causalité sont incompatibles en l'objet. Selon le procédé bien connu du rapetissement, on a l'habitude de provoquer, d'un point de vue théorique il est vrai, un compromis insuffisant, en ce sens que l'on considère tel détail du

1. La querelle entre énergétisme et mécanisme est analogue à celle du vieux problème des universaux. Il est certain que seul l'objet isolé est donné à la perception sensible, et dans ce cas, l'universel n'est que *nomen*, mot. Mais en même temps sont données aussi les ressemblances, ou les rapports entre les choses et alors l'universel est réalité (réalisme relatif d'ABÉLARD).

point de vue causal, tel autre, du point de vue final[1] ; par suite de quoi apparaissent toutes sortes de résultantes composites théoriques qui, on ne saurait le nier, donnent une image relativement fidèle de la réalité[2]. Nous ne devons jamais perdre de vue qu'en dépit des plus belles harmonies entre les faits et nos idées, les principes d'explication ne sont précisément que des façons de voir, c'est-à-dire des manifestations d'attitudes psychologiques et des conditions à priori de la pensée.

b) *Possibilité de la détermination psychologique quantitative*

De ce que nous venons de dire, il devrait ressortir que tout événement exige qu'on le considère aussi bien du point de vue mécaniste-causal que du point de vue énergétiste-final. Seule l'*opportunité*, autrement dit : la *possibilité de succès*, décide laquelle des deux conceptions doit l'emporter de préférence. Quand, par exemple, c'est l'aspect qualitatif de l'événement qui est en question, c'est la conception énergétiste qui a le dessous, puisqu'elle ne concerne pas les substances, mais uniquement les rapports quantitatifs de leur mouvement.

On a déjà beaucoup discuté pour savoir si le déroulement psychique peut, lui aussi, être soumis, ou non, à un mode d'examen énergétiste. A priori, il n'y a pas de raison pour que cela soit impossible, car rien n'oblige à placer le phénomène psychique en dehors des faits objectifs de l'expérience, le psy-

1. Finalité et causalité sont deux possibilités antinomiques de compréhension. Ce sont des procédés d'interprétation, l'un progressif, l'autre régressif (Wundt), et, cela étant, contradictoires. Mais naturellement cette proposition n'est exacte que si l'on suppose que le concept d'énergie est une abstraction exprimant des rapports. (« L'énergie est rapport ». Ed. V. Hartmann, *Weltansch. der mod. Phys.*, 1909, p. 196.) Elle ne l'est plus s'il s'agit d'un concept d'énergie hypostasié (comme par exemple chez Ostwald : *Philosophie der Werte*).

2. « La différence entre considération téléologique et considération causale n'est nullement concrète ; elle ne fait pas des contenus de l'expérience deux domaines disparates ; les deux modes de considération ne présentent qu'une différence purement formelle, de sorte que toute relation finale comporte une liaison causale qui la complète, mais inversement aussi, on peut, le cas échéant, à toute liaison causale, donner une forme téléologique. » (Wundt : *Grundz. der phys. Psych.*, 1903, t. III, V, p. 737.)

chique pouvant lui-même être objet d'expérience. Mais ainsi que le montre l'exemple de *Wundt*, on peut, de bonne foi, douter que le point de vue énergétiste se puisse d'une façon générale appliquer à des phénomènes psychiques, et si on l'admet, douter alors que la psyché puisse être considérée comme un système relativement fermé.

En ce qui concerne le premier point, je dois me ranger entièrement à l'avis que donne *de Grot*, qui fut un des premiers à soutenir l'énergétique psychique en disant : « La notion d'énergie psychique est tout aussi justifiée dans la science que celle d'énergie physique, et l'énergie psychique a, tout comme elle, des mesures quantitatives et des formes diverses[1]. »

Pour le deuxième point, je me distingue de ceux qui ont jusqu'à ce jour étudié cette question, en ce sens que je ne m'occupe guère de chercher à ranger le processus d'énergie psychique dans le système physique. Je ne le fais pas parce que nous ne possédons à ce sujet que de vagues suppositions, mais nul point d'appui véritable. Bien que je sois certain que l'énergie psychique est reliée très étroitement, de quelque manière, au processus physique, il nous faudra bien d'autres expériences et bien d'autres études pour pouvoir parler avec quelque compétence de cette relation. En ce qui concerne l'aspect philosophique de la question, je m'en tiens entièrement aux idées développées par *Busse* sur ce sujet[2]. Je suis obligé aussi de me ranger à l'avis de *Külpe* qui dit à ce propos : « Il serait en soi tout à fait indifférent qu'un quantum d'énergie spirituelle se glissât, ou non, dans le cours des processus matériels. La loi de la conservation de l'énergie, telle qu'on l'a comprise jusqu'à ce jour, n'en serait pas lésée[3]. »

La relation psychophysique est, selon moi, un problème à part que l'on résoudra peut-être un jour. Mais en attendant, la psychologie n'a pas à s'arrêter à cette difficulté et peut au contraire considérer la psyché comme un système relativement clos. Il est vrai qu'il faut, dans ce cas, rompre avec le point de vue « psychophysique » qui me paraît insoutenable : sa conception épiphénoménologique est un reste de l'héritage du

1. *Arch. f. syst. Phil.*, t. IV, p. 290.
2. L. Busse : *Geist und Körper, Seele und Leib*, 1903.
3. Külpe : *Einleitung in die Philosophie*, p. 150.

vieux matérialisme scientifique. Comme le pensent, par exemple, *Lasswitz, de Grot* et d'autres, les phénomènes de conscience n'auraient entre eux aucune liaison fonctionnelle, puisque aussi bien *ils ne sont que* (!) « des phénomènes, des manifestations, des indices de certaines relations fonctionnelles plus profondes ». Les relations causales des données psychiques entre elles, que nous pouvons observer à tout moment, contredisent cette opinion épiphénoménologique qui présente une fâcheuse ressemblance avec l'idée matérialiste selon laquelle la psyché serait une sécrétion du cerveau, comme la bile une sécrétion du foie. Une psychologie qui considère le psychique comme un épiphénomène devrait plutôt s'appeler physiologie cérébrale et se contenter du butin extraordinairement pauvre que procure une telle psychophysiologie. Le psychique mérite d'être considéré comme un phénomène en soi, car il n'y a nulle raison de le tenir pour un simple épiphénomène, encore qu'il soit lié à la fonction cérébrale, pas plus que l'on ne peut regarder la vie comme un épiphénomène de la chimie du carbone.

L'expérience immédiate de rapports quantitatifs psychiques, ainsi que la profonde obscurité d'une liaison psychophysique qui nous échappe encore totalement, autorisent à considérer, au moins provisoirement, la psyché comme un système énergétique relativement fermé. Je me trouve ainsi en opposition absolue avec l'énergétique psychophysique de *de Grot*. A mon avis, il marche là sur un terrain tout à fait incertain ; c'est pourquoi ses autres explications ont si peu de force probante. Quoi qu'il en soit, je veux présenter textuellement au lecteur les affirmations de *de Grot* parce qu'elles émanent d'un pionnier sur ce terrain difficultueux : « 1. Les énergies psychiques sont des quantités et des grandeurs, comme les énergies physiques. 2. Elles peuvent se transformer réciproquement les unes en les autres, en tant que formes différentes du travail et de la potentialité psychiques. 3. Elles peuvent également se transformer en énergie physique, et inversement (par l'intermédiaire des processus physiologiques). » Il n'est guère nécessaire d'ajouter que la troisième proposition doit s'accompagner d'un point d'interrogation lourd de sens. Car en dernier lieu, c'est l'opportunité seule qui décide non s'il est possible en soi d'utiliser le mode énergétiste d'envisager les choses, mais bien si, dans la pratique, cela promet d'être fructueux [1].

La possibilité même de déterminer exactement la quantité de l'énergie physique a *prouvé* que, pour le phénomène physique, le point de vue énergétiste avait des chances de succès. Mais on pourrait aussi considérer énergétiquement ce même phénomène s'il n'existait aucune détermination précise des quantités et uniquement une *possibilité de les évaluer* [2]. Mais si même une simple évaluation était tout à fait impossible, alors il faudrait évidemment renoncer au point de vue énergétiste qui, dans ce cas, n'aurait plus de raison d'être.

1. Le système subjectif de valeur

La possibilité d'appliquer le point de vue énergétiste en psychologie repose exclusivement sur la question de savoir si des évaluations quantitatives de l'énergie psychique sont possibles. Il faut répondre résolument par l'affirmative, car notre psyché possède même un système d'évaluation d'une extrême délicatesse : le *système des valeurs psychologiques*. Les valeurs sont des évaluations énergétiques de quantités. Et il faut remarquer que nous disposons non seulement d'un système objectif des valeurs, mais aussi d'un système objectif de mesure : les valeurs collectives morales et esthétiques. Ce système de mesure ne peut, il est vrai, servir directement à notre but, car il s'agit là d'une échelle de valeurs fixée d'une manière générale, qui ne tient compte qu'indirectement des conditions psychologiques subjectives ou individuelles.

Ce qu'il faut considérer en premier lieu pour les buts que nous poursuivons, c'est le système subjectif des valeurs, c'est-à-dire les évaluations subjectives de l'individu particulier. De

1. N. de Grot va même jusqu'à dire : « L'*onus probandi* (la charge de prouver) revient à ceux qui nient l'énergétique psychique, mais non à ceux qui l'admettent. » *Arch. f. syst. Phil.*, t. IV, p. 324.

2. C'est en effet ce qui se produisit avec Descartes qui posa en premier lieu le principe de la conservation de la quantité du mouvement, bien qu'il ne disposât pas des méthodes de mesure physique découvertes seulement à l'époque moderne.

fait, nous pouvons, jusqu'à un certain point, évaluer les valeurs subjectives de nos contenus psychologiques, bien qu'il nous soit extraordinairement difficile de les mesurer avec une exactitude objective, c'est-à-dire en les comparant à des valeurs fixées une fois pour toutes. Cette comparaison est toutefois sans importance pour nos intentions, ainsi que nous l'avons déjà dit. Nous pouvons comparer aussi les unes avec les autres nos évaluations subjectives et déterminer leur force *relative*. Il est vrai qu'alors la mesure est relative aux valeurs des autres contenus, donc nullement absolue et objective ; elle suffit pourtant à nos intentions, puisque l'on peut reconnaître avec certitude des valeurs d'intensités différentes alors que les qualités sont les mêmes et qu'il est aisé de voir que, dans les mêmes conditions, des valeurs égales se font équilibre.

La difficulté apparaît dès qu'il s'agit de comparer la valeur d'intensités alors que les qualités sont différentes, de comparer, par exemple, la valeur d'une pensée scientifique et celle d'une impression sentimentale. Ici l'évaluation subjective devient incertaine, et l'on ne peut s'y fier. En outre, l'évaluation subjective se borne uniquement à des contenus de la conscience. Elle ne vaut donc rien pour estimer la valeur d'influences inconscientes, parce qu'il s'agit là d'évaluations qui devraient s'étendre au-delà des limites de la conscience.

Cependant, vu le rapport compensateur bien connu entre le conscient et l'inconscient[1], il est justement du plus haut intérêt de découvrir une possibilité d'évaluer les valeurs de la sphère inconsciente. Si nous voulons mener à bonne fin un examen énergétiste du phénomène psychique, il est nécessaire que nous envisagions ce fait, important entre tous, que des valeurs conscientes peuvent paraître s'évanouir et ne plus se montrer jamais

1. L'unilatéralité de la conscience est compensée par une position éventuellement opposée de l'inconscient. Ce sont, en premier lieu, les constatations de la psychopathologie qui montrent nettement l'attitude compensatrice de l'inconscient. Abondant matériel justificatif dans les écrits de FREUD, ainsi que dans ceux d'ADLER ; de même dans ma *Psychologie de la démence précoce*, 1907. Le point de vue théorique a été étudié dans mes *Collected Papers*, etc., 1916, pp. 278 sq. Sur la compensation psychique dans ses relations générales, *cf.* A. MAEDER : « Régulation psychique et guérison », *Arch. suisses de Neur. et de Psych.*, t. XVI.

dans une activité consciente correspondante. Dans ce cas, il faut théoriquement nous attendre à leur apparition dans l'inconscient. Mais comme ce dernier ne nous est directement accessible ni chez nous-même, ni chez autrui, l'évaluation ne peut être qu'indirecte, autrement dit : il nous faut recourir à des méthodes accessoires pour entreprendre de l'établir. Quand il s'agit d'évaluations subjectives, le sentiment et l'intelligence viennent d'eux-mêmes à l'aide, puisqu'il s'agit d'une fonction développée depuis des temps immémoriaux, et différenciée avec une extrême finesse. L'enfant s'exerce déjà de bonne heure à la différenciation de son échelle des valeurs, puisqu'il pèse qui il préfère de son père ou de sa mère, qui vient à la deuxième place, à la troisième, et qui il déteste le plus, etc. Cette évaluation consciente, non seulement ne fonctionne plus à l'égard des manifestations de l'inconscient, mais encore elle se transforme en évaluations manifestement fausses, que l'on désigne aussi par les noms de « refoulement » ou de « déplacement » de l'affect. Il faut donc renoncer totalement à l'évaluation subjective pour l'intensité des valeurs inconscientes. Il en résulte que nous avons besoin de points de repère objectifs rendant possible une *évaluation indirecte, mais objective.*

2. L'évaluation quantitative objective

J'ai montré, au cours de recherches sur le phénomène des associations, qu'il existe certains groupements d'éléments psychiques autour de contenus affectivement accentués, groupements que l'on désigne du nom de *complexes.* Ce contenu affectivement accentué, le complexe, se compose d'un élément central et d'un grand nombre d'associations secondaires constellées. L'élément central est fait de deux composantes : premièrement, une condition, donnée par l'expérience, événement vécu par conséquent, causalement relié à ce qui l'entoure ; et deuxièmement, une condition de nature dispositionnelle, immanente au caractère individuel.

L'élément central se distingue par ce qu'on appelle le ton sentimental, l'accentuation affective ; cette accentuation est, énergétiquement parlant, une valeur-quantité. Pour autant que l'élément central est conscient, cette quantité peut être évaluée relativement par le sujet. Mais si l'élément central est inconscient [1], comme il arrive souvent, ou du moins inconscient en ce qui concerne sa signification psychologique, alors l'évaluation

1. Il n'est nullement évident qu'un complexe, ou son noyau essentiel, puisse être inconscient. Un complexe ne serait pas ce qu'il est s'il ne possédait pas une certaine, voire une considérable intensité affective. Cette valeur énergétique devrait — comme il faudrait en somme s'y attendre — l'élever automatiquement à la conscience, autrement dit : la force d'attraction qui réside en lui devrait, en réalité, attirer l'attention consciente. (Les champs de force s'attirent réciproquement !) Or il arrive fréquemment, l'expérience nous le montre, qu'il n'en soit pas ainsi, et cela demande une explication particulière. La plus claire, et la plus simple, est donnée par la *théorie du refoulement* de FREUD. Cette théorie suppose qu'il y a dans la conscience une contre-position, ce qui veut dire que l'attitude consciente est en quelque sorte hostile au complexe inconscient et ne lui permet pas de devenir conscient. Il est certain que cette théorie explique de nombreux cas. Mais l'expérience m'a montré qu'il en existe qu'elle n'explique pas. La théorie du refoulement ne vise, en réalité, que les cas dans lesquels un contenu, en soi susceptible de conscience, est ou bien refoulé de la pleine conscience et rendu inconscient, ou bien empêché, dès le début *(a limine)*, de devenir conscient. Mais elle ne considère pas les autres cas où se forme, au moyen des matériaux de l'inconscient non susceptibles de conscience, un contenu de haute intensité énergétique qui ne peut d'abord entrer dans la conscience, ou ne le peut qu'au prix des plus grandes difficultés. Dans un cas semblable, l'attitude consciente non seulement n'est pas hostile au contenu inconscient, mais au contraire peut lui être tout à fait favorable ; il s'agit de néoformations créatrices qui, on le sait, ont très fréquemment pour origine première l'inconscient. Comme la mère attend avec impatience l'enfant, que pourtant elle mettra au monde au milieu de peines et de douleurs, un nouveau contenu créateur, en dépit de la complaisance de la conscience, peut demeurer longtemps dans l'inconscient sans être « refoulé ». Malgré sa haute valeur énergétique, il ne devient pas conscient. Il n'est pas extrêmement difficile d'expliquer ce cas : comme le contenu est nouveau et, pour cette raison précisément, étranger à la conscience, il n'existe encore aucune association, aucun pont qui le relie aux contenus de celle-ci. Il faut que ces liens se tracent peu à peu, péniblement. Sans eux, il n'est pas de conscience possible. Il faudrait donc, pour expliquer l'inconscience d'un complexe, recourir à deux raisons essentielles : 1° le refoulement d'un contenu capable de conscience et 2° l'étrangeté d'un contenu qui en est encore incapable.

Ou bien hypostasier un concept d'énergie comme celui d'OSTWALD. On ne saurait éviter ainsi la notion de substance, nécessaire pour un mode d'explication causalo-mécaniste, car « énergie » n'est, au fond, qu'une notion de quantité.

subjective ne sert à rien. Ici doit intervenir la méthode indirecte d'évaluation. Elle est fondée, en principe, sur le fait suivant : l'élément central crée automatiquement un complexe, dans la mesure où il est affectivement accentué, c'est-à-dire où il possède une valeur énergétique, ainsi que je l'ai abondamment montré dans les chapitres II et III de ma *Psychologie de la démence précoce*. L'élément central a, conformément à sa valeur énergétique, *force constellante*. A partir de lui se réalise une constellation spécifique des contenus psychiques. De là naît le complexe, qui est, par conséquent, une constellation dynamiquement conditionnée par la valeur énergétique. La constellation résultante n'est pas cependant une pure et simple irradiation de l'excitation, mais bien un *choix* des contenus psychiques excités, choix déterminé par la *qualité* de l'élément central, qu'on ne peut naturellement expliquer énergétiquement, puisque ce genre d'explication est quantitatif et nullement qualitatif. Pour l'explication qualitative, nous devons recourir au point de vue causal. Donc, la proposition sur laquelle se fonde l'évaluation objective de l'intensité psychologique des valeurs est conçue en ces termes :

La force constellante de l'élément central correspond à sa valeur intensive, c'est-à-dire à son énergie.

Mais de quels moyens disposons-nous pour évaluer, selon sa valeur énergétique, la force constellante qui provoque l'enrichissement d'un complexe en associations ? Nous pouvons évaluer cette masse énergétique :

1° *d'après le nombre relatif des constellations provoquées par l'élément central.* La constatation se fait par observation directe, d'une part, et par une inférence analytique d'autre part ; c'est-à-dire : plus sont fréquentes les constellations que nous rencontrons conditionnées par un seul et même complexe, plus doit être grande sa valeur psychologique ;

2° *d'après la fréquence et l'intensité relatives de ce qu'on appelle indices de trouble ou de complexe.* Par là il faut entendre non seulement les indices apparaissant dans l'expérience d'association, qui ne sont, en somme, rien d'autre que des effets complexuels, dont la forme dépend de la condition particulière de l'expérience ; mais aussi il faut entendre ces phénomènes particuliers au processus psychologique que ne gêne aucune condition d'expérience. *Freud* en a décrit un bon nombre : les *lapsus linguae*, les *lapsus calami*, les oublis, les méprises et autres actes symptomatiques. A cela viennent s'ajouter encore les automatismes que j'ai décrits, « absences d'idées », « fascinations », « parler hors de propos », etc. On peut déterminer l'intensité de ces phénomènes directement en mesurant leur durée, ainsi que je l'ai montré lors des expériences d'association. On peut faire la même chose aussi pour des processus psychologiques non limités où, la montre à la main, il est aisé de déterminer la valeur d'intensité en mesurant le temps nécessaire au sujet pour parler de certaines choses. On pourrait objecter que, bien souvent, les sujets perdent le plus clair de leur temps à parler de choses accessoires pour éluder la question principale. Or cela montre simplement combien plus importantes sont pour eux les prétendues choses accessoires. L'observateur doit se garder de déclarer, par un jugement arbitraire, que les intérêts vraiment principaux du malade sont choses accessoires en se fondant sur une présupposition subjective et théorique ; il doit au contraire s'en tenir, pour déterminer les valeurs, uniquement aux critères objectifs. Si donc une patiente gaspille des heures à se plaindre de ses bonnes, au lieu d'en venir au conflit principal que le médecin a peut-être parfaitement vu, cela signifie que le complexe des bonnes possède actuellement une plus grande valeur énergétique que le conflit, peut-être inconscient, qui ne se dévoilera que plus tard, au cours du traitement, comme l'élément central ; ou bien que l'inhibition émanant de la haute importance de la situation consciente maintient encore l'élément central dans l'inconscient, par surcompensation ;

3° *d'après l'intensité des phénomènes affectifs concomitants*. Pour ces phénomènes, nous possédons des moyens de détermination objective qui évidemment ne permettent pas de mesurer la dimension affective, mais en permettent au moins une évaluation. La psychologie expérimentale nous a donné pour cela une série de méthodes. Outre les mesures de la durée, qui déterminent plutôt l'inhibition du processus associatif que des affects actuels, nous disposons en particulier des moyens suivants :

a) la courbe du pouls[1] ;

b) la courbe respiratoire[2] ;

c) le phénomène psychogalvanique[3].

Les modifications des courbes, facilement reconnaissables, permettent des conclusions approximatives sur l'intensité des causes de trouble. Il est également possible, l'expérience l'a suffisamment démontré, de provoquer artificiellement chez le sujet des phénomènes affectifs au moyen d'excitants psychologiques dont on connaît la valeur affective particulière pour l'individu par rapport à son expérimentateur[4].

Indépendamment de ces méthodes expérimentales, nous avons un système subjectif hautement différencié pour reconnaître et évaluer chez autrui les phénomènes affectifs actuels : nous avons pour cela un instinct direct de connaissance, que les animaux possèdent aussi à un haut degré, non seulement à l'égard de leur propre espèce, mais aussi à l'égard des hommes et des autres animaux. Nous percevons déjà les plus légères fluctuations de nature émotionnelle chez les autres, et nous avons une sensibilité très fine pour la qualité et la quantité des affects chez nos semblables.

---

1. *Cf.* H. Berger : *Körperliche Äusserungen psychischer Zustände* (Manifestations corporelles d'états psychiques), 1904.

A. Lehmann : *Körperliche Äusserungen psychischer Zustände*, 1899.

2. Peterson and Jung : *Psycho-physical Investigations*, etc. *Brain* XXX.

Nunberg, *in* Jung : *Études diagnostiques sur les associations*.

Ricksher and Jung : *Further Investigations on the Galvanic Phenomen, Journal of Abnorm. Psych.*, t. II, 1907.

3. Veraguth : *Das psychogalvanische Reflexphänomen* (Le phénomène réflexe psychogalvanique), Karger, Berlin.

Binswanger, *in* Jung : *Études diagnostiques sur les associations*.

4. Je renvoie pour cela à mes *Études diagnostiques* ainsi qu'aux *Collected Papers on Analytical Psychology*, 2e éd., 1917, ch. II.

II. APPLICATION DU POINT DE VUE ÉNERGÉTISTE

a) *Le concept psychologique d'énergie*

L'expression « énergie psychique » est employée depuis longtemps. On la trouve déjà dans Schiller[1]. De Grot[2] et Th. Lipps[3] ont aussi utilisé le point de vue énergétiste. Lipps distingue l'énergie psychique de l'énergie physique ; de même Stern[4] laisse ouverte la question de ce rapport. Nous devons à Lipps une discrimination entre le concept d'*énergie psychique* et celui de *force psychique*. La force psychique est, pour Lipps, la possibilité qu'apparaissent d'une façon générale dans l'âme des processus qui parviennent ensuite à un certain degré d'efficacité. Par contre, l'énergie psychique est « la possibilité incluse dans les processus eux-mêmes d'actualiser cette force ». Ailleurs, Lipps parle aussi de « quantités psychiques ». La distinction entre force et énergie est conceptuellement indispensable, car l'énergie est, en somme, une notion non pré-

---

1. La pensée de SCHILLER est, pourrait-on dire, énergétique. Il opère au moyen de représentations comme : déplacement de l'intensité et autres. Cf. *Lettres sur l'éducation esthétique de l'homme*, trad. franç. de R. LEROUX, Éd. Montaigne, Paris, 1943.

2. NICOLAS DE GROT : *Die Begriffe der Seele und der psychischen Energie in der Psychologie* (Les concepts d'âme et d'énergie psychique en psychologie). *Arch. f. syst. Phil.*, t. IV, 1898.

3. TH. LIPPS : *Leitfaden der Psychologie*, 1906, II, pp. 62, 66 sq.

4. L. W. STERN : *Psychologie der individuellen Differenzen*, 1900, pp. 119 sq.

sente objectivement dans la manifestation en tant que telle du phénomène ; elle n'est jamais donnée que dans le fondement spécifique de l'expérience, ce qui veut dire que, dans l'expérience, il y a toujours de l'énergie sous une forme spécifique : mouvement et force, quand elle est actuelle ; situation ou condition, quand elle est potentielle. Actuelle, l'énergie psychique apparaît dans les phénomènes mentaux spécifiques et dynamiques : tendances, désirs, vouloir, affects, attention, rendement, etc., qui sont précisément des forces psychiques. Potentielle, l'énergie apparaît dans les acquisitions spécifiques : possibilités, disponibilités, attitudes, etc., qui sont des conditions.

La distinction d'énergies spécialisées : énergie du plaisir, énergie sensorielle, énergie des contrastes, etc., comme l'entreprend Lipps, me paraît inadmissible du point de vue conceptuel, car les spécifications de l'énergie, ce sont précisément les forces et les conditions. L'énergie est une notion quantitative qui implique forces et conditions. Seules ces dernières sont qualitativement déterminées, parce que ce sont des notions exprimant des qualités que l'énergie rend efficaces. La notion de quantité ne doit jamais être qualitative au même moment, autrement, jamais elle ne permettrait la description de relations de force ; or c'est là sa véritable destination.

Malheureusement, nous ne pouvons pas démontrer scientifiquement qu'il existe une relation d'équivalence entre énergie physique et énergie psychique[1] ; il ne nous reste donc que l'alternative d'abandonner le mode de considération énergétiste, ou de postuler une énergie psychique particulière, opération hypothétique qui serait tout à fait possible. La psychologie peut bien, comme la physique, s'accorder le droit de créer ses concepts, ainsi que Lipps l'a déjà fait remarquer, dans la mesure où il vaut la peine de se placer au point de vue énergétiste pour considérer les choses et où l'on ne se contente pas d'une simple sommation sous un vague concept général, ainsi que

1. A. Maeder est même d'avis que « l'activité créatrice » dans l'organisme, et tout particulièrement dans la psyché, « dépasse la dépense d'énergie ». Il est aussi d'avis qu'en ce qui concerne la psyché, à côté des principes de conservation et d'entropie, il faut admettre un troisième principe, celui de l'*intégration.* (*Heilung und Entwicklung im Seelenleben*, 1908, p. 50 et pp. 69 sq.)

Wundt le souligne à juste raison. Or nous pensons qu'une considération énergétiste des phénomènes psychiques est fructueuse, puisque précisément les rapports quantitatifs, dont on ne peut nier l'existence dans le psychique, renferment des possibilités de connaissance qu'une observation uniquement qualitative ne saisit pas.

Si la psyché, comme le désirent les psychologues de la conscience, ne se composait que de processus conscients (même un peu « obscurs », comme on le reconnaît), nous pourrions nous contenter de postuler une « énergie psychique ». Mais comme nous sommes persuadés que les processus inconscients ont aussi leur place dans la psychologie, et non seulement dans la physiologie du cerveau (comme simples processus de base), nous nous voyons obligés de donner à notre concept d'énergie une base quelque peu plus large. Nous sommes entièrement d'accord avec Wundt qui affirme qu'il y a des choses obscurément conscientes. Nous admettons aussi qu'il existe une échelle de clarté pour les contenus de conscience ; mais pour nous, la psyché ne cesse pas d'exister là où commence l'obscur : elle se continue dans l'inconscient. Nous faisons également sa place à la physiologie cérébrale puisque nous admettons que, finalement, les fonctions inconscientes reposent sur des processus de base auxquels on ne peut attribuer aucune qualité psychique, à moins qu'on ne veuille recourir à l'hypothèse philosophique d'un panpsychisme.

Pour la délimitation du concept d'énergie psychique, nous nous heurtons donc à certaines difficultés, parce que nous manquons absolument des moyens nécessaires pour séparer tout bonnement le psychique du *biologique*. Le biologique, comme le psychique, peut être envisagé du point de vue énergétiste, dans la mesure où le biologiste considère une telle façon de voir comme utile et d'importance. De même que le psychique, le processus vital n'a pas, lui non plus, avec l'énergie physique, une relation d'équivalence exactement démontrable.

Si nous nous plaçons sur le terrain du *common sense* scientifique, et nous abstenons de toute considération philosophique exagérée, le mieux que nous aurons à faire sera de considérer le processus psychique simplement comme un processus vital. Ainsi nous élargirons le concept trop étroit d'énergie psychique en un concept plus vaste d'*énergie vitale* englobant, comme une de ses spécifications, ladite énergie psychique. Nous en récoltons l'avantage de pouvoir poursuivre les relations quantitatives au-delà des étroites limites du psychique, jusqu'aux fonctions biologiques en général, et ainsi de pouvoir, le cas échéant, tenir compte des relations, indubitablement existantes et discutées depuis bien longtemps déjà, entre « âme et corps ».

La notion d'énergie vitale n'a rien de commun avec une prétendue force vitale, car, en tant que force, celle-ci ne pourrait être autre chose que la spécification d'une énergie universelle ; ainsi se trouverait écartée la raison d'être d'une bioénergétique en face de l'énergétique physique et contourné l'abîme, pas encore comblé jusqu'ici, entre le processus physique et le processus vital. J'ai proposé de désigner cette énergie vitale, admise par hypothèse, et tenant compte de l'usage psychologique que nous avons en vue, du nom de *libido*, pour la distinguer ainsi d'un concept universel d'énergie, tout en conservant à la biologie et à la psychologie le droit de créer leurs propres concepts. Je ne prétends nullement, en agissant ainsi, prendre la place du bioénergétiste ; je voudrais au contraire lui concéder franchement que c'est en vue de *notre* utilisation que j'ai employé le terme de libido. Libre à lui de proposer, pour son propre usage, une bioénergie ou une « énergie vitale ».

Il me faut ici même prévenir un possible malentendu. Je n'ai pas le moins du monde l'intention, dans la présente étude, de m'engager dans une discussion sur la litigieuse question du parallélisme et de l'interaction psychophysiques. Ces théories sont des spéculations sur les possibilités qu'ont corps et âme d'agir l'un à côté de l'autre, ou ensemble ; cela concerne précisément le point que j'écarte de ma considération et qui est le problème suivant : le processus d'énergie psychique subsiste-t-il à côté du processus physique, ou est-il enfermé en lui ? A mon avis, notre ignorance sur cette question est à peu près totale. Avec Busse [1], je considère que l'interaction est concevable et je ne trouve aucun motif d'opposer à cette possibilité l'hypothèse d'un parallélisme psychophysique ; car pour le

1. L. Busse : *Geist und Körper*, 1903.

psychothérapeute, dont le domaine proprement dit se trouve précisément dans la sphère critique de l'interaction entre corps et âme, il est extrêmement probable que le psychique et le corporel ne sont pas deux processus se déroulant côte à côte, mais qu'ils sont liés par des interactions dont la nature proprement dite échappe encore à peu près totalement à notre expérience. Sans doute le philosophe ne peut-il se passer de profondes discussions sur cette question ; par contre, il faut recommander à une psychologie empirique de se limiter au matériel accessible à l'expérience. Si nous n'avons pas réussi, jusqu'à présent, à enclore le processus psychique d'énergie dans le processus physique, les adversaires d'une telle possibilité n'ont pas davantage réussi à les séparer de façon certaine.

b) *La conservation de l'énergie*

Si nous entreprenons de considérer le processus de la vie psychique du point de vue énergétiste, nous assumons en même temps la charge, non seulement de nous en tenir au concept même, mais aussi d'éprouver sa possibilité d'application au matériel d'expérience. Il ne servirait à rien de chercher à considérer énergétiquement les choses, si la proposition essentielle, à savoir le principe de la conservation de l'énergie, se montrait inutilisable. Selon la proposition de Busse [1], il nous faut ici distinguer *le principe d'équivalence* et *le principe de constance*. Le principe d'équivalence énonce que « pour chaque énergie utilisée ou consommée où que ce soit pour produire une situation, apparaît ailleurs un quantum d'énergie de même grandeur et de même, ou d'une autre, forme ». De son côté, le principe de constance dit que « la somme d'énergie reste toujours égale à elle-même et ne peut ni augmenter, ni diminuer ». Le principe de constance représente donc une conséquence logiquement nécessaire, mais aussi généralisante, du principe d'équivalence ; c'est pourquoi il n'a aucune valeur pratique, puisque notre expérience ne s'appuie que sur des systèmes incomplets.

Par conséquent, pour la tâche que nous nous proposons, il

1. L. Busse : *Geist und Körper, op. cit.*

ne peut d'abord être question que du principe d'équivalence. Dans mon ouvrage sur les *Métamorphoses de l'âme et ses symboles*[1], j'ai montré que certains processus évolutifs et d'autres transformations de même genre pouvaient se ranger sous le principe d'équivalence. Je ne veux pas revenir ici sur ce que j'y ai dit ; je veux uniquement souligner encore une fois que les études de Freud sur la sexualité apportent de riches contributions à notre problème. On ne voit, pourrait-on dire, nulle part mieux que précisément dans la relation de la sexualité à la psyché totale, comment la disparition d'une certaine quantité de libido est suivie de l'apparition d'une valeur correspondante de forme différente. Malheureusement, sa surestimation, d'ailleurs bien compréhensible, de la sexualité a conduit Freud à ramener à elle-même les transformations qui correspondent à d'autres forces spécifiques de l'âme, coordonnées à la sexualité ; ce qui provoqua le reproche de pansexualisme qui lui a été fait, non sans raison. L'insuffisance de la conception freudienne gît dans l'unilatéralité vers laquelle penche toujours la conception mécaniste-causale, c'est-à-dire dans cette simplificatrice *reductio ad causam* qui tient d'autant moins compte du sens du produit ainsi réduit par l'analyse qu'elle est plus vraie, plus simple et plus étendue. Quand on lit attentivement les travaux de Freud, on voit aisément quel rôle important joue le principe d'équivalence dans la formation de ses idées. On le voit surtout avec une particulière clarté dans les recherches casuistiques, où il décrit les refoulements et les formations de remplacement[2]. Qui a quelque expérience dans ce domaine sait que le principe d'équivalence a aussi une grande importance heuristique dans le traitement des névroses ; et si vraiment l'application qu'on en fait n'est pas toujours pleinement consciente, du moins la fait-on par sentiment. Lorsqu'une quelconque valeur consciente, un transfert, par exemple, s'atténue ou même disparaît, on cherche aussitôt la formation de substitution, dans l'espoir de voir surgir quelque part une valeur équivalente. Il n'est pas difficile de découvrir la formation de remplacement quand celle-ci est un produit conscient. Mais il arrive souvent qu'une certaine masse de libido disparaît sans

1. *Op. cit.*
2. *Sammlung kleiner Schriften zur Neurosenlehre.*

être, semble-t-il, remplacée. C'est qu'alors le produit de remplacement est inconscient, ou du moins, comme d'ordinaire, que le patient ignore qu'un certain fait nouveau est précisément la formation de remplacement correspondante. Il arrive aussi qu'une telle masse de libido disparaisse comme si elle avait été complètement engloutie par l'inconscient, sans qu'en surgisse aucune nouvelle disposition importante. Dans un tel cas, il est bon de s'en tenir fermement au principe d'équivalence ; car en observant soigneusement le patient, on arrive bientôt à constater que se manifestent des indices d'une activité inconsciente : accentuation de certains symptômes, rêves spéciaux, fragments imaginatifs curieux, qui disparaissent rapidement, et autres choses de même genre. Si l'analyse de ces symptômes parvient à amener à la conscience ces contenus cachés, on verra d'ordinaire que le quantum de libido disparu de la conscience a produit, dans l'inconscient, quelque chose qui, malgré tout ce qui le distingue, possède tout de même bon nombre de traits communs avec les contenus conscients qui avaient perdu leur énergie. On dirait que la libido a entraîné avec elle dans l'inconscient certaines qualités ; et cela est souvent si évident, que les caractères en question permettent déjà de reconnaître d'où provient la libido qui active l'inconscient. Nous en avons des exemples convaincants, connus de tout le monde. Lorsque l'enfant commence à se séparer intérieurement de ses parents, on voit apparaître les fantaisies de parents de substitution. En général, ces fantaisies sont transférées sur des personnes réelles. Mais à la longue, ces transferts se trouvent être insoutenables, parce que l'homme qui atteint sa maturité doit assumer lui-même le complexe parental, l'autorité, la responsabilité, l'indépendance. Ne lui faut-il pas devenir lui-même père (ou mère) ? Un autre domaine où abondent les exemples appropriés est celui de la psychologie religieuse chrétienne. Le refoulement des instincts (en réalité : de l'*instinctivité* primitive) conduit à des formations religieuses de remplacement, à l'« amour divin », où seul un aveugle ne sait pas reconnaître les caractères de la sexualité.

Ces réflexions nous conduisent à une autre ressemblance avec la théorie de l'énergie physique. On sait que cette dernière admet non seulement un facteur *intensif*, mais aussi un facteur *extensif*, adjonction pratiquement nécessaire au pur concept d'énergie. Il établit la liaison de l'idée d'une intensité pure avec l'idée de « masse » (par exemple, masse lumineuse, opposée à force lumineuse). « La masse, ou facteur extensif de l'énergie, adhère à une forme (matière, ether ou un mélange des deux) et ne peut être transférée à une autre sans que soient en même temps transférées des parties de cette formation ; au contraire du facteur d'intensité qui peut, lui, se transférer d'une forme à une autre[1]. » Le facteur extensif donne donc la détermination dynamique de l'énergie présente à tout moment dans le phénomène[2].

Il existe de même un *facteur extensif psychologique qui ne peut être transféré en une forme nouvelle sans que soient aussi transférées des parties ou des caractères de la forme antérieure*. Cette particularité de la transformation de l'énergie, je l'ai abondamment signalée dans une étude antérieure où je montrais que la libido n'abandonne pas une formation, en tant qu'intensité pure, pour passer entièrement dans une autre, mais qu'elle transfère dans la nouvelle fonction des caractères de la précédente[3].

Cette particularité est si frappante qu'elle provoque même de fausses conclusions, non seulement de fausses théories, mais aussi des illusions que l'on crée et qui sont grosses de conséquences ; par exemple : la teneur en libido d'une certaine forme sexuelle passe dans une autre formation : elle emporte en même temps certaines particularités de son application antérieure. On est, dans ce cas, tenté de penser que la *dynamis* de la nouvelle formation est également sexuelle[4]. Ou bien la

1. Ed. v. Hartmann : *Weltanschauung der modernen Physik*, 1909, p. 5.

2. La physique d'aujourd'hui pose que l'énergie est identique à la masse. Cette constatation est sans importance pour nos intentions.

3. *Métamorphoses de l'âme et ses symboles, op. cit., passim.*

4. La réduction d'une formation complexe à la sexualité n'est une explication causale valable que si l'on a au préalable convenu que l'on ne veut expliquer que la fonction de la composante sexuelle dans l'ensemble complexe. Mais si l'on admet que la réduction à la sexualité est une explication causale valable, c'est que l'on suppose tacitement qu'il s'agit d'une pure formation sexuelle. Or ce serait poser à priori qu'un complexe psychique ne serait pas autre chose qu'une formation sexuelle, ce qui est évidemment une *petitio principii !* On ne saurait prétendre que la sexualité soit la seule tendance fondamentale de l'âme. L'explication sexuelle ne peut donc être

quantité de libido d'une activité spirituelle passe dans un intérêt essentiellement matériel ; et, dans ce cas, l'individu croit faussement que la nouvelle formation est également de nature spirituelle. Conclusion fausse en principe, car elle ne tient compte que de la ressemblance relative de deux formations et néglige leur différence, qui est tout aussi essentielle.

L'expérience pratique nous apprend, d'une manière tout à fait générale, qu'une activité psychique ne peut être remplacée que par des substituts qui lui soient équivalents. Ainsi par exemple, un intérêt pathologique, un attachement intensif à un symptôme, ne peuvent être remplacés que par une liaison d'égale intensité à un autre intérêt, et c'est pourquoi jamais la libido ne se détache du symptôme sans avoir trouvé ce substitut. Ce dernier a-t-il peu de valeur énergétique ? Nous savons aussitôt que l'on découvrira quelque part ailleurs une fraction de son énergie, sinon dans la conscience, du moins dans la formation de fantaisies inconscientes ou dans un trouble des « parties supérieures » des fonctions physiologiques (pour nous servir d'une excellente expression de Janet).

Indépendamment de ces expériences pratiques connues depuis longtemps, la conception énergétiste nous autorise encore à *faire une autre théorie*. D'après la conception causale de *Freud*, c'est toujours sur l'activité des mêmes substances immuables, les composantes sexuelles, qu'avec une monotone régularité l'interprétation appelle l'attention. Freud lui-même en fait la remarque. Il est compréhensible que l'esprit de la *reductio ad causam*, ou *in primam figuram*, ne puisse jamais tenir compte de l'idée extrêmement importante pour la psychologie d'un *développement final*, puisque chaque changement d'état n'est qu'une « sublimation » des substances de base, par conséquent une expression, en somme impropre, du même événement ancien.

On ne peut admettre l'idée d'un développement (évolution) que si l'on n'hypostasie pas l'idée de substance immuable par le moyen de ce qu'on appelle réalité objective, autrement dit si l'on ne pose pas l'identité de la causalité et du comportement des choses ; car l'idée d'évolution suppose la variabilité des

---

qu'une explication concernant des composantes, jamais une théorie psychologique satisfaisante.

substances ; et ces substances, énergétiquement parlant, sont des systèmes d'énergie théoriquement séparables et interchangeables à l'infini en vertu du principe d'équivalence et bien entendu dans l'hypothèse d'une possible différence de niveau. Ici encore nous aboutissons, comme lorsque nous considérons les liaisons finales et causales, à une antinomie que la projection de l'hypothèse énergétiste rend irréductible, puisque la substance immuable ne peut être en même temps un système d'énergie[1]. Pour le point de vue mécaniste, l'énergie tient à la substance ; c'est pourquoi *Wundt* parle d'une « énergie psychique » qui se serait accrue au cours des âges et à laquelle, par conséquent, il est interdit d'appliquer les principes concernant l'énergie. Au contraire, si l'on se place au point de vue énergétiste, la substance n'est plus que l'expression ou signe d'un système d'énergie. Cette antinomie n'est insoluble qu'aussi longtemps que nous ignorons que les points de vue correspondent à des attitudes psychologiques fondamentales qui, manifestement, concordent dans une certaine mesure avec les conditions de l'objet ; par suite de quoi leurs points de vue peuvent être utilisés dans la pratique. Aussi est-il compréhensible que causalistes aussi bien que finalistes défendent désespérément la valeur objective de leur principe, puisque c'est en même temps celui de leur attitude personnelle en face de la vie et du monde, dont personne n'admettra sans plus que la validité est conditionnelle ; car personne — à moins qu'il ne s'agisse d'une sorte de suicide — ne tient à scier lui-même la branche sur laquelle il est perché. Mais les inévitables antinomies qui résultent de la projection de principes logiquement justifiés obligent à un examen approfondi de notre propre attitude psychologique ; car c'est uniquement de cette manière que l'on évitera de faire violence à l'autre principe, lui aussi logiquement justifié. L'antinomie doit se résoudre en un *postulat antinomique*, malgré le peu de satisfaction que cela peut apporter au concrétisme de l'homme, et malgré la répugnance qu'éprouve l'esprit des sciences de la nature à laisser à la pré-

1. Naturellement cette proposition ne concerne que le domaine macrophysique dans lequel il y a des lois « absolues ».

tendue réalité le caractère d'une mystérieuse irrationalité, qui résulte cependant nécessairement du postulat antinomique[1].

La théorie de l'évolution ne peut se tirer d'affaire sans le point de vue final ; Darwin lui-même opère au moyen de concepts de fin comme l'adaptation et autres, ainsi que Wundt le souligne à juste titre. On n'explique jamais à fond au moyen de la causalité le fait évident de la différenciation et de l'évolution ; il faut y ajouter le point de vue final, que l'homme a créé au cours de son développement au même titre que le point de vue causal.

La conception finaliste considère les causes comme des moyens en vue d'une fin. La *régression* en est un exemple simple : elle est causalement déterminée, par exemple, par la « fixation à la mère ». Mais dans la perspective finaliste, la libido rétrograde vers l'*imago* maternelle pour y retrouver les associations-souvenirs grâce auxquelles le développement peut, par exemple, aller d'un système sexuel à un système spirituel.

La première explication s'épuise à rechercher la signification de la *causa* et laisse complètement échapper le sens final du processus de régression. Dès lors la formation de la culture n'est plus qu'un succédané issu de l'impossibilité de l'inceste. Mais la seconde explication permet de prévoir à quoi aboutira la régression, en même temps qu'elle nous fait comprendre ce que peuvent signifier les images-souvenirs que ranime la libido en régression. Évidemment, une telle conception paraît au causaliste une hypothèse incroyable ; mais pour le finaliste, la « fixation à la mère » est une supposition gratuite à laquelle il reproche de négliger totalement le but, qui pourtant pourrait être regardé comme le seul responsable de la réanimation de l'imago maternelle. Adler, par exemple, fait de nombreux reproches de ce genre à la théorie de Freud. Dans mon étude sur les *Métamorphoses de l'âme et ses symboles*, j'ai tenté — pas explicitement, il est vrai — de donner satisfaction aux deux points de vue, ce qui m'a valu, de part et d'autre, le reproche d'avoir pris une position à la fois obscure et douteuse. Je me trouve ainsi dans une situation analogue à celle des neu-

1. *Cf. Types psychologiques, op. cit.*

tres pendant la guerre : on a bien souvent mis en doute leur bonne foi [1].

Ce qui est *réalité* pour l'attitude causaliste est *symbole* pour l'attitude finaliste et inversement. Tout ce qui est *véritable* pour l'une des opinions est tout le *contraire* pour l'autre. Nous devons donc nous en tenir au postulat antinomique et considérer que le monde est *aussi* un phénomène psychique. Certes, il est indispensable pour la science de savoir ce que ce phénomène est « en soi » ; mais la science ne peut pas non plus éluder les conditions psychologiques de la connaissance, auxquelles la psychologie doit accorder une attention toute spéciale. Puisque l'âme possède aussi le point de vue final, il est psychologiquement inadmissible de nous en tenir, à propos du phénomène psychique, à la seule causalité, qui aboutit à la monotonie bien connue des interprétations.

La conception symbolique des *causae*, que nous procure la façon énergétiste d'envisager les choses, est nécessaire pour la différenciation de l'âme. Sans elle, les réalités deviennent des substances immuables, qui continuent perpétuellement à agir, comme par exemple dans la vieille théorie traumatique de Freud. La *causa* s'oppose à tout développement. Pour l'âme, la *reductio ad causam* est l'opposé du développement ; elle maintient la libido solidement fixée aux faits élémentaires. Pour le rationalisme, c'est là la seule chose qui soit bonne ; pour l'âme, cela est sans vie et d'un ennui désespérant ; mais naturellement il n'est pas question de nier le besoin absolu qu'ont bien des gens que leur libido reste fixée aux faits de base. Une fois remplie cette exigence cependant, l'âme ne peut en rester toujours là ; il faut qu'elle continue à se développer, puisque les *causae* se métamorphosent pour elle en moyens en vue d'une fin, en expressions symboliques d'un chemin à parcourir. La valeur exclusive de la *causa*, sa valeur énergétique, disparaît alors pour réapparaître dans le symbole dont la force d'attraction représente le quantum de libido correspondant. On ne supprime jamais la valeur d'une *causa* en lui attri-

---

1. *Cf.* C.G. Jung : *Psychologie de l'inconscient*, préface et traduction du Dr R. Cahen, Librairie de l'Université, Genève, et Buchet/Chastel, Paris, 1952, 3e édition 1973.

buant une fin arbitraire et rationnelle. Ce n'est jamais qu'un pis-aller.

Le développement mental ne peut se faire uniquement par intention et volonté ; *il lui faut aussi le symbole attractif, dont le quantum d'importance dépasse celui de la causa*. De même, le symbole ne peut apparaître sans que l'âme se soit arrêtée assez longtemps aux réalités élémentaires, c'est-à-dire avant que les nécessités internes ou externes du processus vital ne produisent un renversement d'énergie. Si l'homme vivait selon son instinct et dans un pur automatisme, les conversions pourraient se faire en vertu de lois purement biologiques. Nous en trouvons encore quelques traces dans la vie psychique des primitifs, qui est à la fois toute concrétiste et toute symboliste. Chez l'homme civilisé, le rationalisme de la conscience, par ailleurs si utile, apparaît comme l'obstacle le plus sérieux à des conversions d'énergie sans conflit, puisque, pour éviter l'insupportable antinomie, la *ratio* se place toujours exclusivement d'un côté ou de l'autre et cherche à maintenir, par tous les moyens, les valeurs choisies ; et cela, tant que la réalité est, pour la raison humaine, « substance immuable » et que, par suite, est exclue toute conception symbolique. Or la *ratio* n'est que relative et se supprime elle-même dans ses antinomies. Elle n'est, elle *aussi*, que moyen en vue de fin, expression symbolique d'un point d'intersection le long d'une voie de développement.

c) *L'entropie*

Le principe d'équivalence est la première des propositions d'importance pratique de l'énergétique ; l'autre principe nécessaire, qui le complète, est celui *d'entropie*. Les transformations d'énergie ne sont possibles que grâce à l'existence de différences d'intensité. Selon le principe de Carnot, la chaleur ne peut se transformer en travail que si elle passe d'un corps plus chaud à un corps moins chaud. Mais le travail mécanique se transforme toujours en chaleur qui, par suite de sa basse intensité, ne peut plus se retransformer en travail. Ainsi un système énergétique clos équilibre peu à peu ses différences d'intensité en une température égale, par suite de quoi toute autre transformation est devenue impossible. C'est ce qu'on appelle « la mort calorique » *(Wärmetod)*.

Le principe d'entropie ne nous est connu dans l'expérience que comme principe de processus partiels représentant un système relativement clos. On peut aussi considérer la psyché comme un tel système relativement clos. Ses transformations d'énergie mènent aussi à la compensation des différences qui, selon la formule de Boltzmann [1], conduit d'un état improbable à un état probable, en même temps que diminue la possibilité d'une transformation ultérieure. Nous le voyons à l'établissement d'une attitude durable et relativement immuable. Après des oscillations violentes au début, les oppositions s'équilibrent et peu à peu se forme une nouvelle attitude, dont la stabilité ultérieure est d'autant plus grande qu'étaient plus fortes les différences du début. Plus est forte la tension entre les contraires, plus est grande l'énergie qui s'en dégage ; et plus est grande l'énergie, plus est puissante sa force constellante et attractive. A cette plus grande attraction correspond une plus vaste étendue du matériel psychique constellé, et plus grandit cette étendue, plus diminue la possibilité des troubles ultérieurs qui pourraient résulter de différences avec le matériel non constellé auparavant. C'est pourquoi une attitude résultant de vastes équilibrations est particulièrement durable. L'expérience psychologique de tous les jours nous apporte des preuves de l'exactitude de cette proposition : les conflits les plus graves, une fois surmontés, laissent après eux une sécurité et un calme, ou bien une brisure que l'on ne peut plus guère modifier ou guérir, et inversement, il faut justement de très grands contrastes et leur conflagration pour produire des réussites précieuses et durables. Étant donné que seuls des systèmes relativement fermés sont accessibles à notre expérience, nous ne sommes non plus jamais à même d'observer une entropie psychologique absolue. Mais plus le système psychologique est fermé, plus se manifeste aussi le phénomène d'entropie [2]. Nous le voyons surtout dans les troubles mentaux caractérisés par un

1. *Popul. Schriften*, p. 33.
2. Un système est absolument clos quand il est impossible que s'y introduise aucune addition d'énergie venant de l'extérieur. C'est le seul cas où l'entropie puisse se produire.

isolement intensif vis-à-vis de l'entourage. Ce qu'on appelle « abrutissement affectif » de la démence précoce, ou schizophrénie, doit probablement être considéré comme un phénomène d'entropie. C'est également de cette manière qu'il faut entendre les phénomènes dégénératifs se développant dans des attitudes psychologiques qui, à la longue, excluent toute relation avec le monde extérieur. Systèmes psychologiques relativement fermés sont aussi les *processus arbitrairement dirigés*, comme la pensée et le sentiment dirigés. Ces fonctions sont fondées sur le principe de l'exclusion de ce qui ne convient pas et qui pourrait provoquer une déviation de l'orientation choisie. Les éléments « qui en relèvent » sont abandonnés à une harmonisation réciproque et de la sorte protégés des influences extérieures qui pourraient les troubler. Ainsi, au bout d'un certain temps, ils atteignent leur état probable, qui montre sa solidité, par exemple, dans la « fermeté » d'un concept ou dans un mode de penser « enraciné », etc. Combien sont solides de telles formations, on peut le voir si l'on tente de les dénouer, d'écarter, par exemple, un préjugé ou de modifier une façon de penser. Dans l'histoire des peuples, des transformations de ce genre peuvent même coûter des fleuves de sang. Mais comme il est impossible d'aboutir à un isolement absolu (sauf dans les cas pathologiques ?), le processus énergétique se prolonge sous forme d'évolution, et par suite de « pertes par frottement » avec diminution d'intensité et moindre pente.

Cette façon d'envisager les choses est connue depuis longtemps. Tout le monde parle des « orages de la jeunesse » qui cèdent à la « sagesse de l'âge ». On parle de « convictions affermies » après les luttes du doute, de « l'équilibre des tensions intérieures », etc. Voilà l'involontaire conception énergétiste que chacun possède. Cette conception reste cependant sans valeur pour le psychologue scientifique tant qu'il n'éprouve pas intérieurement le besoin d'évaluer des valeurs psychologiques. Pour la psychologie physiologique, le problème ne se pose pas puisqu'elle ne tient compte — son nom l'indique — que de l'aspect physiologique de la psychologie. On sait que la psychiatrie reste purement descriptive en ce qui concerne la psychologie ; jusqu'à une époque très récente, elle ne s'est pas le moins du monde préoccupée de causalité psychologique ; elle en a même nié l'existence. Il était réservé à la psychologie analytique de tenir compte aussi du point de vue énergétiste, car le point de vue de la causalité mécaniste de la psychanalyse *freudienne* est insuffisant pour rendre justice à la réalité des valeurs psychologiques. La valeur a besoin d'un concept quantitatif qui l'explique, et que jamais un concept qualitatif, comme la sexualité par exemple, ne peut remplacer. Le concept qualitatif sert toujours à désigner une chose, une substance ; un concept quantitatif, au contraire, désigne toujours un rapport d'intensité et jamais une substance ou une chose. Un concept qualitatif ne désignant ni substance ni chose est une exception plus ou moins arbitraire. Je dois aussi ranger parmi ces dernières un concept d'énergie qualitatif hypostasié. L'explication causale scientifique recourt parfois à des suppositions de cette sorte, mais il ne faut pas les accepter avec l'intention de rendre superflue une conception énergétiste. L'inverse est également vrai pour l'énergétique, qui manifeste parfois une tendance à nier la substance et à devenir ainsi purement téléologique ou finale. Mettre à la place de l'énergie un concept qualitatif est inadmissible ; ce serait là une spécification de l'énergie, qui alors est une force. En biologie, ce serait vitalisme, en psychologie, sexualisme (Freud) ou un autre -isme. Il faudrait alors démontrer que les savants réduisent à une force ou à un instinct déterminé l'énergétique de toute la psyché. Or les tendances sont des spécifications, comme nous l'avons déjà dit. L'énergie est au-dessus parce qu'elle est concept de relation ; elle ne veut rien exprimer d'autre que les relations de valeurs psychologiques.

d) *Énergétisme et dynamisme*

Ce que nous avons dit jusqu'ici concerne un concept pur d'énergie. Comme son corrélatif, le concept de temps, le concept d'énergie est d'une part une forme sensible de représentation [1] donnée immédiatement, à priori, mais, d'autre part, c'est

1. Aussi l'idée en est-elle aussi vieille que l'humanité. Nous la rencontrons déjà dans les idées essentielles des primitifs. *Cf.* LEHMANN : *Mana*, 1922, et mes exposés dans : *Psychologie de l'inconscient, op. cit.*, et *Dialectique du moi et de l'inconscient*, traduction, préface et annotations du

un concept concret, appliqué ou empirique, abstrait de l'expérience, comme tous les concepts explicatifs de la science[1]. Le concept appliqué d'énergie concerne toujours le comportement des forces, c'est-à-dire des substances en mouvement, car il nous est impossible de faire l'*expérience* de l'énergie, si ce n'est en percevant le comportement de substances en mouvement. C'est pourquoi, dans la pratique, nous parlons d'énergie électrique, comme si l'énergie était à tout moment une force déterminée. Ce mélange du concept empirique, ou appliqué aux formes représentatives de l'événement, est cause que l'on confond continuellement « énergie » et « force ». Pareillement, le concept psychologique d'énergie n'est pas un concept pur ; il est concret et appliqué, se présente à notre connaissance sous forme d'énergies sexuelle, vitale, spirituelle, morale, etc., c'est-à-dire, en d'autres termes, sous forme de pulsions dont la nature, de toute évidence dynamique, nous autorise à établir un parallélisme conceptuel avec les forces physiques.

L'application du concept pur au matériel de l'expérience entraîne nécessairement une concrétisation, ou réalisation, de ce concept, par suite de quoi il semble que le concept pose également une substance. C'est ce qui arrive, par exemple, pour le concept d'éther en physique ; quoiqu'il ne soit qu'une idée, il fut cependant traité comme s'il avait été vraiment une substance. Cette illusion est inévitable puisque nous sommes

---

Dr. Roland CAHEN, Gallimard, Paris, 1964, 3e édition 1972. HUBERT et MAUSS (*Mélanges d'histoire des religions*, préface p. XXIX) considèrent également *Mana* comme une catégorie de l'entendement. Je cite textuellement leurs remarques : « Constamment présentes dans le langage sans qu'elles y soient de toute nécessité explicites, les catégories existent d'ordinaire plutôt sous la forme d'habitudes directrices de la conscience, elles-mêmes inconscientes. La notion de *mana* est un de ces principes ; elle est donnée dans le langage ; elle est impliquée dans toute une série de jugements et de raisonnements, portant sur des attributs qui sont ceux de *mana* ; nous avons dit que le *mana* est une catégorie. Mais le *mana* n'est pas seulement une catégorie spéciale à la pensée primitive et aujourd'hui en voie de réduction, c'est encore la forme première qu'ont revêtue d'autres catégories qui fonctionnent toujours dans nos esprits : celles de substance et de cause », etc.

1. Pour plus de détails, je renvoie aux *Types psychologiques*, *op. cit.*, pp. 313 sq. et pp. 448 sq.

incapables de nous représenter clairement un quantum autrement que sous la forme d'un quantum de quelque chose. Ce quelque chose, c'est la substance. D'où l'hypostase inévitable de tout concept appliqué, même à l'encontre de notre volonté ; aussi ne devons-nous jamais oublier que nous sommes en présence d'un concept.

J'ai proposé le terme de « libido » pour désigner le concept d'énergie que nous utilisons en psychologie analytique. Il se peut que, sous certains rapports, le choix de ce terme ne soit pas idéal ; il m'a pourtant semblé que, déjà pour des raisons d'équité historique, ce nom de « libido » lui convenait parfaitement. Car c'est Freud qui pour la première fois s'est attaché à suivre des séries de rapports psychologiques vraiment dynamiques et à en traduire l'enchaînement ; et pour ce faire, il s'est servi du terme commode de libido, dans un sens, il est vrai, exclusivement sexuel, en accord en cela avec ce qui lui avait servi de point de départ général, précisément la sexualité. En même temps que libido, Freud emploie aussi les termes d'« instinct » (par exemple « instincts du moi ») et d'« énergie psychique » (dans *La Science des rêves*). Comme il se limite exclusivement à la sexualité et à ses multiples ramifications dans la psyché, la définition sexuelle de l'énergie en tant que force instinctive spécifique suffit pour le but qu'il vise. Par contre, pour une théorie psychologique générale, il est impossible d'employer comme concept explicatif une énergie uniquement sexuelle, c'est-à-dire un seul instinct spécifique, puisque la transformation psychique d'énergie n'est pas uniquement *dynamique sexuelle*. La dynamique sexuelle n'est qu'un cas particulier dans le domaine totale et l'économie globale de la psyché. Il ne s'agit pas de nier son existence ; on la remet simplement à sa vraie place.

Comme le concept appliqué d'énergie s'illustre immédiatement pour la représentation intuitive dans les forces de l'âme (instincts, affects et autres manifestations dynamiques), le mot « libido », à mon avis, en rend parfaitement l'idée ; d'ailleurs des idées analogues ont été depuis très longtemps revêtues de désignations semblables, par exemple la « volonté » de Schopenhauer, l'ὁρμή d'Aristote, l'Éros (haine et amour dans les éléments), etc. Je n'ai emprunté à ces désignations que leur idée, mais pas leur définition conceptuelle. Comme j'avais négligé, dans mon livre précédent, de donner à ce sujet une explication détaillée, il en est résulté bien des méprises et l'on m'a reproché presque toujours d'avoir imaginé une notion vitaliste.

Je ne donne au mot « libido », comme je l'ai dit, aucun sens sexuel[1], sans cependant nier l'existence d'une dynamique sexuelle, pas plus d'ailleurs que d'aucune autre, celle de l'instinct de nutrition par exemple.

Dès 1912, j'ai fait remarquer que ma notion d'un instinct général de vie, appelé libido, remplaçait le concept d'« énergie psychique » que j'utilisais dans ma *Psychologie de la démence précoce*. Je péchais là par omission parce que je ne présentais que l'aspect psychologique du concept, laissant de côté ce qu'il a de métaphysique et dont je donne l'explication dans le présent ouvrage. Cependant, en conservant à cette notion de libido tout son relief, je la traitais comme s'il s'agissait d'une hypostase. En ce sens, je porte la responsabilité des malentendus. C'est pourquoi, par la suite, dans ma *Théorie psychanalytique* (traduction française, 1932, p. 42) je déclarai expressément « *que la libido au moyen de laquelle nous opérons n'est ni concrète, ni connue, mais est un véritable X, une pure hypothèse, une image ou un jeton aussi insaisissable concrètement que l'énergie du monde physique de nos représentations* ». Libido n'est donc pas autre chose qu'une expression abrégée pour « mode de considération énergétiste ». Car jamais, dans l'explication concrète, nous ne réussirons à opérer avec des concepts purs à moins que nous ne parvenions à exprimer les phénomènes mathématiquement. Mais tant que cela n'est pas possible, la notion utilisée sera toujours automatiquement hypostasiée dans la représentation par la matière de l'expérience.

Il faut encore songer à une autre obscurité qui résulte de l'emploi imagé de la notion de libido et de celle d'énergie en général : la confusion, inévitable dans la sphère représentative,

1. Le mot latin *libido* n'a nullement un sens uniquement sexuel ; il a au contraire le sens général de désir, aspiration, poussée. On trouvera des détails à ce sujet dans mes *Métamorphoses de l'âme et ses symboles*, *op. cit.*, pp. 233 sq.

de l'énergie et de la notion d'effet causal, lequel est une notion dynamique et non pas énergétique.

La conception causale-mécaniste voit la série de faits *a-b-c-d* de la façon suivante : *a* provoque *b*, *b* provoque *c*, et ainsi de suite. La notion d'effet est, dans ce cas, une désignation qualitative, donc une *virtus* de la cause, autrement dit : une *dynamis*. La conception finale-énergétiste au contraire voit les choses de la façon suivante : *a-b-c* sont des moyens de métamorphose d'énergie qui, sans qu'il soit besoin de cause, en partant de *a*, état improbable, en passant par *b-c* s'achemine par entropie vers l'état probable. Ici il n'est pas du tout question de cause-effet puisqu'on ne tient compte que des effets-intensité. Les intensités étant les mêmes, on peut remplacer *a-b-c-d* par *w-x-y-z*.

Or, chaque fois, la matière de l'expérience est la série *a-b-c-d*, avec la différence cependant que la conception mécaniste déduit un dynamisme de la seule cause-effet qu'elle considère, tandis que la conception énergétiste, au lieu de l'effet causal, voit l'équivalence de l'effet transformé. Ce qui veut dire : toutes deux s'occupent de la série *a-b-c-d*, mais l'une la considère qualitativement, l'autre quantitativement. Le point de vue causal abstrait de la matière de l'expérience la notion dynamique, tandis que le point de vue final utilise sa notion pure d'énergie dans sa sphère intuitive et en fait en quelque sorte une dynamis. Malgré leur différence épistémologique, dont l'absolu ne laisse rien à désirer, les deux genres de conception se confondent cependant inévitablement dans la notion de force, à savoir lorsque la conception causale abstrait, pour en faire la notion de dynamis, la pure perception de la *qualitas* active, et quand la conception finale rend sensible sa notion pure par l'application qu'elle en fait. C'est pourquoi le mécaniste parle d'« énergie du psychique », et l'énergétiste, au contraire, d'« énergie psychique ». D'après ce que nous venons de dire, il devrait être évident qu'un seul et même processus prend des aspects tout différents à la lumière des divers modes de l'envisager.

III. LES NOTIONS FONDAMENTALES DE LA THÉORIE DE LA LIBIDO

a) *Progression et régression*

Un des phénomènes énergétiques les plus importants de la vie de l'âme est probablement celui de la progression et de la régression de la libido.

Par progression il faut entendre d'abord la quotidienne marche en avant du processus psychologique d'adaptation. L'adaptation, on le sait, n'est jamais faite une fois pour toutes, bien que l'on soit enclin à le croire parce que l'on confond l'attitude atteinte avec la véritable adaptation. Nous ne pouvons satisfaire aux exigences de l'adaptation qu'au moyen d'une attitude convenablement orientée. La performance d'adaptation s'effectue donc en deux étapes : 1° parvenir à une attitude ; 2° accomplir l'adaptation au moyen de l'attitude. L'attitude envers la réalité est quelque chose d'extrêmement durable. Mais si l'habitus est durable, sa performance d'adaptation ne l'est guère. C'est la conséquence nécessaire du changement continuel du milieu et de la nouvelle adaptation que cela nécessite.

La *progression* de la libido consisterait donc en une continuelle satisfaction donnée aux exigences posées par les conditions du milieu. Comme ce travail ne peut se faire qu'au moyen d'une attitude, qui, parce que c'est une attitude, renferme en elle nécessairement une orientation et, par suite, une certaine partialité, il peut facilement arriver que l'attitude ne soit plus à même de remplir les exigences de l'adaptation, parce que se sont produites, dans les conditions extérieures, des modifications qui demandent une autre attitude que celle qui existe déjà. Par exemple l'attitude sentimentale, qui cherche à satisfaire par *Einfühlung* aux exigences du réel, peut se trouver aux prises avec une situation qui ne peut se résoudre que par l'attitude intellectuelle, c'est-à-dire par une compréhension intellectuelle préalable. Dans ce cas, l'attitude sentimentale fait faillite. Et la progression de la libido s'arrête également. Le sentiment vital antérieur s'éteint ; par contre, grandit désagréablement la valeur psychique de certains contenus de conscience ; contenus et réactions subjectifs se pressent en avant, l'état devient affectif et tend à exploser. Ces symptômes indiquent une *accumulation de libido. L'état d'accumulation est toujours caractérisé par la désagrégation des couples d'opposés. Tandis que la libido progresse, les couples d'opposés sont unis dans le cours coordonné des événements psychiques. Leur coopération active rend possible la régularité équilibrée du processus qui, sans équilibration intérieure, serait unilatéral et insensé.* Aussi a-t-on raison de considérer toute extravagance et toute exagération comme une perte d'équilibre, puisque leur manque évidemment l'effet coordonnateur de la pulsion antagoniste. Par conséquent il appartient à l'essence de la progression, qui est la réussite du travail d'adaptation, qu'impulsion et contre-impulsion, que oui et non, en soient arrivés à agir régulièrement en une harmonieuse réciprocité. Cette équilibration et cette union des couples d'opposés, nous les trouvons, par exemple, dans le processus de réflexion en vue d'une décision de grand poids. Lorsque la libido stagne et que la progression est devenue impossible, oui et non ne peuvent plus s'unir en vue d'un acte coordonné, puisqu'ils ont atteint des valeurs égales qui se contrebalancent réciproquement. Plus la stagnation dure, plus grandit l'importance des positions opposées qui, par la suite, s'enrichissent en associations et s'adjoignent toujours de nouveaux districts du matériel psychique. La tension mène au conflit ; le conflit, à des tentatives de refoulement réciproques et, si le refoulement du parti adverse réussit, c'est la *dissociation*, la « scission de la personnalité », le désaccord avec soi et ainsi la possibilité de névrose. Les actes issus de cet état sont incoordonnés, pathologiques même, et prennent l'aspect d'actes symptomatiques ; quoique leur détermination soit en partie normale, ils s'appuient pourtant par ailleurs sur l'opposé refoulé qui, au contraire de ce qui se passe lors du déroulement progressif, n'exerce plus d'action équilibrante mais une action d'opposition, ce qui ne favorise pas l'effet mais au contraire le trouble.

La lutte des contraires se continuerait inutilement si l'explosion du conflit ne mettait en branle le processus de *régression*, la marche rétrograde de la libido. Le choc des contraires les uns contre les autres a pour effet de dévaloriser peu à peu leurs couples. Cette perte de valeur croît sans cesse : c'est la seule chose que perçoive la conscience. Elle signifie régression. En effet, à mesure que se continue cette diminution de valeur des opposés conscients, augmente en même temps celle de tous les processus psychiques qui n'entrent pas en ligne de compte pour l'adaptation et qui, pour cette raison, sont rarement, ou ne sont jamais utilisés par la conscience. Ces éléments psychiques sans valeur pour l'adaptation au milieu sont surtout inconscients. La valence des arrière-plans de la conscience et celle de l'inconscient augmentent de telle sorte qu'il faut s'attendre à ce qu'augmente leur influence sur la conscience. A cause de l'inhibition qu'exerce la conscience sur l'inconscient, les valeurs inconscientes ne se font d'abord sentir qu'indirectement. L'inhibition à laquelle elles succombent est une conséquence de l'orientation exclusive des contenus conscients. (L'inhibition est identique à ce que Freud appelle « censure ».) La manifestation indirecte de l'inconscient se produit sous forme de troubles du courant de la conscience, dans l'expérience d'associations, sous forme d'indices complexuels, et par ailleurs sous la forme d'actes symptomatiques que Freud a décrits le premier, voire de symptômes, s'il y a névrose.

La régression élevant la valence des contenus d'abord exclus de l'adaptation consciente et par suite le plus souvent « obscurément conscients » ou totalement inconscients, des éléments psychiques se trouvent poussés au-dessus du seuil de la conscience qui, de l'aveu de tous, sont sans utilité pour l'adaptation ; c'est la raison pour laquelle la fonction consciente dirigée les tenait toujours à l'écart. De quel genre sont ces contenus ? On peut largement en juger par les écrits de Freud. Ce sont non seulement des contenus et tendances infantiles sexuels, mais aussi, d'une façon générale, des contenus et tendances incompatibles de caractère soit immoral, soit inesthétique, soit irrationnel, voire imaginaire. Ce caractère évidemment de peu de valeur pour l'adaptation a été l'origine de ces jugements ordinairement dépréciatifs portés sur le fond de l'âme[1] que l'on trouve dans les écrits psychanalytiques. Pour un examen superficiel, c'est certes la fange du fond que la régression met au jour. Mais si l'on ne s'en tient pas à cette observation ni à cette estimation superficielles du matériel mis au jour, et si l'on renonce à juger d'après l'apparence en s'appuyant sur une opinion préconçue, on découvrira qu'il n'y a pas là que des restes de la vie du jour écartés parce qu'incompatibles ou que des tendances primordiales incommodes et condamnables de la vie animale de l'homme ; il y a là aussi des germes de nouvelles possibilités de vie[2]. Un des grands mérites de la psychanalyse est qu'elle ne craint pas de tirer à la lumière les contenus incompatibles, ce qui serait une entreprise tout à fait inutile, et même condamnable, si précisément il n'y avait pas, dans les contenus refoulés, les possibilités de renouveler la vie. Il en est, et il doit en être ainsi ; on le sait non seulement à la suite d'une riche expérience pratique, mais on peut aussi le conclure d'après les réflexions suivantes :

Le processus d'adaptation exige une fonction consciente dirigée que caractérisent une conséquence interne et une rigueur logique. Comme nous l'avons déjà dit, la fonction dirigée doit nécessairement écarter tout ce qui ne convient pas, précisément pour conserver sa direction. Ce qui ne convient pas est voué à l'inhibition et soustrait à l'attention. La fonction d'adaptation consciente dirigée est *une*, comme l'expérience nous l'apprend, car si je prends l'attitude de *penser*, je ne puis au même instant prendre aussi celle de laisser jouer mon sentiment, parce que penser et éprouver son sentiment sont deux fonctions absolument différentes. Il me faut même, pour satis-

---

1. Un peu comme le vieil Hudibra dont parle Kant (*Träume eines Geistersehers*, III) : « Quand un vent d'hypocondrie souffle en tempête dans les entrailles, l'important est la direction qu'il prend ; s'il va vers en bas, il devient un pet, mais s'il va vers en haut, c'est une apparition ou une révélation sacrée. »

2. La sursaturation professionnelle au contact des impropriétés des névrosés rend le médecin sceptique. Mais le jugement généralisant, porté sous l'angle de la pathologie a, lui, le désavantage d'être toujours erroné.

faire aux lois logiques de la pensée, écarter soigneusement le sentiment pour qu'il ne vienne pas en troubler la marche. Dans ce cas, je soustrais, autant que faire se peut, la libido au processus affectif, et c'est pourquoi cette dernière fonction tombe dans une relative inconscience. L'attitude, on le sait par expérience, est au fond affaire d'habitude ; les autres fonctions, celles qui ne conviennent pas parce qu'elles sont incompatibles avec l'attitude prévalente, sont relativement inconscientes, donc inutilisées, non exercées, non différenciées et nécessairement, parce qu'elles leur coexistent, associées aux autres contenus de l'inconscient dont j'ai évoqué déjà l'infériorité et l'incompatibilité. C'est pourquoi, lorsqu'elles sont activées par régression et parviennent à la conscience, ces fonctions apparaissent sous une forme pour ainsi dire incompatible, comme défigurées et recouvertes par la fange du fond.

Si nous nous rappelons que la cause de la stagnation de la libido, c'était l'échec de l'attitude consciente, nous comprenons maintenant dans quelle mesure les contenus activés par régression sont des germes de valeur : c'est qu'ils contiennent les éléments de l'autre fonction exclue par l'attitude consciente, fonction qui serait apte à compléter ou à remplacer efficacement l'attitude consciente défaillante. Si la pensée échoue dans le rôle de fonction d'adaptation parce qu'il s'agit d'une situation à laquelle on ne peut s'adapter que par *Einfühlung*, c'est dans le matériel inconscient activé par régression que l'on trouvera précisément la fonction affective manquante, mais sous une forme embryonnaire, voire archaïque et non développée. De même chez le type opposé, la régression activera une fonction intellectuelle compensant efficacement l'*Einfühlung* consciente qui échoue.

Par le fait que la régression active un état de fait inconscient, elle confronte la conscience avec le problème de l'âme, mise en face du problème de l'adaptation externe. Il est naturel que la conscience se cabre contre l'acceptation des contenus de régression ; et pourtant elle est finalement contrainte, à cause de l'impossibilité de progresser, de se soumettre aux valeurs régressives ; exprimé en d'autres termes : la régression impose une nécessaire adaptation à l'âme, au monde psychique intérieur.

De même que l'adaptation au milieu peut échouer à cause de

l'unilatéralité de la fonction adaptative, l'adaptation au monde intérieur peut aussi échouer à cause de l'unilatéralité de la fonction qui s'en occupe. Par exemple, si la stagnation de la libido résulte de la déficience de l'attitude intellectuelle vis-à-vis des exigences extérieures de l'adaptation, et si alors la fonction affective inconsciente est activée par régression, il n'existe plus d'abord qu'une *Einfühlung* dans le monde interne, ce qui peut suffire pour le début. Mais à la longue l'*Einfühlung* ne suffira plus ; il faudra que la fonction intellectuelle y soit aussi entraînée, de même que le contraire était nécessaire quand il s'agissait du monde extérieur. Il devient ainsi indispensable de prendre une attitude complète en face du monde intérieur jusqu'à ce que soit réalisée l'adaptation intérieure. Une fois celle-ci atteinte, la progression peut se faire.

Le principe de la progression et de la régression se reflète dans le mythe du dragon-baleine étudié par *Frobenius* [1] comme je l'ai montré dans mon livre *Métamorphoses de l'âme et ses symboles*. Le héros est le représentant symbolique du mouvement de la libido. L'entrée dans le dragon est un mouvement régressif. La traversée vers l'est (traversée nocturne) et les événements qui se produisent alors symbolisent les travaux d'adaptation aux conditions du monde psychique intérieur. L'engloutissement total et la disparition du héros dans le ventre du dragon représentent l'attitude qui se détourne complètement du monde extérieur. Le travail d'adaptation aux conditions du monde interne est représenté par la victoire remportée de l'intérieur sur le monstre. La sortie hors de son corps (se glisser dehors) avec l'aide d'oiseaux, qui est en même temps un lever de soleil, indique que la progression recommence.

Il est caractéristique que le monstre commence la traversée nocturne *vers l'est*, c'est-à-dire vers le lever du soleil, pendant que le héros est englouti ; c'est, à mon avis, l'indice que la régression n'est pas nécessairement un *recul*, au sens de *développement rétrograde* ou de *dégénérescence*, mais bien plutôt une phase nécessaire du développement, phase durant laquelle l'homme n'a pas conscience d'un développement puisqu'il se

1. L. FROBENIUS : *Das Zeitalter des Sonnengottes*, 1904 (L'ère du dieu-soleil).

trouve dans un état de contrainte qui se présente comme s'il était dans un état de sa première enfance, embryonnaire même, dans le sein de sa mère. C'est seulement quand l'homme persiste dans cet état que l'on peut parler de développement rétrograde, d'involution ou de dégénérescence.

Il ne faut pas non plus confondre *progression* et *développement* ; le continuel flot, ou courant de la vie, n'est pas nécessairement développement ou différenciation puisque, depuis les temps les plus lointains, certaines espèces d'animaux ou de plantes sont restées pour ainsi dire au même stade de différenciation et n'en continuent pas moins à vivre. La vie psychique de l'homme peut aussi progresser sans évoluer et rétrograder sans « involuer ». Évolution et involution n'ont tout d'abord rien de commun avec progression et régression puisque celles-ci ne sont, à vrai dire, que de simples mouvements de vie conservant, malgré leur mouvement, un caractère stationnaire. Elles correspondent à ce que Goethe à si heureusement appelé : diastole et systole [1].

Contre cette conception du mythe comme représentant de faits psychologiques, on a déjà élevé bien des objections. On sait qu'il est très difficile de renoncer à l'idée que le mythe serait en quelque sorte une allégorie explicative des processus astronomiques, météorologiques ou végétatifs. On ne peut guère nier la coexistence de tendances explicatives ; nous avons un trop grand nombre de preuves décisives du sens explicatif du mythe ; mais cela ne répond pas à la question de savoir pourquoi le mythe explique justement en allégorisant de

1. La diastole est l'extraversion de la libido se déployant dans l'univers. La systole est sa contraction sur l'individu, la monade. (« La systole consciente et puissante qui contracte et engendre l'individuel et la diastole qui élargit avec nostalgie et qui veut embrasser le tout. » CHAMBERLAIN : *Goethe*, 1902, p. 571.) La persistance dans l'une des deux attitudes est la *mort* (p. 571), c'est pourquoi le type est insuffisant et doit être complété par la fonction opposée. (« Cependant si un homme a pris une attitude uniquement réceptive, la diastole se maintient de façon durable ; alors apparaît, dans la vie de l'esprit comme dans celle du corps, la paralysie et finalement la mort. Seule l'action peut animer ; sa première condition est la restriction, c'est-à-dire la systole qui donne une mesure fermement délimitée. Plus l'action est énergique, plus la restriction doit être réalisée avec résolution. » CHAMBERLAIN : *Goethe*, 1902, p. 581.)

cette manière. Car il faut comprendre d'où le primitif tire cette matière d'explication. En outre il ne faut pas oublier que le primitif n'a pas autant que nous besoin de causalité. Il tient en somme encore beaucoup moins à l'explication qu'à la fabulation. Nous pouvons voir presque journellement chez nos malades comment naissent des fantaisies mythiques : ce ne sont pas des inventions ; elles apparaissent comme des images, ou des suites de représentations, qui les assaillent venant de l'inconscient, et quand on les raconte, il n'est pas rare qu'elles aient le caractère d'épisodes cohérents qui ont l'importance de descriptions mythiques. C'est de cette façon que naissent les mythes et c'est pourquoi aussi les fantaisies qui proviennent de l'inconscient ont tant de parenté avec les mythes primitifs. Mais comme le mythe n'est pas autre chose qu'une projection de l'inconscient, et nullement une invention consciente, on comprend pourquoi nous nous heurtons partout aux mêmes motifs mythiques et pourquoi le mythe représente des phénomènes psychiques typiques.

Maintenant se pose la question de savoir comment il faut comprendre énergétiquement les processus de progression et de régression.

On comprend sans plus que la progression et la régression sont des *phénomènes de force*. On pourrait comparer la progression à un ruisseau coulant de la montagne vers la vallée. La stagnation correspond à un obstacle spécifique dans la direction du courant, à un barrage par exemple qui transforme l'énergie cinétique du courant en énergie potentielle de position. Par suite de l'accumulation, l'eau est contrainte de prendre une autre voie si, l'accumulation augmentant, elle a atteint une telle hauteur qu'il lui est possible de déborder quelque part. Peut-être s'écoulera-t-elle dans un canal qui, par une installation de turbines, arrive à transformer l'énergie vive de la pente en électricité. Cette transformation donnerait une image de la nouvelle progression produite par l'accumulation et la régression, progression dont le caractère, à l'opposé de ce qui était avant, se distingue par la manière nouvelle dont se manifeste maintenant l'énergie. Dans ce processus de transformation, le principe d'équivalence possède une valeur heuristique particulière. *L'intensité de la progression réapparaît dans l'intensité de la régression.*

Il ne ressort nullement de la nature du point de vue énergétiste qu'il doive y avoir progression et régression de la libido, mais uniquement qu'il doit y avoir des transformations équivalentes, l'énergétique ne se préoccupant que du *quantum*, sans jamais expliquer le *quale*. Progression et régression sont donc des processus spécifiques que nous devons concevoir comme dynamiques et qui, comme tels, sont conditionnés par les qualités de la substance. Progression et régression ne dérivent donc jamais de la nature du concept d'énergie ; on peut seulement les comprendre énergétiquement dans leurs relations réciproques. Pourquoi y a-t-il progression et régression ? On ne peut le comprendre que par les qualités des substances, donc du point de vue mécaniste causal.

En tant que processus continu d'adaptation aux conditions du milieu, la progression est fondée sur la nécessité vitale d'adaptation. La nécessité oblige à s'orienter absolument selon les conditions du milieu et à refouler toutes les tendances et possibilités servant à l'individuation.

La régression au contraire, qui est adaptation aux conditions du monde intérieur de chacun, est fondée sur la nécessité vitale de donner satisfaction aux exigences de l'individuation. L'homme n'est pas une machine qui pourrait accomplir de façon continue la même performance de travail : au contraire, il ne peut répondre totalement et de façon idéale aux exigences de la nécessité extérieure que s'il est en accord avec lui-même. Inversement, il ne peut s'adapter à son propre monde intérieur et parvenir à l'accord avec lui-même que s'il est aussi adapté aux conditions du milieu. On ne peut oublier que temporairement l'une ou l'autre fonction, ainsi que l'expérience nous l'apprend : par exemple, quand on s'adapte unilatéralement à l'extérieur en négligeant l'intérieur, alors apparaît peu à peu un accroissement de la valeur des conditions intérieures qui se traduit par la mise en avant d'éléments personnels dans l'adaptation extérieure. J'en vis une fois un cas particulièrement frappant : un fabricant, qui s'était élevé par son travail et était parvenu à l'aisance, se rappela brusquement certaine phase de sa jeunesse où il prenait beaucoup de plaisir aux arts. Il ressentit le besoin de revenir à ces tendances et se mit à inventer lui-même des modèles artistiques des objets qu'il fabriquait. Le résultat fut que personne ne voulut plus acheter ces produits artistiques et qu'au bout de quelques années l'homme fit faillite. Son erreur avait été de transférer à l'extérieur ce qui appartenait à l'intérieur parce qu'il s'était mépris sur les exigences de l'individuation. L'échec si frappant d'une fonction adaptatrice jusqu'alors suffisante s'explique par cette incompréhension typique de l'exigence interne.

Bien que progression et régression aient un fondement causal dans la nature des processus vitaux, d'une part, et dans les conditions du milieu, d'autre part, nous devons cependant, si nous les considérons énergétiquement, les comprendre uniquement comme moyens et points de passage du cours énergétique. Ainsi considérés, la progression et le travail d'adaptation qui en résulte se déroulent comme moyens de régression, autrement dit de manifestation du monde interne dans le monde externe, créant un nouveau moyen de progression d'un autre genre qui représente une meilleure adaptation aux conditions du milieu.

b) *Extraversion et introversion*

On peut établir des rapports entre progression et régression, et extraversion et introversion de la libido. La progression, adaptation aux conditions extérieures, pourrait être considérée comme extraversion, et la régression, adaptation aux conditions intérieures, comme introversion. Mais cette mise en parallèle ferait naître une confusion importante des idées. Progression et régression ont tout au plus de vagues analogies avec extraversion et introversion. A vrai dire, ces dernières concernent des dynamismes d'une autre sorte que la progression et la régression. Celles-ci sont des dynamismes ou des formes régulières des transformations d'énergie, tandis qu'extraversion et introversion, comme l'indique déjà leur nom, sont des dynamismes ou des formes de la progression aussi bien que de la régression. La progression est un mouvement de vie qui procède dans le sens du temps. Ce mouvement peut avoir lieu sous deux formes différentes, *extravertie* quand les objets, c'est-à-dire les conditions du milieu, influencent de façon prédominante le mode de progression, *introvertie* quand la progression doit s'accommoder des conditions du moi (plus exactement du « facteur subjectif »). De même, la régression peut se produire de deux manières, soit par retrait du monde extérieur (introversion), ou par fuite dans des expériences extérieures extravagantes (extraversion). Un échec plonge l'un dans un état de morne méditation ; il pousse l'autre dans la dissipation du cabaret. Les deux modes de réaction, que j'appelle extraversion et introversion, correspondent à deux types opposés d'attitude.

La libido en somme ne se meut donc pas uniquement vers l'avant et vers l'arrière ; elle va aussi vers l'extérieur et vers l'intérieur. J'ai exposé en détail la psychologie de ce mouvement dans mon livre sur les types ; il n'est donc pas nécessaire que je m'étende davantage sur ce sujet.

c) *Le déplacement de la libido*

Dans les *Métamorphoses de l'âme*, 2e partie, chap. III, j'ai employé l'expression « déplacement de la libido » pour désigner la transformation ou transposition énergétique. Je pense, en employant cette expression, à un déplacement d'intensité ou de valeur psychique d'un contenu vers un autre correspondant à ce qu'on appelle transformation de l'énergie qui, sous forme de chaleur par exemple, est transformée par la machine à vapeur en tension, puis en énergie cinétique. Pareillement, l'énergie de certains phénomènes psychiques est amenée par des moyens appropriés à se transformer en d'autres dynamismes. Dans l'ouvrage indiqué ci-dessus, j'ai donné des exemples de ce processus de métamorphose ; je puis donc me dispenser d'en donner ici.

Dans la nature abandonnée à elle-même, l'énergie se transforme selon sa pente naturelle, par quoi elle produit des phénomènes naturels, mais « n'accomplit aucun travail ». C'est également ainsi que vit l'homme, quand il est abandonné à lui-même, phénomène naturel, pourrait-on dire, qui ne produit aucun travail au sens propre du mot. Mais la civilisation représente la machine grâce à laquelle la pente naturelle est exploitée en vue de la production de travail. Si l'homme est en somme arrivé à inventer cette machine, c'est sans doute que cela est profondément fondé dans sa nature, comme en général dans la nature des êtres vivants, puisque la matière vivante elle-même est un transformateur d'énergie et que de quelque manière, bien que l'on ignore encore comment, la vie participe à ce processus de transformation. La vie se déroule parce qu'elle utilise les conditions naturelles physiques et chimiques comme moyens d'existence, pourrait-on dire. Le corps vivant est une machine qui transforme la somme d'énergie reçue en d'autres manifestations dynamiques équivalentes. On ne peut pas dire que l'énergie physique est transformée en vie, mais seulement que la transformation est l'expression de la vie. Si le corps vivant est une machine, il y a aussi d'autres adaptations aux conditions physiques et chimiques qui ont la valeur de machines et rendent possibles d'autres genres de transformation. C'est le cas de tous les moyens que l'animal, par exemple, utilise, en plus de l'entretien direct de son corps par la nourriture, pour assurer et maintenir son existence, machines qui utilisent pour produire du travail la pente naturelle. Quand le castor abat des arbres et barre ainsi les cours d'eau, il accomplit là un travail conditionné par sa différenciation. Cette différenciation est une culture naturelle qui fonctionne comme transformateur d'énergie, comme machine. De même la civilisation humaine, résultat naturel de la différenciation, est aussi une machine, machine technique d'abord qui utilise des conditions naturelles pour transformer de l'énergie physique et chimique ; mais elle est en même temps une machine mentale qui utilise des conditions mentales pour la transformation de la libido.

L'homme a réussi à inventer la turbine, à y diriger un cours d'eau et à produire, au moyen de l'énergie motrice ainsi dégagée, l'électricité susceptible de multiples applications. De la même manière, l'instinct naturel qui s'écoule selon sa pente sans produire de travail, il a réussi au moyen d'une machine à le transférer vers une autre forme dynamique qui rend possible la production de travail.

La transformation de l'énergie instinctuelle se fait en la dirigeant sur un analogue de l'objet instinctuel. L'usine motrice imite la chute d'eau et s'empare ainsi de son énergie : la machine psychique imite l'instinct et s'empare de son énergie. Un bon exemple en est la cérémonie de printemps des Watschandis[1]. Ils creusent en effet dans le sol un trou de forme

1. PREUSZ : *Globus* 86, p. 338, et SCHULTZE : *Psychologie der Naturvölker*, 1925, p. 168, et JUNG : *Métamorphoses de l'âme et ses symboles*, *op. cit.*, p. 264.

allongée qu'ils entourent de buissons, ce qui lui donne l'apparence des organes sexuels féminins. Autour de ce trou, ils dansent en tenant devant eux leur lance à la façon du *penis in erectione*. Et tout en dansant, ils enfoncent leurs lances dans le trou en criant : « Pulli nira, pulli nira, wataka ! » *(Non fossa, non fossa, sed cunnus !)* Au cours de la cérémonie, aucun des participants ne doit regarder une femme.

Le trou est pour les Watschandis un analogue du sexe féminin, objet de l'instinct naturel. Par les cris répétés et par l'extase de la danse, ils se suggèrent que le trou dans la terre est vraiment un sexe, et afin de ne pas être détourné de cette illusion par l'objet véritable de l'instinct, nul n'a le droit de regarder une femme. Il s'agit donc indubitablement d'une canalisation de l'énergie et d'un transfert de celle-ci sur quelque chose d'analogue à l'objet primitif, par le procédé de la danse (qui est en somme un jeu d'accouplement, comme chez les animaux) et par l'imitation de l'acte sexuel[1].

Cette danse représente on ne peut mieux la cérémonie de la fécondation de la terre et c'est pourquoi elle a lieu au printemps. C'est un *acte magique* qui a pour but de diriger la libido vers la terre ; celle-ci acquiert de cette façon une valeur psychique particulière et devient objet d'attente. L'esprit s'occupe alors d'elle et est déterminé par elle ; d'où la possibilité et la probabilité que l'homme lui accorde son attention, ce qui serait la condition psychologique préalable de l'agriculture. Celle-ci se déroule en fait, mais pas exclusivement, par formation d'analogies sexuelles. Le « lit nuptial sur le champ » est une cérémonie de transfert de ce genre : le cultivateur emmène sa femme dans son champ durant une nuit de printemps et s'unit à elle à cet endroit même en vue de féconder la terre. Ainsi s'établissent un rapport et une analogie étroits qui agissent comme le canal qui dérive le lit du fleuve pour conduire l'eau vers l'usine motrice. L'énergie instinctuelle est étroitement associée au champ, de sorte que sa culture acquiert pour ainsi dire la valeur d'un acte sexuel. Cette association garantit un déplacement durable de l'intérêt vers le champ. Par suite,

1. *Cf.* les observations de PECHUËL-LOESCHE : *Volkskunde von Loango*, 1907, p. 38 : Les danseurs grattent le sol d'un pied en faisant en même temps des mouvements appropriés du bassin.

celui-ci exerce sur le cultivateur une action *attractive* ; l'homme s'occupera alors du champ, ce qui, évidemment, le rendra fertile. Comme Meringer l'a fort bien montré, l'association de libido (même au sens sexuel) et d'agriculture se traduit dans le langage[1]. Naturellement ce transfert sur le champ ne se fait pas uniquement par analogie sexuelle, mais aussi par une magie de contact direct, en « se roulant par terre »[2] dans le champ[3].

Le primitif sent de façon si concrète le transfert de la libido qu'il considère que la fatigue qu'il éprouve durant le travail est due à ce qu'il est épuisé par la succion du démon du champ[4]. Toutes les entreprises, tous les travaux d'une certaine importance : agriculture, chasse, guerre, etc., les primitifs les préparent par des actes magiques qui leur sont analogues, par des sortilèges préparatoires qui, de toute évidence, ont pour but psychologique de transférer la libido sur l'activité devenue nécessaire. Dans les danses des buffles, chez les Taos-Pueblos, les danseurs représentent en même temps les chasseurs et le gibier. L'excitation et le plaisir de la danse poussent la libido en une forme d'activité de chasse. Le plaisir de la danse nécessaire pour y parvenir est produit par le rythme des tambours et le chant excitant des vieillards qui dirigent toute la cérémonie.

---

1. Meringer : *Wörter und Sachen. Indogerm. Forsch.* 16, 179/84, et *Métamorphoses de l'âme et ses symboles*, p. 265.

2. Nous traduisons par « se rouler par terre » le mot suisse allemand « Walen ». Il désigne une coutume qui fut pratiquée dans diverses régions de nombreux pays : la Russie, l'Allemagne, la Scandinavie, etc. Au printemps, à différents moments, les paysans, par couples (un homme et une femme), se roulaient sur le sol du champ en se tenant l'un l'autre par les jambes. On croyait que, par cet usage (l'union d'une femme et d'un homme est un symbole de fécondité), le champ donnerait une meilleure moisson. Cette coutume se pratiquait jusqu'à l'automne. Il est en effet souvent question de femmes et d'hommes se roulant par terre après les moissons. L'intention était sans doute de rendre plus abondantes les moissons prochaines. On rapporte aussi que dans certaines contrées des individus seuls se roulaient sur le sol : apparemment l'idée primitive de fécondité avait disparu. (Je dois ces explications à l'amabilité du Dr R. Schärf et de Mlle D. Gautschy. Je les en remercie.) *N.d.T.*

3. *Cf.* Mannhardt : *Wald- und Feldkulte*, I, 1904, pp. 480 sq.

4. Mannhardt, *op. cit.*, t. I, p. 483.

On sait que les vieilles gens vivent dans leurs souvenirs et parlent volontiers de leurs exploits passés : ils s'y « échauffent ». La chaleur « enflamme » et c'est en quelque sorte le vieillard qui donne le premier branle à la danse, à la cérémonie mimique qui a pour but d'habituer les jeunes et les cadets à la chasse et de les y préparer psychiquement. On signale beaucoup de semblables « rites d'entrée » dans de nombreux clans primitifs[1]. La cérémonie d'Atninga des Aruntas en est un exemple classique. Elle consiste en ceci : il faut d'abord « irriter » les compagnons de la tribu appelés pour une expédition vengeresse. On y parvient de la façon suivante : le chef attache les cheveux du mort à venger à la bouche et au pénis de l'homme à irriter. Puis il s'agenouille sur l'homme et l'embrasse comme s'il accomplissait avec lui l'acte sexuel[2]. On suppose que de cette façon « les entrailles de l'homme se mettent à brûler du désir de venger le meurtre ». Il semble bien que cette cérémonie cherche à établir une *intime* connaissance de chaque individu avec l'assassiné. Chacun se trouve ainsi plus désireux de venger le mort.

La complication souvent énorme des cérémonies de ce genre montre ce qui est nécessaire pour détourner la libido de son cours naturel, l'habitude quotidienne, et la pousser à une activité inhabituelle. L'entendement moderne croit pouvoir y arriver par une simple décision de la volonté et se passer alors de toute cérémonie magique ; aussi l'exacte compréhension des cérémonies primitives l'a-t-elle longtemps embarrassé. Mais si l'on considère que les primitifs sont bien plus que nous inconscients, autrement dit qu'ils sont plus que nous de simples phénomènes naturels, que par conséquent ils ne connaissent pour ainsi dire pas ce que nous appelons « volonté », alors on comprend sans plus pourquoi il leur faut des cérémonies compliquées là où nous suffit une simple décision volontaire. Nous sommes plus conscients, c'est-à-dire plus domestiqués. Au cours des millénaires nous avons réussi non seulement à dompter la nature sauvage qui nous entoure, mais aussi à enchaîner

1. Résumé dans Lévy-Bruhl : *Les Fonctions mentales dans les sociétés inférieures*, 1910, pp. 262 sq.

2. *Gravures parlantes*, p. 560 ; Spencer and Gillen : *Northern Tribes of Central Australia*, 1904.

notre propre sauvagerie (au moins d'une certaine manière et temporairement !). Toujours est-il que nous avons acquis de la « volonté », c'est-à-dire de l'*énergie disponible*, peut-être pas beaucoup, mais plus que le primitif cependant, et c'est pourquoi nous n'avons plus besoin de danses magiques pour nous donner des « forces » en vue d'une entreprise, du moins pour tous les cas ordinaires. Par contre, quand il s'agit de quelque chose qui pourrait être au-dessus de nos forces, de quelque chose qui pourrait mal tourner, alors avec la bénédiction de l'Église, nous posons solennellement une première pierre, nous « baptisons » le navire qu'on va lancer, ou, en cas de guerre, nous nous assurons la protection d'un dieu patriote ; la sueur de l'angoisse a souvent arraché aux plus forts une oraison jaculatoire. Il suffit que les conditions soient quelque peu incertaines pour que se raniment tout naturellement les « complications magiques ». C'est que la cérémonie déclenche en effet de profondes forces émotionnelles ; la conviction devient aveugle autosuggestion et le champ visuel psychique se limite à un point fixe où se concentre tout le poids de la *vis a tergo* inconsciente. Et il est objectivement exact que la certitude y réussit mieux que l'incertitude.

d) *La formation des symboles*

La machine psychologique transformatrice d'énergie est le *symbole*. J'entends un symbole véritable et non un signe. Ainsi le trou fait dans la terre par les Watschandis n'est pas un signe remplaçant le sexe de la femme, mais un symbole représentant l'idée de la terre-femme qu'il s'agit de féconder. Le confondre avec une femme humaine, ce serait donner une interprétation sémiotique du symbole et détruire fatalement la valeur de la cérémonie. C'est pourquoi les danseurs ne doivent lever les yeux sur aucune femme. La conception sémiotique démolirait la machine exactement comme si l'on démolissait la canalisation qui assure la pression d'une turbine, sous prétexte que ce n'est qu'une chute d'eau artificielle produite par refoulement des conditions naturelles. Il ne me vient évidemment pas à l'esprit de vouloir prétendre que l'interprétation sémiotique est insensée ; elle est non seulement possible, mais aussi très vraie. Son utilité est indiscutée dans tous les cas où l'on se contente de mutiler la nature sans en retirer un rendement effectif. Mais l'interprétation sémiotique devient insensée quand on l'emploie exclusivement et schématiquement, quand elle méconnaît la véritable nature du symbole et l'abaisse au rang d'un simple signe.

Le premier fruit arraché par le primitif à l'énergie instinctuelle par la formation d'analogies est la *magie*. Une cérémonie est magique quand elle n'est pas exécutée en vue d'un rendement effectif, mais se cantonne dans l'attente. Dans ce cas l'énergie est transférée sur un autre objet ; elle produit un nouveau dynamisme qui garde son caractère magique tant qu'il n'effectue pas de travail effectif. L'avantage qui résulte de la cérémonie magique est que l'objet nouveau, ainsi imprégné, acquiert des possibilités d'action par rapport à la psyché. Sa valeur le rend déterminant et formateur de représentations, de sorte que l'esprit est attiré par lui pendant assez longtemps et s'en occupe. Il en résulte des actions que l'on exécute comme un jeu sur l'objet magique, le plus souvent des activités rythmiques. Nous en avons un bon exemple dans les dessins rupestres de l'Amérique du Sud, dessins qui se composent de lignes profondément gravées dans les pierres les plus dures. Ils proviennent de ce que, durant des siècles, les Indiens ont, en jouant, continuellement retracé les lignes avec des pierres. Il est à peine possible d'interpréter le sens de ces dessins, mais l'activité qui s'y rattache est incomparablement plus significative[1].

L'esprit est donc déterminé par l'action magique exercée par l'objet ; il en résulte que ce jeu qui l'occupe conduit l'homme à faire en l'objet toutes sortes de découvertes qui lui auraient autrement échappé. On sait que c'est justement de cette façon que bien des découvertes ont été faites. Ce n'est pas sans raison que l'on appelle la magie : la *mère de la science*. Jusqu'à une époque très avancée du moyen âge, ce que nous appelons aujourd'hui « science de la nature » n'était pas autre chose que magie. Nous en avons un excellent exemple dans l'alchimie dont la symbolique montre, avec une clarté exempte de tout malentendu, le processus de transformation de l'énergie dont

1. Th. Koch : *Südamerikanische Felszeichnungen*, 1907.

nous avons ci-dessus décrit le principe ; les alchimistes eux-mêmes eurent plus tard conscience de cette sagesse[1].

Mais ce n'est que par la transformation de la magie en science, c'est-à-dire par le passage du stade de simple espérance au véritable travail technique sur l'objet que l'on est parvenu à la domination des forces naturelles qu'avait rêvée l'âge de la magie. Même le rêve qu'avait fait l'alchimie de transmuter les éléments s'est réalisé. L'action magique à distance est devenue aussi réalité grâce à la découverte de l'électricité. Nous avons donc toute raison d'apprécier la formation de symboles et d'accorder à ces derniers notre estime, parce que ce sont des moyens inappréciables qui nous permettent d'utiliser pour un rendement effectif le cours uniquement instinctuel du processus énergétique. Certes la chute d'eau est plus belle que l'usine de force motrice, mais la *dura necessitas* nous apprend à estimer l'éclairage et l'industrie électriques plus que la belle inutilité de la chute d'eau dont nous nous réjouissons pendant un quart d'heure au cours d'une promenade de vacances.

Dans la nature physique, nous ne pouvons transformer qu'une partie très minime de l'énergie naturelle en une forme pratiquement utilisable, alors que nous sommes contraints d'en laisser perdre sans profit dans des phénomènes naturels de beaucoup la plus grande quantité. Il en est de même dans notre nature psychique : nous ne pouvons arracher à son écoulement naturel qu'une toute petite partie de son énergie. Il en est une infiniment plus grande que nous ne pouvons saisir, et qui entretient le cours régulier de la vie. Aussi la libido est-elle tout naturellement répartie sur les divers systèmes fonctionnels auxquels on ne peut l'enlever totalement. La libido est *investie* dans ces fonctions, dont elle est la force spécifique jamais transformable. Ce n'est que dans le cas où le symbole offre plus de pente que la nature qu'il est possible de faire passer la libido dans d'autres formes. L'histoire de la civilisation a suffisamment montré que l'homme dispose d'un excédent rela-

---

1. *Cf.* H. Silberer : *Probleme der Mystik*, 1914 ; Chr. Rosencreutz : *Chymische Hochzeit*, 1616, et C.G. Jung : *Psychologie et Alchimie*, traduction du Dr Roland Cahen et de Henry Pernet, Buchet/Chastel, Paris, 1970.

tif d'énergie capable d'une autre utilisation que celle que lui offre son simple écoulement naturel. Le fait que le symbole rend possible cette diversion prouve que toute la libido ne se bloque pas en une forme fidèle aux lois de la nature qui commande son cours régulier, mais qu'un certain quantum d'énergie subsiste que l'on pourrait appeler *excédent de libido*. On pourrait penser que cet excédent de libido provient de ce que les fonctions solidement organisées ne sont pas capables de compenser de façon suffisante les différences d'intensité. Elles seraient comparables à une conduite de section trop faible pour évacuer une certaine quantité d'eau qui se renouvelle sans cesse. L'eau déborderait alors. Cet excédent donne naissance à certains processus psychiques inexplicables, ou insuffisamment explicables, par les simples conditions naturelles : ce sont des phénomènes religieux dont la nature est essentiellement symbolique. Les symboles représentatifs sont des idées religieuses, les symboles d'actes, des rites ou des cérémonies. Ce sont des manifestations ou expressions de l'excédent de libido. Ils sont en même temps des transitions vers de nouvelles activités auxquelles on peut donner le nom spécifique d'activités culturelles, par opposition aux fonctions instinctives qui se déroulent selon leurs lois.

J'ai aussi donné au symbole qui transforme l'énergie le nom de parabole de la libido[1], entendant par là des représentations propres à traduire la libido par des équivalences et à la conduire ainsi vers une forme autre que la primitive. La mythologie offre d'innombrables paraboles de ce genre, à commencer par les objets sacrés, les *churingas*, les fétiches et même les figures des dieux. Les rites dont sont entourés les objets sacrés laissent souvent entrevoir avec netteté leur nature de transformateurs d'énergie ; ainsi le primitif frotte régulièrement son *churinga*, prenant ainsi la puissance magique du fétiche en même temps qu'il lui redonne sa « charge »[2]. Dans la même série, mais à un degré plus élevé, se trouve l'idée de totem, liée très étroitement aux débuts de la formation de la communauté et transférée directement à l'idée du palladium, divinité

1. *Métamorphoses de l'âme et ses symboles, op. cit.*
2. SPENCER and GILLEN : *The Northern Tribes of Central Australia*, 1904, p. 277.

protectrice du clan, et en général à l'idée de l'organisation de la communauté humaine. Le processus de transposition de la libido au moyen du symbole a eu lieu depuis les débuts de l'humanité et se continue encore. Jamais les symboles ne furent *inventés consciemment* ; au contraire, ils furent produits par l'inconscient, par la voie dite de la révélation ou de l'intuition[1]. Vu les rapports étroits qu'ont les symboles mythologiques avec les symboles oniriques, et en tenant compte du fait que, selon l'expression de P. Lejeune, le rêve est « le dieu des sauvages », il est extrêmement probable qu'une grande partie des symboles historiques proviennent directement du rêve ou du moins aient été suscités par lui[2]. Nous en avons la certitude pour le choix du totem, et nous avons de même des témoignages correspondants pour le choix des dieux. Cette fonction symbolique qui existe depuis les temps les plus reculés n'a pas encore disparu de nos jours, quoique depuis bien des siècles l'esprit tende à réprimer la formation individuelle de symboles. Le premier pas dans cette direction fut l'institution d'une religion d'État ; un autre fut l'extirpation du polythéisme, dont le premier commencement est sans doute l'essai de réforme d'Amenophis IV. L'ère chrétienne, on le sait, a obtenu des

---

1. « Man, of course, has always been trying to understand and control his environment, but in the early stages *this process was unconscious*. The matters, which are problems for us existed latent in the primitive brain ; there, undefined, lay both problem and answer ; through many ages of savagery, first one and then another partial answer emerged into consciousness ; at the end of the series, hardly completed to-day, there will be a new synthesis in which riddle and answer are one. » A.E. CRAWLEY : *The Idea of Soul*, 1909, p. 11. (Naturellement, l'homme a toujours cherché à comprendre et à gouverner ce qui l'entoure, mais, dans les âges anciens, *ce processus était inconscient*. Ce qui constitue pour nous des problèmes existait à l'état latent dans le cerveau primitif : là, gisaient, indistincts, à la fois problème et réponse. Au cours de longues périodes de sauvagerie émergea dans la conscience d'abord une, puis une autre réponse partielle ; à la fin de la série, à peine achevée de nos jours, il se fera une nouvelle synthèse dans laquelle énigme et réponse se confondront.)

2. « Les rêves sont pour les sauvages ce que la Bible est pour nous, la source de la révélation divine. » GATCHET : *The Klamath Language, Contrib. to the N. Americ. Ethnol.*, t. II, I), cité par LÉVY-BRUHL : *Les Fonctions mentales dans les sociétés inférieures*, 1910.

résultats extraordinaires dans la répression de la formation individuelle de symboles. A mesure que commence à pâlir l'intensité de l'idée chrétienne, il faut s'attendre à la recrudescence de la formation individuelle de symboles. La multiplication véritablement énorme des sectes depuis le XVIIIe siècle, le siècle des « lumières », doit en être un témoignage significatif. Les puissantes extensions de la Christian Science, de la théosophie, de l'anthroposophie et de la religion de Mazdaznan sont de nouveaux pas sur cette route battue.

Dans notre travail pratique avec nos malades, nous nous heurtons à chaque pas à des formations de symboles de ce genre qui visent à la transformation de la libido. Au début du traitement, nous trouvons à l'œuvre des formations de symboles dont l'inopportunité apparaît en ce qu'elles présentent une pente trop faible, de sorte que la libido ne peut s'écouler dans des activités effectives, mais se disperse inconsciemment dans des voies anciennes, c'est-à-dire dans des fantaisies archaïques-sexuelles et des activités imaginaires ; d'où il résulte que le malade est en désaccord avec lui-même, donc névrosé. Dans ce cas, naturellement, l'analyse est indiquée, du moins la méthode psychanalytique réductive inaugurée par Freud, qui détruit toutes les formations de symboles insuffisantes et les réduit aux éléments naturels. L'usine de force motrice construite trop haut et de façon inopportune est décomposée en ses parties initiales et le cours d'eau naturel du début est rétabli. L'inconscient continue à créer des symboles que l'on pourrait évidemment réduire *ad infinitum* en ses éléments.

Mais l'homme ne se déclare pas et ne peut jamais se déclarer satisfait du cours naturel des choses, puisqu'il possède toujours un excédent d'énergie auquel peut s'offrir une pente plus favorable que la pente naturelle ; aussi est-il inévitable qu'il la recherche toujours, chaque fois que la réduction l'a contraint à rentrer dans la pente naturelle. C'est pourquoi nous en sommes arrivés à la conviction qu'une fois réduit ce qui est inopportun, une fois rétabli le cours naturel des choses et donnée ainsi la possibilité de vivre naturellement, il ne faut pas continuer la réduction, mais plutôt soutenir synthétiquement la formation de symboles, afin de provoquer une pente plus favorable pour l'excédent. La réduction à l'état naturel n'est pour l'homme ni un état idéal, ni une panacée. Si vraiment l'état naturel l'était, le primitif devrait mener une existence enviable. Or il n'en est pas du tout ainsi : le primitif est tellement tourmenté par des superstitions, des angoisses et des contraintes, qui s'ajoutent à toutes les autres douleurs et les autres peines de la vie humaine, que, s'il vivait dans notre civilisation, on ne pourrait le considérer autrement que comme gravement névrosé, sinon comme fou. Que dirait-on d'un Européen qui se conduirait de la façon suivante : Un nègre eut un rêve dans lequel il était poursuivi par ses ennemis, pris par eux et brûlé vif. Le jour suivant, il fit allumer un feu par ses parents, se fit mettre lui-même les pieds dans le feu pour écarter par cette cérémonie apotropéique le malheur dont il avait rêvé. Il fut si atrocement brûlé qu'il en resta gravement malade pendant plusieurs mois[1].

L'homme a été libéré de ces angoisses insensées par la formation progressive de symboles, qui l'a peu à peu conduit à la civilisation. Il faut donc que le retour à la nature soit nécessairement suivi d'une reconstruction synthétique du symbole. La réduction ramène vers l'homme primitif de la nature et sa mentalité particulière. Freud a eu en vue principalement la convoitise incontrôlée du plaisir, et Adler, la « psychologie du prestige ». Ce sont, il est vrai, des particularités tout à fait essentielles de la psyché primitive, mais ce ne sont pas, et de loin, les seules. Pour être complet, il faudrait citer aussi tous les autres traits de primitivité, ludique, mystique, « héroïque », etc., et surtout ce trait saillant de l'âme primitive : elle est soumise à des « puissances » surnaturelles : instincts, affects, superstitions, imaginations, magiciens, sorcières, esprits, démons ou dieux. La réduction ramène à la situation de soumission propre au primitif, à laquelle l'homme civilisé espère avoir échappé. De même, comme la réduction fait connaître à l'homme sa soumission à des « puissances » et lui pose un problème presque dangereux, le traitement synthétique du symbole le confronte à la question religieuse, non pas au problème de confession religieuse du temps présent, mais au problème religieux du primitif. En face des puissances qui le dominent très réellement, il ne peut trouver protection et secours que dans un fait d'une aussi forte réalité ; ce n'est pas

---

1. Lévy-Bruhl : *Les Fonctions mentales, op. cit.*, p. 54.

une pensée systématique, mais seule une expérience immédiate qui peut faire équilibre à la force aveugle des instincts.

Au polymorphisme de la nature instinctuelle primitive s'oppose comme régulateur le *principe d'individuation* ; en face de la multiplicité et de l'écartèlement entre des éléments contradictoires se dresse une unité contractive, dont la puissance est aussi grande que celle de l'instinct. Qui plus est, ces deux aspects forment même un couple d'opposés nécessaire à l'autorégulation, couple que l'on a souvent appelé nature et esprit. Les fondements de ces concepts sont constitués par des conditions psychiques entre lesquelles la conscience humaine oscille comme l'aiguille d'une balance.

L'esprit primitif ne nous est donné, en expérience immédiate, que sous la forme de la psyché infantile dont nous pouvons encore nous souvenir. Ses particularités, Freud les considère comme des traits de sexualité infantile, et il n'a pas tout à fait tort ; car c'est de cette *organisation germinative* que sortira la maturité sexuelle de plus tard. Mais Freud fait encore dériver de cette disposition germinative infantile toutes sortes de particularités mentales, si bien que de cette façon l'esprit semble dériver aussi d'un stade sexuel antérieur et ne serait pas autre chose qu'une marcotte de la sexualité. Or Freud oublie que la *disposition germinative* infantile polyvalente n'est pas seulement un degré antérieur spécial et pervers d'une sexualité normale arrivée à maturité ; elle paraît précisément d'une perversité particulière parce qu'elle n'est pas seulement un stade antérieur de la maturité sexuelle, mais l'est aussi de la particularité mentale de l'individu. C'est de l'organisation germinative infantile que sort l'homme *tout entier* de plus tard ; la disposition germinative n'est pas plus simple sexualité que ne l'est la psyché de l'homme adulte. Il n'y a pas seulement, dans cette disposition germinative, les commencements d'une vie adulte, mais encore tout l'héritage d'une suite d'ancêtres d'étendue indéterminée. Dans cet héritage ne sont pas compris uniquement les *instincts* provenant du stade animal, mais encore toutes les *différenciations* qui ont laissé des traces *transmissibles par hérédité*. Donc à vrai dire, chaque enfant naît avec une *énorme incongruence* ; d'une part, être *inconscient* en somme semblable à l'animal, et d'autre part, *incarnation* dernière d'une somme d'héritages très ancienne et infiniment compliquée. C'est cette *incongruence qui constitue la tension de l'organisation germinative* et qui explique en outre encore bien des énigmes de la psychologie infantile, qui vraiment n'en manque pas. Certes, toute jardinière d'enfant est sensée « comprendre » la psychologie de l'enfant. Celle-ci n'en demeure pas moins pour moi un des problèmes les plus difficiles.

Si donc au moyen d'un procédé réductif nous découvrons les degrés antérieurs infantiles d'une psyché adulte, nous rencontrons comme dernier fondement les germes infantiles qui renferment d'une part l'être sexuel ultérieur *in statu nascendi*, et d'autre part aussi toutes les préconditions compliquées de l'être civilisé. C'est sans doute dans les rêves des enfants qu'on en trouve les plus beaux reflets. Beaucoup sont très simples, « enfantins » et compréhensibles sans plus ; mais d'autres renferment des possibilités de signification à en donner presque le vertige et des choses qui ne dévoilent leur sens profond qu'à la lumière de comparaisons avec les primitifs. Cet autre aspect, c'est l'esprit *in nuce*. Si l'enfance est importante, ce n'est pas seulement parce que c'est en elle qu'ont pris leur départ certaines mutilations de l'instinct, mais aussi parce que c'est là que se présentent à l'âme enfantine, effrayants ou encourageants, ces rêves ou ces images aux lointaines perspectives qui préparent tout un destin, en même temps que ces *pressentiments* rétrospectifs qui atteignent bien au-delà de l'expérience enfantine jusqu'à la vie des *ancêtres*. Il y a donc dans l'âme de l'enfant, en face de la condition « naturelle », une condition spirituelle. On sait que l'homme qui vit à l'état de nature n'est pas uniquement « naturel » comme l'est par exemple un animal ; il voit, croit, craint, vénère des choses dont le sens n'apparaît pas dans les circonstances naturelles du milieu seul, dont le sens caché s'écarte même beaucoup de tout ce qui est naturel, tombe sous les sens et se comprend, et qui parfois même contraste singulièrement avec tous les instincts. Que l'on songe seulement à tous ces rites et usages cruels des primitifs contre lesquels s'insurge tout sentiment naturel, à toutes ces convictions, toutes ces idées en insurmontable opposition à l'évidence des choses. Ces faits obligent à admettre que le principe spirituel (quel qu'il puisse être) s'impose avec une force inconcevable en face du simple principe naturel. On peut, certes, dire que cela aussi est « naturel » et que tous deux proviennent d'une seule et même nature. Je ne prétends pas du tout mettre en doute cette origine ; mais je dois faire remarquer que cette chose « naturelle » est faite du conflit de deux principes auxquels on peut, selon son goût, donner tel ou tel nom et que *ce contraste est l'expression, et peut-être aussi le fondement, de cette tension que nous appelons énergie psychique*.

Pour des raisons théoriques, il faut admettre qu'il doit y avoir aussi chez l'enfant une tension analogue des contraires, car sans elle aucune énergie ne serait possible ; comme le disait déjà Héraclite : πόλεμος πατὴρ πάντων (La guerre est la génératrice de toutes choses). Ainsi que je l'ai fait remarquer plus haut, ce conflit peut être considéré comme une opposition entre le caractère naturel encore profondément primitif de l'homme qui vient de naître et la masse hautement différenciée dont il hérite. L'être naturel est caractérisé par une instinctivité que rien n'a encore abattue, c'est-à-dire par un total abandon aux instincts. La masse héritée qui échappe à cette emprise se compose des précipitations mnémiques de toutes les expériences de la suite des ancêtres. On se montre souvent sceptique à l'endroit de cette hypothèse parce que l'on pense qu'il s'agit de « représentations héritées ». Il n'en est bien sûr pas du tout question. C'est plutôt de possibilités représentatives héritées qu'il s'agit, de « préparations » que les expériences répétées dans la suite ancestrale ont peu à peu organisées. Nier le caractère héréditaire de ces préparations, ce serait en somme refuser d'admettre que nous héritons de notre cerveau. Ceux qui s'y refusent devraient, pour être conséquents, lancer l'affirmation que l'enfant naît avec le cerveau d'un singe. Mais comme il vient au monde avec un cerveau d'homme, tôt ou tard ce cerveau se mettra à fonctionner sur le mode humain ; il commencera même au point où se trouvaient les plus récents de ses ancêtres. Naturellement l'enfant n'en a pas la moindre conscience. D'abord les instincts seuls deviennent conscients et ce qui s'oppose à eux. Or cette opposition vient en premier lieu des parents visibles. C'est pourquoi l'enfant n'a encore nulle idée qu'il puisse y avoir en lui-même un obstacle. A tort ou à raison, il projette ces obstacles sur ses parents. Ce préjugé infantile est si fortement ancré que nous autres, médecins, nous avons souvent les plus grandes difficultés à faire entrer dans la conscience de nos malades que le méchant père qui interdit tout n'est pas tant en dehors que bien plutôt en dedans d'eux-mêmes. Tout ce qui agit à partir de l'inconscient apparaît projeté sur autrui : ce qui ne veut pas dire qu'autrui n'en porte aucune responsabilité ; car la plus méchante des projections est au moins suspendue à un petit quelque chose, si peu que ce soit, et ce quelque chose vient d'autrui.

Bien que la masse héritée soit faite de dispositions physiologiques, ce furent pourtant des processus mentaux de la lignée ancestrale qui créèrent ces arrangements. Si l'individu prend conscience de ces engrammes, il ne peut le faire que sous la forme de processus mentaux ; et s'ils ne peuvent parvenir à la conscience qu'à travers l'expérience individuelle, prenant ainsi l'apparence d'acquisitions de l'individu, ils n'en sont pas moins des dispositions préexistantes que l'expérience individuelle a simplement « remplies ». Sans doute chaque expérience « marquante » est-elle une irruption de ce genre dans un lit ancien, resté jusqu'alors inconscient.

Les voies préexistantes déjà frayées sont de dures réalités, aussi indéniables que la réalité historique de l'homme partant du trou-abri pour arriver à construire une ville. Cette évolution, c'est évident, n'a été possible que par l'établissement de communautés qui, à leur tour, n'ont pu se produire que grâce *aux restrictions imposées à l'instinct. La restriction de l'instinct par des processus mentaux se réalise chez l'individu avec la même force et le même succès que dans l'histoire des peuples*. La restriction des instincts est un processus normatif ou, plus exactement, *nomothétique*, dont la violence provient de la réalité inconsciente des dispositions héritées, des sédimentations des processus mentaux et spirituels de la lignée ancestrale. L'esprit, principe actif de la masse héritée, est fait de la somme des esprits des ancêtres, *pères* invisibles [1], dont l'autorité vient au monde en même temps que l'enfant. La notion philosophique d'*esprit* n'a pas même pu libérer encore son terme linguistique des liens écrasants qui l'identifient à une autre conception de l'esprit, le *fantôme*. Par contre, l'intuition religieuse a réussi à dépasser cette entrave linguistique qui la relie aux esprits en

---

1. SÖDERBLOM : *Das Werden des Gottesglaubens*, 1914, pp. 88 sq. et pp. 175 sq.

appelant *Dieu* cette autorité spirituelle. Au cours des millénaires, cette intuition s'est développée pour devenir l'expression du principe spirituel qui se dresse contre l'instinctivité pure et simple et veut l'entraver. Ce qu'il y a d'extrêmement important dans cette notion, c'est le fait que Dieu est en même temps conçu comme créateur de la nature. Il est regardé comme l'auteur de ces créatures imparfaites qui sont dans l'erreur et le péché, en même temps qu'il est leur juge et les tient sous sa férule. La simple logique dirait sans doute : « Si je confectionne une créature qui tombe dans l'erreur et le péché et qui, en vertu de son instinctivité, est pour ainsi dire sans valeur, c'est évidemment que je suis un mauvais créateur et n'ai pas même réussi mon examen de compagnon. » (On sait que cet argument jouait un rôle important dans le gnosticisme.) Mais sans se laisser tromper par cet argument, la conception religieuse prétend que les voies et intentions de Dieu sont insondables. De fait, l'argument gnostique a eu peu de succès dans l'histoire, parce que, de toute évidence, l'intangibilité de la représentation de Dieu répond à un besoin vital devant lequel s'efface toute logique. (Il va sans dire que nous ne nous occupons pas ici de Dieu comme chose en soi, mais d'une intuition humaine qui est, comme telle, un légitime objet de la science.)

Donc, bien que la notion de Dieu soit un principe spirituel par excellence, c'est un besoin collectif d'en faire en même temps une intuition de la cause première créatrice d'où procède toute l'instinctivité qui s'oppose au spirituel. Dieu ne serait donc pas seulement la quintessence de la lumière spirituelle qui apparut comme dernière floraison à l'arbre de l'évolution, pas seulement le terme spirituel du salut où culmine toute création, pas seulement fin et but, mais aussi cause dernière, la plus obscure et la plus profonde de toutes les ténèbres de la nature. Immense paradoxe qui, de toute évidence, correspond à une profonde vérité psychologique. Il n'est en effet que la représentation de l'antagonisme en un seul et même être, dont la nature la plus intime est faite de la *tension des contraires*. Cet être, la science l'appelle *énergie* ; elle est ce quelque chose qui est équilibration vivante entre des contraires. Pour cette raison, l'intuition de Dieu, en soi impossible et paradoxale, serait si satisfaisante pour le besoin humain que nulle logique, si justifiée qu'elle pût paraître, ne saurait tenir contre elle.

Effectivement, la plus délicate méditation ne réussirait guère à trouver une formule qui convînt mieux à cette intuition intime.

Je crois n'avoir rien dit de superflu en m'étendant avec quelque détail sur la nature des oppositions qui forment la base de l'énergie psychique[1]. La théorie de Freud consiste en une explication causale de la psychologie des tendances. Sous cet angle, le principe spirituel ne peut avoir que l'apparence d'une annexe, d'un produit accessoire des pulsions. Comme on ne peut mettre en doute sa force inhibitrice et oppressive, on l'attribue aux influences de l'éducation, des autorités morales, des conventions et des traditions. D'autre part (selon cette théorie) ces instances à leur tour tirent leur pouvoir de refoulements intervenant par la voie d'un *circulus vitiosus*. Mais on ne reconnaît pas au spirituel assez d'importance pour voir en lui une réplique de valeur équivalente à la pulsion. Par contre, le point de vue spirituel s'est incorporé dans l'intuition religieuse qu'il me faut considérer comme suffisamment connue. Sous cet angle, la psychologie freudienne semble menaçante. Mais elle ne l'est pas plus que le matérialisme en général, qu'il soit de nature scientifique ou de nature pratique. La partialité théorique du point de vue sexuel de Freud a du moins une valeur symptomatique. S'il n'est pas scientifiquement justifié, du moins l'est-il moralement. Il est sans aucun doute exact que l'instinctivité dans le domaine sexuel entre, le plus souvent et de la façon la plus pressante, en collision avec les conceptions morales. Le choc de l'instinctivité infantile avec l'ethos est absolument inévitable. Il est même, ce me semble, la *conditio sine qua non* de l'énergie psychique. Alors que nous sommes tous d'accord pour dire que, de toute évidence, le meurtre, le vol et autres brutalités affectives de tous genres sont inadmissibles, il n'en existe pas moins ce qu'on appelle une *question sexuelle*. On ne parle jamais d'une question du meurtre, ni d'une question de la fureur. On ne demande pas de mesures sociales contre ceux qui épanchent leur mauvaise humeur sur leurs semblables. Et pourtant ce sont là des instinctivités aussi ; mais leur répression nous semble aller de soi. C'est uniquement

---

1. J'ai traité ce même problème sous d'autres aspects et d'une autre manière dans les *Métamorphoses de l'âme et ses symboles, op. cit.*, pp. 298 et 610 sq., ainsi que dans les *Types psychologiques, op. cit.*, pp. 196 sq. J'y reviens plus loin dans : « Instinct et inconscient », p. 94.

pour la sexualité que l'on pose une question. C'est l'indice d'un doute, doute sur la suffisance et la convenance des idées morales observées jusqu'à présent et des institutions légales fondées sur elles. Nul homme éclairé ne contestera qu'en ce qui concerne ce domaine les opinions sont très partagées. Il n'y aurait pas de problème de cette sorte s'il n'y avait pas de désaccord à ce sujet. Il est évident que se manifeste ici une réaction contre une moralité trop rigoureuse. Il ne s'agit d'ailleurs pas de la simple explosion d'une instinctivité primitive. Les explosions de cette sorte ne se sont jamais encore souciées, on le sait, de lois, ni de problématiques morales. Il s'agit au contraire du scrupule sérieux qui se demande si la conception morale que nous avons eue jusqu'alors est, ou non, équitable à l'égard de la nature de notre sexualité. Ce doute fait tout naturellement naître un intérêt légitime pour une meilleure et plus profonde compréhension de cette nature. Cherchent à répondre à cet intérêt non seulement la psychologie freudienne, mais aussi beaucoup d'autres entreprises. Si donc Freud insiste tout particulièrement sur la sexualité, c'est de sa part sans doute une réponse plus ou moins consciente à la question actuelle et, inversement, l'accueil que le public lui a fait prouverait combien actuelle était sa réponse. Il n'échappera pas à qui lit les écrits de Freud avec une attention critique combien générale et extensible est sa notion de sexualité. Elle est en effet si vaste que l'on se demande souvent, à certains passages, pourquoi l'auteur utilise une terminologie sexuelle. Sa notion de sexualité englobe non seulement les faits sexuels physiologiques, mais aussi presque tous les degrés, toutes les phases et toutes les espèces de sentiments et de désirs. Cette énorme élasticité permet une application universelle de son concept, mais ce n'est pas à l'avantage de l'explication donnée. Par lui, on peut expliquer une œuvre d'art ou une expérience religieuse de la même manière qu'un symptôme hystérique. La différence absolue entre ces trois phénomènes disparaît ainsi totalement. Nous n'avons qu'une apparence d'explication, au moins pour deux d'entre eux. Mais en dehors de ces inconvénients, il est psychologiquement juste que l'on aborde le problème des instincts du côté de la sexualité, car il y a en elle quelque chose qui donne à penser à qui n'est pas de parti pris. Le conflit entre ethos et sexualité n'est pas aujourd'hui une simple collision entre instinctivité et morale ; c'est une lutte pour le droit à l'existence d'un instinct ou pour la reconnaissance d'une force qui s'exprime en lui, force avec laquelle on ne plaisante pas et qui, pour cette raison, refuse de se soumettre aux bonnes intentions de nos lois morales. La sexualité n'est pas seulement instinctivité ; elle est aussi, indubitablement, puissance créatrice, non seulement cause essentielle de notre vie individuelle, mais encore facteur qu'il faut prendre très au sérieux dans notre vie psychique. Nous savons aujourd'hui quelles lourdes conséquences des troubles sexuels peuvent entraîner après eux. On pourrait voir en la sexualité le porte-parole des instincts, et c'est pourquoi le point de vue spirituel la considère comme son adversaire principal, non pas il est vrai parce que l'excès sexuel serait en soi plus immoral que la goinfrerie et l'ivrognerie, l'avarice, la tyrannie et la prodigalité, mais parce que l'esprit flaire en la sexualité un opposé qui le vaut et même qui lui est apparenté. Car de même que l'esprit cherche à soumettre à sa forme la sexualité comme tous les autres instincts, la sexualité de son côté a une vieille revendication à l'endroit de l'esprit qu'un jour — dans la génération, la grossesse, la naissance et l'enfance — elle tint prisonnier, tandis que l'esprit, dans ses créations, ne saurait se passer d'elle. Que serait l'esprit, finalement, s'il n'y avait en face de lui un instinct qui le vaille ? Il ne serait que forme vide. C'est devenu pour nous chose toute naturelle de considérer raisonnablement les autres instincts ; il en est autrement de la sexualité ; elle est encore pour nous un problème, ce qui veut dire que, sur ce point, nous ne sommes pas encore parvenus à cette conscience qui nous permettrait, sans dommage moral sensible, de satisfaire entièrement à ses exigences. Freud n'est pas seulement un investigateur scientifique, il est aussi un avocat de la sexualité et c'est pourquoi je reconnais que sa conception est justifiée, au moins sur le plan moral, vu la grande importance du problème sexuel ; mais je ne puis l'adopter aussi sur le plan scientifique.

Nous n'avons pas à discuter ici les raisons possibles de l'attitude contemporaine à l'égard de la sexualité. Contentons-nous de souligner que la sexualité nous semble être l'instinct le plus fort et le plus immédiat[1] ; c'est pourquoi il apparaît comme *l'instinct par excellence*.

---

1. Il n'en est pas de même chez les primitifs où la question de l'estomac joue un bien plus grand rôle.

Je dois en outre souligner que, rigoureusement parlant, le principe spirituel n'entre pas en collision avec *l'instinct*, mais avec *l'instinctivité* en laquelle il faut voir une prédominance injustifiée de la nature instinctuelle par rapport au spirituel. *Ce spirituel apparaît lui aussi dans la psyché comme un instinct*, même comme une véritable passion ou, comme l'a dit une fois *Nietzsche*, « comme un feu dévorant ». Il n'est pas le dérivé d'un autre instinct, comme le voudrait la psychologie de l'instinct, mais *un principe sui generis, la forme indispensable* requise par la force instinctive. J'ai traité ce problème dans une étude spéciale à laquelle je renvoie[1].

C'est pour satisfaire à ces deux possibilités offertes par l'esprit humain que s'ouvre la voie du symbole. La réduction provoque une décomposition des symboles inadaptés ou sans valeur, ramenant ainsi au cours naturel simple ; il en résulte une stagnation relative de la libido. Il s'ensuit forcément, le plus souvent, ce qu'on appelle des « sublimations », c'est-à-dire certaines activités d'un genre civilisé où l'insupportable excédent de libido se trouve en quelque sorte mis en sûreté. Pourtant les exigences primitives proprement dites ne sont pas ainsi satisfaites. Mais si l'on étudie soigneusement et sans idées préconçues la psychologie de cet état, il est facile d'y découvrir les rudiments de la formation d'une religion primitive, formation religieuse individuelle, très différente de la religion collective dogmatique dominante. Or comme la formation de religions ou de symboles présente autant d'intérêt pour l'esprit primitif que la satisfaction même de l'instinct, la voie du développement ultérieur est ainsi logiquement donnée. La voie qui permet de sortir de l'état de réduction est la formation religieuse de nature individuelle. L'individualité cesse ainsi d'être voilée par la personnalité collective, ce qui ne se produirait pas dans l'état de réduction, puisque la nature instinctuelle est de genre essentiellement collectif. Le développement de l'individualité est également impossible, ou au moins sérieusement entravé, lorsque, de l'état de réduction, résultent des sublimations de fortune par le moyen de certaines activités culturelles qui, dans leur genre, sont collectives également.

1. « Instinct et inconscient », *infra*, pp. 94-104.

Comme les hommes sont pour la plupart collectifs, les sublimations de fortune sont des résultats qu'il ne faut pas sous-estimer dans un traitement, car elles permettent à bien des gens de continuer à vivre en exerçant une activité profitable. Parmi ces « activités culturelles », il faut ranger l'exercice religieux dans le cadre d'une religion collective existante. La merveilleuse ampleur de la symbolique catholique offre à la sensibilité un accueil tout à fait satisfaisant pour de très nombreuses natures. L'immédiateté du rapport à Dieu qui caractérise le protestantisme satisfait au désir mystique d'indépendance, et la théosophie, avec ses possibilités infinies de représentation, accueille le besoin gnostique d'intuition.

Ces organisations, ou systèmes, sont des *symboles* (σύμβολον = profession de foi), qui permettent à l'homme de dresser une contre-position en face de la nature instinctuelle primitive, une attitude de culture en face de la simple instinctivité. Ce fut de tout temps la fonction de toutes les religions. Pour un très long temps et pour la très grande majorité des hommes suffit le symbole d'une religion collective. Temporairement peut-être un nombre d'hommes relativement restreint trouvera insuffisantes les religions collectives existantes. Quel que soit le lieu où le processus culturel est en progression, individus isolés ou groupes d'individus, il s'y produit toujours des mouvements de séparation des convictions collectives. Tout progrès culturel est psychologiquement un élargissement de la conscience, une *prise de conscience* qui ne peut se réaliser autrement que par *discrimination*. Un progrès commence toujours par *l'individuation*, c'est-à-dire qu'un isolé, ayant pris conscience de son isolement, fraie une voie qui n'a pas encore été battue. Il lui faut pour cela, en premier lieu — absolument en dehors de toute autorité et de toute tradition — réfléchir à ce qui est sa réalité fondamentale et laisser venir à lui la conscience qu'il est différent des autres. S'il réussit à mettre en valeur dans la collectivité l'élargissement de sa propre conscience, par la tension des contraires, il donne l'élan dont la culture a besoin pour continuer à progresser. Cela ne veut pas dire que le développement de l'individu est nécessaire dans tous les cas, ou simplement qu'il est opportun, bien que l'on puisse admettre — selon la proposition que « c'est la personnalité seule qui fait le plus grand bonheur des mortels » — qu'un assez grand nombre d'hommes auraient bien besoin de développer surtout leur individualité, en particulier à notre époque de plate culture collective où la terre entière est en somme dominée par le journal. D'après mon expérience, évidemment limitée, il serait bien indispensable à bon nombre d'hommes d'âge déjà mûr de développer précisément leur individualité ; je me suis fait l'opinion personnelle, qui n'engage personne, que l'homme d'âge mûr de notre temps aurait justement un besoin pressant de culture individuelle un peu plus poussée, lui qui en a subi une exclusivement collective par son éducation d'adolescent à l'école et éventuellement à l'université, et qui est tout imprégné de mentalité collective. J'ai aussi fait très largement l'expérience que des gens d'âge mûr sont, à ce point de vue, encore éducables plus qu'on ne pourrait s'y attendre, mais que ce sont ceux-là mêmes qu'une expérience de la vie a mûris et affirmés qui se dressent le plus contre le point de vue exclusivement réductif. Il est naturel de penser que la période de la jeunesse dans la vie puisse gagner à une large reconnaissance de la nature instinctive, en particulier de la sexualité, dont le refoulement névrotique maintient l'homme, plus qu'il ne faudrait, loin de la vie, quand il ne le pousse pas dans le malheur d'une vie impropre avec laquelle il ne peut qu'être en désaccord. La juste reconnaissance et la juste estimation des instincts normaux mènent l'homme jeune à la vie et l'impliquent dans des destinées qui le poussent à des obligations génératrices de sacrifices et de travaux qui affermissent son caractère et mûrissent son expérience. Pour l'adulte, au contraire, qui se trouve à la seconde moitié de la vie, le juste principe n'est plus, évidemment, l'élargissement vital continuel ; la descente à l'après-midi de la vie exige simplification, limitation et intériorisation, autrement dit : culture individuelle. Dans la première moitié de la vie, dont l'orientation est biologique, l'homme a, en général, vu la juvénilité de tout son organisme, la possibilité de supporter l'élargissement vital et d'en faire quelque chose de valable. L'homme de la seconde moitié est naturellement orienté vers le savoir parce que les forces déclinantes de son organisme permettent de subordonner les instincts aux intérêts culturels. Nombreux sont les êtres qui capotent à ce virage de la sphère biologique à la sphère culturelle. Notre éducation collective n'a pour ainsi dire rien prévu pour cette transition. Autant elle s'inquiète de l'éducation de la jeunesse, aussi peu pense-t-elle à l'éducation de l'adulte dont on suppose toujours — on ne sait de quel droit — qu'il n'en a plus du tout besoin. Pour ce passage extraordinairement important de l'attitude biologique à l'attitude culturelle, pour la transformation de l'énergie de sa forme biologique en sa forme culturelle, il est pour ainsi dire dépourvu de tout conseil. Ce processus de transposition, étant un événement individuel, ne peut être commandé par des règles et des prescriptions générales. La transposition de la libido se fait par le symbole. La formation des symboles est un problème fondamental qui n'appartient pas au cadre du présent travail. Aussi dois-je renvoyer le lecteur au chapitre V de mes *Types psychologiques* où j'ai traité cette question en détail.

IV. LE CONCEPT PRIMITIF DE LIBIDO

Les débuts de la formation des symboles religieux sont liés précisément à un concept énergétiste : on le voit aux représentations toutes primitives d'une puissance magique considérée aussi bien comme force objective que comme état d'intensité subjective.

Quelques exemples en donneront une idée. Voici, d'après la relation de Mc Gee[1], l'idée que se font les Dacotas de cette « force » : Le soleil est *wakanda*, non pas *le* wakanda, ni *un* wakanda, mais simplement *wakanda*. La lune est *wakanda*, de même que le tonnerre, l'éclair, l'étoile, le vent. Il y a aussi des hommes, notamment le Chamane, qui sont *wakanda*, ainsi que les démons des éléments, les fétiches et autres objets rituels, beaucoup d'animaux et aussi des contrées de caractère particulièrement *frappant*. Mc Gee dit : « L'expression *wakanda* se rend peut-être mieux par "secret" que par tout autre mot, mais ce concept aussi est trop étroit puisque *wakanda* peut signifier aussi bien *force, sacré, vieux, grandeur, animé, immortel.* »

De même que les Dacotas emploient *wakanda*, les Iroquois emploient *oki*, les Algonkins, *manitou*, avec la signification abstraite de « force » ou « énergie productive ». *Wakanda* est l'idée d'une « force vitale ou force universelle partout répandue, invisible mais maniable et transmissible » (Lovejoy[2]). La vie du primitif oriente pour ainsi dire tous ses intérêts vers la possession de cette force en quantité suffisante.

On a observé, et cela est particulièrement important, que

---

1. *15 th Report, U.S. Bureau of Ethnol.*, p. 182 ; Lovejoy : *The Fundamental Concept of the Primitive Philosophy, The Monist*, t. XVI, p. 363.

2. *The Monist*, t. XVI.

l'on utilise aussi un terme comme *manitou* comme exclamation lors d'une perception quelconque qui étonne. Hetherwick [1] rapporte la même chose au sujet des Yaos qui crient : *mulungu* quand ils voient quelque chose d'étonnant ou d'incompréhensible. *Mulungu* signifie alors :

1. L'âme de l'homme, appelée *lisoka* dans la vie et qui devient *mulungu* à la mort.

2. L'ensemble du monde des esprits.

3. La propriété ou la faculté d'agir magiquement, inhérente à un objet quelconque, par exemple : la vie et la santé du corps.

4. Le principe actif dans tout ce qui est magique, mystérieux, incompréhensible et inattendu.

5. La grande force spirituelle productrice du monde et de toute la vie qui s'y trouve.

Le concept de *wong*, de la Côte de l'Or, est analogue. Un fleuve, un arbre, une amulette peuvent être *wong*, mais aussi des lacs, des sources, des districts, des termitières, des arbres, des crocodiles, des singes, des serpents, des oiseaux, etc. C'est à tort que Tylor [2] interprète la force *wong* en animiste et en fait un « esprit » ou une « âme ». Elle est, comme le montre l'emploi du mot, un rapport dynamique entre l'homme et ses objets. Le concept de *churinga* [3] des Australiens est également une

---

1. Cité *in* LÉVY-BRUHL : *Les Fonctions mentales, op. cit.*, 1910, p. 141.

2. EDW. B. TYLOR : *Die Anfänge der Kultur*, 1873.

3. *Cf.* SPENCER and GILLEN : *The Northern Tribes*, etc., 1904, p. 277. Voici la description de l'usage du *churinga* comme objet rituel : « L'indigène a une conviction vague et confuse, mais non moins forte, qu'un *churinga*, comme tout objet sacré qui se transmet de génération en génération, est non seulement doué d'une force magique qui y a été insérée, quand on le fit, mais aussi qu'il a pris à chaque individu à qui il a appartenu une sorte de force. Le propriétaire du *churinga* le frotte continuellement de la main en chantant — et peu à peu il sent que s'établit entre lui et l'objet vénéré une relation et qu'une force passe de l'objet en lui et de lui en l'objet. » — On charge les fétiches d'une nouvelle force quand on les laisse durant des semaines ou des mois auprès d'un autre fétiche puissant. *Cf.* PECHUËL-MOESCHE : *Volkskunde vom Loango*, 1907, p. 366.

idée énergétique analogue ; il signifie : 1° l'objet rituel ; 2° le corps d'un ancêtre individuel (de qui provient la force vitale) ; 3° la propriété mystique d'objets quelconques.

Tout à fait analogue est le concept de *zogo* du détroit de Torrès, que l'on emploie comme substantif aussi bien que comme adjectif.

L'*arunquiltha* australien est un concept de même genre, de signification analogue ; mais il désigne l'effet magique mauvais et le mauvais esprit qui, dans une éclipse, voudrait engloutir le soleil[1]. Analogue aussi le concept malais de *badi* qui implique l'idée de rapports magiques funestes.

Les recherches de Lumholtz[2] ont montré que les Huichols du Mexique ont aussi l'idée fondamentale d'une force circulant à travers les hommes et les animaux et plantes rituels (cerf, hikuli, blé, plumes, etc.)[3].

Il résulte des recherches entreprises par Alice Fletcher chez les Indiens de l'Amérique du Nord que la notion de *wakan* est une idée de rapport énergétique, analogue à celles dont nous venons de parler. Par le jeûne, la prière, la vision, l'homme peut devenir *wakan*. Les armes du jeune homme sont *wakan, aucune femme ne doit les toucher* (car alors la libido rétrograderait). On fait des prières aux armes avant la bataille (pour les rendre puissantes par la libido qui s'empare d'elles). C'est par le *wakan* que s'établit le rapport entre le visible et l'invisible, entre le vivant et le mort, entre la partie et le tout d'un objet.

Codrington[4] dit à propos du concept mélanésien de *mana* : « L'esprit mélanésien est entièrement possédé de la croyance à une force surnaturelle ou à une influence que l'on appelle

1. SPENCER and GILLEN : *The Northern Tribes*, p. 548.

2. LUMHOLTZ, *Unknown Mexico*.

3. LÉVY-BRUHL : *Les Fonctions mentales, op. cit.*, p. 139 : « Quand les Huichols affirment l'identité du blé, du cerf, du hikuli et des plumes, c'est bien une sorte de classification qui s'est établie entre leurs représentations, classification dont le principe directeur est la présence commune chez ces êtres, ou plutôt la circulation entre ces êtres, d'un pouvoir mystique extrêmement important pour la tribu. »

4. CODRINGTON : *The Melanesians*, 1891, p. 118. Il est probable que le *bariana* signalé par SELIGMAN dans son livre riche en précieuses observations (*The Melanesians of British New Guinea*, 1910, p. 446) appartient aussi au concept de *mana*.

presque toujours *mana* ; cette force produit tout ce qui dépasse la force ordinaire de l'homme, ce qui est en dehors des processus naturels ordinaires ; elle s'attache aux personnes et aux choses et se révèle dans des actions qui ne peuvent être attribuées qu'à elle. — C'est une force ou une influence de caractère non pas physique, mais, pourrait-on dire, surnaturelle ; *elle se fait sentir dans la force physique ou dans n'importe quelle qualité qu'un homme possède. Le mana n'est fixé nulle part et peut être dirigé presque partout* : seuls les esprits, qu'ils soient des âmes désincarnées ou des êtres surnaturels, le possèdent et peuvent le communiquer ; c'est en quelque sorte un produit d'êtres personnels bien qu'il manifeste son effet par l'intermédiaire de l'eau, d'une pierre ou d'un os. »

Cette description montre bien qu'il s'agit, pour le *mana* comme pour les autres notions, d'une idée d'énergie qui par elle-même explique les faits singuliers de ces représentations primitives. Naturellement, il n'est pas question de prétendre que le primitif aurait une donnée de l'idée abstraite d'une énergie ; mais il n'est pas douteux que son intuition est le degré préparatoire concrétiste de l'idée abstraite du rapport énergétique reliant des valeurs psychologiques.

Nous retrouvons des idées analogues dans celle du *tondi* des Bataks[1], dans celle d'*atua* des Maoris, dans l'*ani* ou le *han* de Ponape, dans le *kasinge* ou le *kalit* de Pelew, dans *l'anut* de Kusaie, dans le *yaris* de Tobi, le *ngai* de Masailand, l'*andriamanitra* des Malgaches, le *njomm* des Ekoi, etc. Söderblom en donne une vue d'ensemble à peu près complète dans son livre *Das Werden des Gottesglaubens* (Le devenir de la croyance en Dieu).

Lovejoy est d'avis — et je suis d'accord avec lui — que ces concepts « ne sont pas des noms pour désigner le surnormal ou l'étonnant — et certainement pas pour ce qui appelle l'étonnement respectueux, le respect ou l'amour — mais plutôt pour désigner ce qui agit, ce qui est puissant et créateur ». Le concept en question concerne à proprement parler l'idée « d'une substance, ou énergie diffuse, de l'acquisition de laquelle dépend toute force extraordinaire, ou toute aptitude, ou toute fécondité. Cette énergie est certainement effrayante (dans certaines condi-

1. Warnecke : *Die Religion der Batak*, 1909.

tions) ; elle est mystérieuse et incompréhensible, mais elle l'est parce que, de toute façon, sa force est extraordinaire, et non parce que les choses qui la révèlent seraient extraordinaires et surnaturelles, ou de telle nature qu'elles dépasseraient ce que la raison peut attendre. » Le principe préanimiste est la « croyance en une force dont on suppose qu'elle agit d'après des règles précises et d'après des lois compréhensibles, une force que l'on peut étudier et dominer ». Lovejoy propose pour la désigner l'expression *primitive energetics*. Bien des choses, qui furent considérées par les savants, d'un point de vue animiste, comme esprit, démon ou numen, appartiennent au concept primitif d'énergie. Comme je l'ai déjà dit, il est à vrai dire inexact de parler d'un « concept ». *A concept of the primitive philosophy*, comme dit Lovejoy, est naturellement pensé selon notre mentalité, c'est-à-dire que, pour nous, ce serait un concept psychologique d'énergie ; mais chez le primitif, c'est un *phénomène* psychique, perçu comme lié à l'objet. Chez le primitif il n'y a pas d'idée abstraite, et en général il n'y a pas de simples concepts concrets, mais seulement des représentations. Chaque langue primitive en offre de très nombreuses preuves. Le *mana* n'est donc pas un concept, c'est une représentation qui se fonde sur la perception du rapport phénoménal. Elle forme l'essence de la « participation mystique » décrite par Lévy-Bruhl. Le langage primitif désigne uniquement le fait du rapport et de la sensation provoquée par lui, comme le montrent clairement quelques-uns des exemples ci-dessus, mais jamais la nature ou l'essence de ce rapport ou du principe qui le pose. La découverte d'une désignation convenable du genre et de l'essence de la force unissante était réservée à une civilisation ultérieure qui utilisa pour cela des désignations symboliques.

Dans son travail classique sur le *mana*, Lehmann décrit ce dernier comme « ce qui produit une action extraordinaire ». La nature psychique du *mana* est mise particulièrement en relief par Preusz (Globus, t. 86/87) et par Röhr (Anthropos XIV-XV).

De fait, on ne peut échapper à l'impression que l'idée primitive de *mana* est un degré élémentaire de notre concept d'énergie psychique et très probablement aussi du concept d'énergie en général[1].

---

1. *Cf.* mes remarques sur la manière dont ROBERT MAYER découvrit le concept d'énergie, *in* : *Psychologie de l'inconscient*, trad. franç., 1951, pp. 133 sq.

L'idée fondamentale de *mana* revient sous forme personnifiée au stade animiste [1]. Ce sont alors des âmes, des esprits, des démons, des dieux qui produisent l'effet extraordinaire. Comme Lehmann le souligne avec raison, *mana* n'est encore imprégné de rien de « divin », et c'est pourquoi il ne faut pas le considérer comme une sorte de forme primitive de l'idée de Dieu. Pourtant il est difficile de nier que *mana* est une condition préalable nécessaire, ou tout au moins très importante, pour la formation de l'idée de Dieu, même si l'on admet qu'elle n'est pas la plus primitive de toutes les conditions préalables. Une autre condition est le facteur de personnification, pour l'explication duquel il faudra recourir encore à d'autres facteurs psychologiques.

La diffusion presque universelle de l'idée primitive d'énergie traduit avec netteté le fait que la conscience, à ses stades précoces, ressentait déjà le besoin d'exprimer intuitivement le dynamisme perçu de l'événement spirituel. Par conséquent si, dans notre psychologie, nous insistons sur le point de vue énergétiste, nous le faisons en accord avec des réalités psychiques enfouies depuis les temps les plus lointains dans l'esprit humain.

1. SELIGMAN (*The Melanesians*, 1910, pp. 640 sq.) rapporte des observations qui, à mon avis, indiquent des transitions du *mana* à des personnifications animistes. Ce sont entre autres les *labuni* des gens de Gelaria. *Labuni*, c'est « envoyer au dehors ». Il s'agit d'effets dynamiques (magiques) qui partent, ou peuvent être envoyés au-dehors, sur autrui, à partir des ovaires de femmes qui ont enfanté. Les *labuni* ont l'aspect « d'ombres », utilisent des ponts pour franchir les fleuves, se transforment en animaux, mais ne possèdent par ailleurs aucune personnalité ni forme définissable. L'idée d'*ajik* des Elgonyi du nord du Kenya est analogue. (Observation personnelle de l'auteur.)

INSTINCT ET INCONSCIENT[1]

Cette réunion sur le thème de : « Instinct et Inconscient » se propose de traiter une question très importante qui relève tout autant du domaine de la biologie que de celui de la psychologie et de la philosophie. Si l'on veut discuter avec succès du rapport de l'instinct et de l'inconscient, il est indispensable de donner préalablement une définition claire des concepts à considérer.

Pour ce qui est de la définition de l'instinct, je dois signaler que la propriété de l'*all-or-none-reaction* (réaction tout ou rien), indiquée par Rivers, est très importante. Il me semble même que cette particularité de l'acte instinctif est d'un grand poids pour l'aspect psychologique du problème. Naturellement, je dois m'en tenir à cet aspect psychologique surtout, car je ne me sens pas la compétence nécessaire pour traiter ce problème sous son aspect biologique. Pour caractériser psychologiquement l'acte instinctif, je ne puis tout d'abord me servir du critère établi par Rivers de l'*all-or-none-reaction*, et cela en vertu de la considération suivante : Rivers déclare que cette réaction est un processus dont le degré d'intensité ne correspond pas aux circonstances. C'est une réaction qui, une fois déclenchée, se déroule, en toute circonstance, avec l'intensité qui lui est particulière, sans proportion avec l'excitation qui l'a déclenchée. Or si nous étudions les processus psychologiques de la conscience et recherchons s'il n'y en a pas parmi eux qui se distinguent par le manque de proportion de leur intensité avec l'excitation qui les déclenche, nous en trouvons chez tout

1. Contribution à une réunion du même nom de l'*Aristotelian Society, Mind Association* et *British Psychological Society in Bedford College*, Londres, juillet 1919.

le monde et tous les jours une foule de ce genre ; par exemple des impressions et des affects disproportionnés, des impulsions et des intentions qui dépassent le but, et quantité d'autres. Or il nous est impossible de ranger ces processus parmi les instincts. Par conséquent, nous devons d'abord chercher d'autres critères.

On sait que le langage courant emploie très fréquemment le mot « instinct » ; on parle toujours d'actes « instinctifs » quand on se trouve en présence d'un comportement dont ni la raison ni le but ne sont entièrement conscients et que seule une certaine pression intérieure obscure a motivé. Un écrivain anglais assez ancien, Reid, a déjà souligné cette particularité : *By instinct, I mean a natural impulse to certain actions, without having any end in view, without deliberation and very without any conception of what we do.* (Par instinct, j'entends une impulsion naturelle à certaines actions, sans avoir en vue aucune fin, sans délibération et sans la moindre idée de ce que nous faisons.)[1] Ainsi l'acte instinctif est caractérisé par une certaine inconscience de sa motivation psychologique, au contraire des processus conscients que caractérise la continuité consciente de leur motivation. L'acte instinctif apparaît donc comme un événement psychique plus ou moins brutal, sorte d'irruption dans la continuité de la conscience. C'est pourquoi on l'éprouve comme une « contrainte intérieure », pour employer l'expression de Kant[2] lorsqu'il définit l'instinct. Tenant compte de cette nature de l'acte instinctif, nous devons le ranger parmi les processus inconscients proprement dits, qui ne sont accessibles à la conscience que par leurs résultats. Si nous nous en tenons à cette conception de l'instinct, nous découvrirons bientôt qu'elle est insuffisante. Car cette définition nous a permis de délimiter l'instinct par rapport au processus conscient et de le dire inconscient : rien de plus. Si maintenant nous jetons un regard sur les processus inconscients, nous nous apercevons bientôt que nous ne pouvons pas les dire tous instinctifs, bien que le langage courant ne fasse plus ici aucune différence. Si quelqu'un se trouve brusquement en face d'un serpent et en est violemment effrayé, on peut

1. Reid : *On the Act. Pow.*, III, p. 2.
2. Kant : *Anthropol.*, § 78.

considérer cette impulsion comme instinctive, car elle ne se distingue en rien de la peur des serpents qu'éprouvent les singes. Cette similitude et cette régularité de réapparition sont justement les propriétés caractéristiques de l'instinct, et c'est pourquoi, ainsi que le remarque Lloyd Morgan avec raison, il n'y aurait pas plus d'intérêt à parier sur le déclenchement d'un acte instinctif que sur le lever du soleil. Par contre, il arrive parfois que quelqu'un ait autant de peur d'un poulet que d'un serpent. Bien que le mécanisme de la peur d'un poulet marque une impulsion aussi inconsciente que celle de l'instinct, il nous faut cependant faire une différence entre les deux processus. Le premier cas, la peur du serpent, est un processus adapté à une fin et généralement répandu ; le second au contraire, s'il est habituel, est une phobie, et non un instinct, parce qu'il ne se présente qu'isolément et n'est pas une caractéristique générale. Il existe d'ailleurs d'autres contraintes inconscientes : par exemple, les idées ou les mélodies obsédantes, les caprices, les humeurs brusques, les affects impulsifs, les dépressions, les sentiments d'angoisse. On sait que ces manifestations ne se rencontrent pas seulement chez les individus anormaux, mais aussi chez les normaux. Comme elles ne se présentent qu'isolément, il faut bien les distinguer des processus instinctifs, bien que leur mécanisme psychologique semble correspondre à celui de l'instinct. Ils peuvent même se caractériser par la propriété de l'*all-or-none-reaction*, comme on peut l'observer surtout dans les phénomènes pathologiques. Dans le domaine de la psychopathologie, il existe beaucoup de cas de ce genre où l'on peut voir se dérouler, à la suite d'une excitation déterminée, un processus déterminé sans proportion avec l'excitation et qui serait tout à fait comparable à une réaction instinctive.

Toutes les manifestations de ce genre doivent être distinguées des processus instinctifs. Par conséquent, ne doivent être considérés comme instincts que les phénomènes qui sont des processus inconscients, hérités, se reproduisant partout et régulièrement de la même manière. En outre, il faut qu'ils aient le caractère de nécessité contraignante, donc de quelque chose d'analogue au caractère d'un réflexe, ainsi que l'a dit Herbert Spencer. Un tel processus ne se distingue, au fond, d'un simple réflexe sensori-moteur que par la complexité de sa nature. C'est pourquoi, non sans raison, William James appelle l'instinct « *a mere excitomotor impulse, due to the preexistence of a certain "reflex arc" in the nerve-centres* » (une simple impulsion excito-motrice, due à la préexistence d'un certain « *arc réflexe* » dans les centres nerveux)[1]. En commun avec les simples réflexes, les instincts ont la similitude et la régularité ainsi que l'inconscience de leurs motivations.

La question de savoir d'où proviennent les instincts et comment ils furent jadis acquis est extraordinairement compliquée. Le fait qu'ils sont toujours hérités ne contribue pas à éclairer la question de leur origine. L'hérédité ne fait que repousser le problème vers les ascendants. On connaît la conception selon laquelle les instincts seraient issus d'une sorte d'actes individuels fréquemment répétés et, par suite, généraux. Cette explication est plausible, parce que nous sommes à même d'observer tous les jours comment des activités péniblement acquises à la suite d'un exercice prolongé deviennent automatiques. Par contre, il faut bien se souvenir que les instincts extrêmement étonnants que nous observons dans le monde animal ne nous font rien connaître du moment de leur apprentissage. Dans de nombreux cas, il est même impossible de voir comment apprentissage et exercice auraient pu avoir lieu. Pensons, par exemple, à l'instinct de reproduction si hautement raffiné de la *pronuba yuccasella*, le papillon du yucca[2]. Les fleurs du yucca s'épanouissent chacune pour une seule nuit. Dans l'une de ces fleurs, le papillon va chercher le pollen, qu'il pétrit pour en faire une boule. Puis il cherche une seconde fleur, où il ouvre l'ovaire par une fente ; il pond ses œufs entre les ovules de la plante, puis va au style et enfonce la boulette de pollen dans son ouverture en forme d'entonnoir. Cette action compliquée, le papillon ne l'accomplit qu'une fois dans sa vie.

Les cas de ce genre s'expliquent difficilement par l'hypothèse de l'apprentissage et de l'exercice. Stimulé par la philosophie *bergsonienne*, on a récemment cherché d'autres procédés d'explication qui insistent sur l'élément d'*intuition*. L'intuition s'appuie sur un processus inconscient en ce sens que son résultat est une idée soudaine, une irruption dans la

1. W. James : *Princ. of Psychol.*, II, p. 391.
2. Kerner : *Naturgesch, der Pflanzen.*

conscience d'un contenu inconscient[1]. L'intuition est donc une sorte de processus de perception, mais, au contraire de l'activité sensorielle consciente et de l'introspection, une perception inconsciente. Aussi le langage courant parle-t-il également, quand il s'agit d'intuition, de compréhension « instinctive », parce que l'intuition est un processus analogue à l'instinct, avec cette seule différence que l'instinct est une poussée opportune vers une activité souvent extrêmement compliquée, alors que l'intuition est l'appréhension inconsciente adéquate d'une situation souvent hautement compliquée. L'intuition serait ainsi une sorte de renversement de l'instinct, ni plus ni moins merveilleuse que lui. Mais nous ne devons pas oublier que ce que nous appelons compliqué, merveilleux même, n'est pas merveilleux, mais très ordinaire pour la nature. Nous nous laissons facilement aller au penchant de projeter dans les choses nos difficultés et de les dire compliquées, alors qu'elles sont en elles-mêmes simples et ignorent les difficultés que nous avons à les penser.

Une discussion du problème de l'instinct qui ne tiendrait pas compte de la notion d'inconscient serait incomplète. Les processus instinctifs ont vraiment besoin de la notion complémentaire d'inconscient. A mon avis, l'inconscient doit être regardé comme la totalité de tous les phénomènes psychiques privés de la qualité d'être conscients. On peut appeler *subliminaux*, et ce serait convenable, ces contenus psychiques si l'on admet que chacun des contenus doit posséder une certaine valeur énergétique pour devenir de toute façon conscient. Plus un contenu conscient perd de sa valeur, plus il disparaît facilement au-dessous du seuil. C'est pourquoi l'inconscient renferme tous les souvenirs perdus, en plus des contenus qui sont encore trop faibles pour pouvoir accéder à la conscience. Ces contenus proviennent d'une activité combinatrice inconsciente d'où proviennent aussi les rêves. A ces contenus viennent en outre s'ajouter tous les refoulements plus ou moins intentionnels de représentations et impressions pénibles. La somme de tous ces contenus, je l'appelle *inconscient personnel*. Mais au-delà de celui-ci, nous trouvons aussi dans l'inconscient des

1. *Cf.* « Intuition » in *Types psychologiques, op. cit.*, définitions.

propriétés qui n'ont pas été acquises par l'individu, qui sont héritées, autrement dit les instincts, sous forme d'impulsions à des activités qui se produisent sans motivation consciente, par nécessité. En outre viennent les formes de représentation, d'intuition, présentes à priori, c'est-à-dire innées, les *archétypes* de perception et de compréhension, qui sont une condition inéluctable et à priori déterminante de tous les processus psychiques. De même que les instincts incitent l'homme à une conduite de vie spécifiquement humaine, de même les archétypes contraignent la perception et l'intuition à des formations spécifiquement humaines. Les instincts et les archétypes constituent *l'inconscient collectif*. J'appelle cet inconscient « collectif » parce qu'au contraire de ceux de l'inconscient défini plus haut, ses contenus ne sont pas individuels, autrement dit ne sont pas de ceux qui ne se présentent guère plus d'une fois, qu'ils sont au contraire généraux et régulièrement répandus. De par sa nature, l'instinct est un phénomène collectif, c'est-à-dire général et régulier, qui ne concerne pas l'individualité de l'homme. Les archétypes de la représentation ont la même qualité que les instincts ; ce sont également des phénomènes collectifs. Je suis persuadé que l'on ne peut traiter la question psychologique de l'instinct en dehors de celle des archétypes ; car l'une conditionne l'autre. Par malheur, l'examen du problème est rendu considérablement difficile parce que les opinions sur ce qu'il faudrait considérer comme instinct chez l'homme sont encore extraordinairement partagées. James est d'avis que les instincts fourmillent en l'homme, tandis que d'autres veulent réduire les instincts de l'homme à un petit nombre de processus à peine distincts des réflexes : certains mouvements du nourrisson, certaines réactions particulières des bras et des jambes ainsi que de la gorge, l'utilisation de la main droite et la formation de sons syllabiques. A mon avis, c'est fixer une limite trop étroite. Mais elle est très caractéristique de la psychologie humaine générale. Nous devons, avant tout, nous rappeler toujours que, lorsque nous parlons d'instincts humains, nous parlons de nous-mêmes, et que, pour cette raison, nous sommes forcément prévenus. Nous sommes beaucoup plus à même de voir des instincts chez des animaux ou chez des primitifs que chez nous. Cela provient de ce que nous sommes habitués à nous rendre compte de toutes nos actions et à les fonder rationnellement. Cependant il n'est nullement prouvé, bien plus, il est même très improbable que nos motivations soient valables. Il n'est même pas nécessaire d'être un surhomme pour deviner le vide de certaines d'entre elles et pour reconnaître, derrière, le véritable motif, qui est la poussée instinctive. A cause de nos raisons artificiellement imaginées, il peut nous sembler que nous n'ayons pas agi par instinct, mais à la suite d'une motivation consciente. Il n'est, certes, pas question de dire que l'homme n'aurait pas réellement réussi, par un dressage minutieux, à faire partiellement de l'instinct un acte volontaire. L'instinct est évidemment domestiqué de cette façon, mais le motif central reste, en dépit de tout, instinct. Il est certain que nous avons réussi à dissimuler un grand nombre d'instincts dans des raisons et des intentions rationnelles, si bien que, sous les multiples enveloppes, nous ne pouvons plus reconnaître les motifs premiers. Et ainsi il nous semble que nous ne devons presque plus avoir d'instincts. Mais si nous appliquons aux actes humains le critère recommandé par Rivers de la réaction disproportionnée, de l'*all-or-none-reaction*, nous trouvons d'innombrables cas où se produisent des réactions exagérées. L'exagération n'est-elle pas d'ailleurs une particularité humaine généralement répandue ? Quand même chacun donnerait avec le plus grand soin un fondement rationnel de ses actions, trouvant toujours et partout des prétextes, la réalité de l'exagération n'en subsiste pas moins. Et pourquoi ne fait-on, ne donne-t-on, ou ne dit-on pas exactement ce qui est nécessaire, raisonnable, ou juste, ou vrai, et dépasse-t-on encore la mesure ? Précisément parce que s'est déclenché en l'homme un processus inconscient qui se déroule sans la participation de la raison et, pour cette cause, ne garde pas, ou dépasse, la mesure de la motivation raisonnable. Ce phénomène est si constant et si régulier que nous ne pouvons que lui donner le nom d'instinct, quoique personne, dans un cas semblable, ne puisse reconnaître que sa façon d'agir est instinctive. Je crois donc que le comportement humain est influencé par des instincts dans une bien plus large mesure qu'on ne l'admet d'ordinaire et que, sous ce rapport, nous sommes sujets à de nombreuses illusions de jugement, à nouveau par suite d'une exagération instinctive du point de vue rationaliste.

Les instincts sont des formes typiques d'action, et partout où nous avons affaire à des formes de réaction se répétant avec constance et régularité, nous sommes en présence d'instincts, que s'y joigne, ou non, une motivation consciente.

De même que la question subsiste encore de savoir si l'homme possède beaucoup ou peu d'instincts, c'est aussi une question, jusqu'à présent à peine étudiée, de savoir s'il possède, ou non, beaucoup de formes originelles ou archétypes de l'entendement. Nous nous heurtons cependant à propos de cette question à la grande difficulté que je signalais tout à l'heure ; nous sommes tellement habitués à opérer au moyen de concepts traditionnels et qui vont de soi, que nous n'avons plus conscience de la mesure dans laquelle ces concepts reposent sur des archétypes de notre monde représentatif. Les images primordiales elles-mêmes sont fortement voilées par l'extraordinaire différenciation de notre pensée. De même que la biologie ne voudrait, le plus souvent, attribuer à l'homme qu'un petit nombre d'instincts, de même aussi la théorie de la connaissance a réduit les archétypes à un nombre relativement limité et logiquement restreint de catégories de l'entendement.

Chez Platon, les archétypes de la représentation jouissent encore d'une très haute estime comme idées métaphysiques, comme *paradeigmata*, par rapport auxquelles les choses réelles se comportent uniquement comme *mimeseis*, comme imitations. On sait que la philosophie de saint Augustin, au moyen âge — à laquelle j'ai emprunté l'idée de l'archétype [1] — ainsi que celle de Malebranche et de Bacon, restent sur le terrain de Platon. Quoi qu'il en soit, l'idée apparaît déjà dans la Scolastique que les archétypes seraient des images naturelles enfouies dans l'esprit humain, idées d'après lesquelles il forme ses jugements. C'est ainsi qu'Herbert de Cherbury dit : « *Instinctus naturales sunt actus facultatum illarum a quibus communes illae notitae circa analogiam rerum internam, cuismodi sunt, quae circa causam, medium et finem rerum bonarum, malum, pulchrum, gratum etc., per se etiam sine discursu conformantur.* » (Les instincts naturels sont les mouvements de ces facultés à partir desquelles ces notions communes sur l'analogie interne des choses, de quelque nature qu'elles soient, sur la

1. L'expression « archetypus » se trouve chez Denys l'Aréopagite et dans le *Corpus Hermeticum*.

cause, le moyen et les fins du bien, du mal, du beau, etc., se forment d'elles-mêmes et sans discours.)

A partir de Descartes et de Malebranche, la valeur métaphysique de l'idée, de l'archétype, diminue. Il devient une pensée, condition intérieure de la connaissance, comme Spinoza l'a clairement exprimé : « *Per ideam intelligo mentis conceptum, quem mens format.* » (J'entends par idée un concept de l'Ame que l'Ame forme [tr. Appuhn].) Enfin Kant réduit les archétypes au nombre limité des catégories de l'entendement. Schopenhauer va encore plus loin dans la simplification, mais c'est pour redonner d'un autre côté à l'archétype une valeur presque platonique. Dans cet aperçu malheureusement par trop sommaire, nous voyons encore à l'œuvre ce développement psychologique qui dissimule les instincts sous des motivations rationnelles et transforme les archétypes en concepts rationnels. Sous cette enveloppe, on peut à peine reconnaître l'archétype. Et cependant la manière dont l'homme se représente intérieurement le monde, en dépit de toute différence de détail, est toujours aussi constante et régulière que son comportement instinctif. De même qu'il nous faut poser le concept d'un instinct réglant et déterminant notre action consciente, de même il nous faut poser aussi, pour la constance et la régularité de l'intuition, le concept, corrélatif de l'instinct, d'une grandeur qui détermine le genre de conception. C'est justement cette grandeur que j'appelle archétype, ou image primordiale. On pourrait dire de cette image primordiale qu'elle est comme *l'intuition qu'a l'instinct de lui-même* ou *la copie qu'il donne de lui-même*, par analogie avec la conscience, qui n'est elle-même pas autre chose que l'intuition intime du processus objectif de la vie. Tout comme la conception consciente donne à l'action forme et fin, la conception inconsciente détermine par l'archétype la forme et la fin de l'instinct. De même que nous considérons que l'instinct est « raffiné », de même il nous faut constater que l'intuition qui provoque l'apparition de l'instinct, autrement dit la compréhension au moyen de l'archétype, est d'une incroyable précision. Il faut donc que le papillon du yucca, dont nous parlions plus haut, porte en lui, en quelque sorte, une image de la situation dans laquelle son instinct se déclenche. C'est cette image qui lui facilite la « reconnaissance » de la fleur et de sa structure.

Le critère établi par Rivers de l'*all-or-none-reaction* nous a permis de découvrir aisément partout l'activité de l'instinct ; peut-être la notion d'image primordiale nous aide-t-elle aussi à découvrir l'activité de la compréhension intuitive. Nous y réussissons très facilement chez les primitifs. Nous trouvons partout chez eux des images et des motifs typiques, qui forment les bases de leur mythologie. Ces images sont autochtones et d'une constance relativement grande, comme par exemple la représentation de la puissance et de la substance magique, des esprits et de leur comportement, des héros et des dieux avec leurs légendes. Dans les grandes religions de la terre, nous voyons leur perfectionnement et en même temps leur progressif enveloppement dans des formes rationnelles. Elles surgissent même dans la science exacte comme source de concepts auxiliaires indispensables, comme ceux d'énergie, d'éther et d'atome[1]. Dans la philosophie, Bergson nous offre l'exemple de la réanimation d'une image très ancienne dans sa notion de « durée créatrice », que l'on trouve déjà chez Proclus et, sous une forme plus primitive, chez Héraclite.

La psychologie analytique a pour tâche de s'occuper chaque jour, chez les gens sains et chez les malades, de ces mélanges gênants des images primordiales aux conceptions conscientes. Car les exagérations dans l'action, qui reposent sur l'intervention de l'instinct, sont provoquées par des conceptions intuitives, elles-mêmes dues à des images primordiales, qui déclenchent des impressions trop fortes et souvent singulièrement défigurées.

Les archétypes sont des formes typiques de la compréhension, et partout où il s'agit de compréhension constante et revenant régulièrement, il s'agit d'un archétype, que son caractère mythologique soit reconnu, ou non.

L'*inconscient collectif* est fait de la somme des instincts et de leurs corrélatifs, les archétypes. Tout homme possède des instincts ; il possède de même des images primordiales. La preuve nous en est apportée en premier lieu par la pathologie

1. Indépendamment du concept d'éther, de nos jours dépassé, énergie et atome sont des intuitions primitives. Comme forme primitive de la première nous avons le « mana » ; pour le second, l'atome de DÉMOCRITE et les « étincelles d'âme » des premiers habitants de l'Australie.

de ces troubles mentaux dans lesquels l'inconscient collectif fait irruption. C'est le cas chez les schizophrènes. Nous y voyons fréquemment apparaître des tendances archaïques en compagnie d'images, de toute évidence, mythologiques. Il est, à mon avis, impossible de dire laquelle est première de la conception ou de la tendance à agir. Il me semble que toutes deux ne sont qu'une seule et même chose, une seule et même activité vitale que, afin de la mieux comprendre, nous devons imaginer démontée en concepts.

Postface

Au cours de ma vie, je me suis plusieurs fois occupé du thème qui fait l'objet de cette brève communication ; les conclusions auxquelles ma réflexion m'a conduit ont été données dans un article composé à la suite d'une conférence faite à la session d'Eranos de 1946. Il a été publié dans l'*Eranos-Jahrbuch* de 1946 sous le titre suivant : *Der Geist der Psychologie* (Esprit de la psychologie) [1]. Le lecteur y trouvera toute la suite du développement du problème de l'instinct et de l'archétype. La question a été traitée sous son aspect biologique par Friedrich Alverdes (*Die Wirksamkeit von Archetypen in den Instinkthandlungen der Tiere*, Zoolog. Anzeiger, 1937, t. 119, cahier 9/10).

1. Paru dans : *Les Racines de la conscience, op. cit.*

DEUXIÈME PARTIE

RÊVE DE NOMBRES
PHÉNOMÈNES DITS OCCULTES
ÂME ET MORT
CROYANCE AUX ESPRITS

CONTRIBUTION À LA CONNAISSANCE DU RÊVE DE NOMBRES

La symbolique des nombres a fortement préoccupé la philosophie imaginative des siècles passés. Les recherches analytiques de Freud et de son école lui ont donné un renouveau d'intérêt. Mais désormais il ne s'agit plus de spéculations conscientes sur les correspondances symboliques des nombres, mais des racines inconscientes de leur symbolique que nous découvrons dans les matériaux fournis pas les rêves de nombres. En principe, il n'est guère possible d'apporter du nouveau dans ce domaine depuis les explications données par Freud, Adler et Steckel. Il faut donc se contenter d'enrichir leur expérience au moyen d'observations parallèles. J'ai eu l'occasion d'observer, parmi mes patients, quelques cas de ce genre dont la publication peut être d'un intérêt général. Les trois premiers exemples proviennent d'un homme marié entre deux âges dont le conflit actuel résulte d'une liaison amoureuse extraconjugale.

Le fragment de rêve auquel j'emprunte le nombre symbolique est le suivant : *le malade présente au contrôleur d'un train sa carte d'abonnement général. Le contrôleur s'étonne du numéro élevé de l'abonnement. Ce numéro est 2477.*

L'analyse du rêve dévoile qu'il s'agit là d'une supputation peu délicate, étrangère d'ailleurs à la nature généreuse du rêveur, *des frais de sa liaison*, et que l'inconscient utilise comme résistance contre cette liaison. La première interprétation serait donc de donner à ce nombre une origine et un sens pécuniaires. Une évaluation approximative des frais de la liaison donne en effet un total proche de 2477 francs. Un calcul plus précis aboutit à 2387 francs, nombre que l'on ne peut guère transformer en 2477. Je livrai alors le nombre aux associations spontanées du malade : il lui vient à l'esprit que, dans le rêve, le nombre se lisait : 24-77. Peut-être est-ce un numéro de téléphone ? Cette supposition se trouva inexacte. L'idée lui vint alors que ce serait la *somme* de nombres quelconques. Ici vint un souvenir que le malade m'avait raconté jadis : il avait fêté le 100ᵉ anniversaire de sa mère et de lui-même lorsque sa mère avait atteint 65 ans et lui 35. (Ils sont nés le même jour.) De cette façon le malade arrive à la suite d'idées spontanées que voici :

Il est né le	26 II
sa maîtresse le	28 VIII
sa femme le	1 III
sa mère (son père est mort depuis longtemps) ...	26 II
ses deux enfants le	29 IV
et le	13 VII
le malade est né dans le 2ᵉ mois de 75	II 75
sa maîtresse dans le 8ᵉ mois de 85	VIII 85

Actuellement il a 36 ans ; sa maîtresse, 25. Si l'on écrit cette suite d'idées en chiffres ordinaires on obtient le compte suivant :

26 II	262
28 VIII	288
1 III	13
26 II	262
29 IV	294
13 VII	137
VIII 85	885
II 75	275
	25
	36
au total	2477

Cette série, qui embrasse tous les membres de sa famille, donne donc au total le nombre 2477. En disposant ainsi les chiffres, nous atteignons une couche plus profonde du sens du rêve : le malade est très attaché à sa famille ; d'autre part il est fort amoureux de sa maîtresse ; d'où de très douloureux conflits. Les détails sur l'aspect extérieur du contrôleur (que je laisse de côté pour abréger) font penser à l'analyste, dont le patient craint et désire à la fois qu'il contrôle et réprouve vigoureusement sa dépendance et son assujettissement.

Le rêve suivant (que j'abrège également beaucoup) est ainsi conçu : *l'analyste l'interroge sur ce qu'il fait chez sa maîtresse. A quoi il réplique qu'il joue toujours un numéro très élevé, à savoir 152. L'analyste lui fait remarquer qu'il est indignement trompé.*

L'analyse découvre encore une tendance refoulée à calculer les frais de sa liaison. Le montant des dépenses mensuelles est en effet voisin de 152 francs. Il est de 148 à 158 francs. L'observation qu'il se laisserait tromper est une allusion à ce qui a provoqué les difficultés avec sa maîtresse : elle affirme qu'il l'a déflorée ; lui, au contraire, est fermement persuadé qu'elle l'était déjà et qu'elle s'était donnée à un autre à l'époque où il la courtisait, alors qu'elle lui refusait encore ses faveurs. L'expression « numéro » fait naître les idées de numéro de gant, numéro de calibre. De là il passe au souvenir qu'à leur premier rapport sexuel il avait constaté une certaine largeur de l'orifice au lieu de la résistance de l'hymen à laquelle il s'attendait. C'est pour lui la preuve qu'on l'avait trompé. Naturellement l'inconscient s'empara de ce fait et en fit un moyen de résistance contre la liaison. Le nombre 152 se montra d'abord réfractaire à toute analyse plus poussée. Mais dans la suite le mot « numéro » conduisit à l'idée au fond bien simple de « numéro de maison ». Alors se déroula la chaîne suivante : lorsque le malade connut la dame en question, elle habitait rue X n° 47 ; plus tard elle habita rue Y n° 129 et enfin rue Z n° 48.

Ici le malade pensa qu'il avait sans doute dépassé de beaucoup le nombre 152, le total des numéros cités étant 194. Alors il se souvint que, pour certaines raisons, il avait décidé sa maîtresse à quitter le n° 48 de la rue Z. Il fallait donc dire : 194 – 48 = 146. Elle demeure maintenant rue A n° 6 ; donc 146 + 6 = 152. Dans la suite de l'analyse, il eut encore le rêve que voici : *l'analyste lui envoie une note de 315 francs pour les analyses du 3 au 29 septembre, plus 1 % d'intérêts pour retard de paiement.*

L'analyse révèle une forte jalousie du malade envers son médecin, jalousie inconsciente, voilée sous le reproche de mesquinerie et de cupidité. Bien des choses dans la vie de l'analyste peuvent exciter sa jalousie. Récemment un événement surtout avait fait beaucoup d'impression sur lui : son médecin venait d'avoir un enfant. Les rapports tendus entre le malade et sa femme lui enlevaient malheureusement toute espérance de cette sorte. D'où une jalousie fondée sur de multiples comparaisons.

L'analyse du nombre 315 commence par sa décomposition en 3 – 1 – 5, comme pour les nombres précédents. 3 lui suggère l'idée que son médecin avait trois enfants auxquels un autre était venu s'ajouter. Lui-même aurait maintenant cinq enfants si tous étaient en vie ; il n'en a que 3 – 1 = 2, trois étant arrivés à terme mais mort-nés. Toutes ces idées n'épuisent cependant pas encore entièrement la symbolique des nombres du rêve. Le malade observe qu'il y a 26 jours du 3 au 29 septembre. Il s'avise ensuite d'additionner ces nombres à tous les autres du rêve ; il obtient alors :

$$26 + 315 + 1 = 342.$$

Il soumet ce 342 à la même opération que le 315 : il le décompose en 3 – 4 – 2. Si auparavant il disait : mon médecin avait 3 enfants ; il va en avoir 1 de plus : moi, le malade, j'en aurais 5 ; il dit maintenant : mon médecin avait 3 enfants, il va en avoir 4, tandis que moi je n'en ai que 2. Il remarque à ce sujet que le second nombre (342) semble être une correction du premier (315) qui exprimait la réalisation d'un désir.

Le malade avait trouvé lui-même cette interprétation sans mon aide ; il s'en déclara satisfait. Mais son médecin ne l'était pas encore, ne croyant pas que les nombreuses possibilités de détermination des formations inconscientes aient été épuisées. En effet le malade avait soigneusement noté, dans les matériaux se rapportant au chiffre 5, que, des trois enfants mort-nés, l'un était né au cours du neuvième mois et les deux autres au cours du septième. Il avait également fait ressortir que sa femme avait eu deux naissances avant terme, l'une à la cinquième semaine, l'autre à la septième. L'addition de ces deux chiffres nous fournit la détermination du nombre 26.

un enfant de 7 mois	7 mois
un autre enfant de 7 mois	7 mois
un enfant de 9 mois	9 mois
	23 mois
deux naissances avant terme (5 + 7 semaines)	3 mois
	26 mois

2 semble donc déterminé par le nombre des *grossesses manquées*. Dans le rêve, ces 26 jours signifient un *retard* pour lequel le malade est obligé de payer un intérêt de 1 %. En effet les fausses couches sont pour lui une cause de *retard*, son médecin l'ayant devancé d'un enfant depuis qu'il le connaît. *Un franc* signifierait donc un enfant. Nous avons vu plus haut que le malade avait une tendance à compter tous ses enfants, même morts, pour dépasser son rival. L'idée que le médecin en a un de plus que lui pourrait bien agir plus profondément encore comme déterminant du chiffre 1. Poursuivons donc la tendance du malade et continuons ce jeu de nombres en ajoutant 26 à ceux des accouchements heureux :

$$26 + 18 = 44$$

Suivons aussi son penchant à décomposer les nombres en chiffres : nous obtiendrons 2 + 6 et 4 + 4, deux groupes de chiffres qui ont cette particularité commune que quand on les additionne ils donnent tous deux 8 au total. Ces chiffres, il faut le remarquer, représentent uniquement les nombres de mois de grossesse fournis par le malade. En les comparant aux groupes de chiffres qui contiennent des données sur la capacité génératrice du médecin, 315 et 342, nous trouvons qu'ils se ressemblent en ce que la somme de leurs chiffres donne 9 dans les deux cas et 9 – 8 = 1. Donc ici aussi semble se réaliser l'idée de la différence de 1. Ainsi que le remarquait le malade, 315 semble être la réalisation d'un désir et 342 au contraire en être la rectification.

En continuant ce jeu, la fantaisie trouve encore entre les deux nombres la différence suivante :

$$3 \times 1 \times 5 = 15 \qquad 3 \times 4 \times 2 = 24 \qquad 24 - 15 = 9$$

Nous retrouvons encore une fois le 9 significatif qui concorde parfaitement avec les calculs de grossesses et de naissances.

Il n'est pas facile de déterminer le point où commencerait le jeu pur — ce qui se comprend puisque le produit inconscient est une création du jeu de la fantaisie, instance psychique d'où provient également le *jeu*. La pensée précise se refuse à s'abandonner à cet enfantillage qui, de toute part, se perd dans l'inconsistant. Mais n'oublions jamais cependant que nous avons à peine dépassé le temps où, durant des siècles, l'esprit humain s'amusa à ce jeu. Il ne serait donc guère surprenant que des penchants qui appartiennent à ce passé historique retrouvent audience dans nos rêves. Le calcul du centième anniversaire, dont il a été parlé plus haut, montre que le malade possède des tendances de ce genre, même à l'état de veille. Leur existence chez lui ne fait donc pas de doute. En tout cas *l'ensemble seul de l'expérience pourrait étayer la certitude des découvertes particulières puisque dans chaque cas manquent les preuves exactes que telles voies ont été suivies par la détermination inconsciente*. Lorsqu'on étudie le domaine de la fantaisie créatrice libre, on en est réduit, plus que nulle part ailleurs, à un large empirisme qui commande une extrême modestie au sujet des conclusions particulières ; mais il n'y a aucune raison de taire ce qui s'est produit et ce que l'on a vécu, sous prétexte que l'on pourrait être accusé de manquer d'esprit scientifique. Il n'est pas nécessaire d'adopter la phobie des superstitions de l'esprit moderne : cette phobie fait partie des moyens employés pour voiler les secrets de l'inconscient.

La manière dont les problèmes du malade se répercutent dans l'inconscient de son épouse présente un intérêt tout particulier. Elle rêva en effet : « Luc 137. » (C'est là tout le rêve.) L'analyse de ce rêve donna les résultats que voici : à propos du chiffre 1, la rêveuse fait observer que le médecin qui avait déjà 3 enfants en a maintenant 1 de plus. Si tous ses enfants, à elle, étaient en vie, elle en aurait 7 ; or elle n'en a que $3 - 1 = 2$. Mais elle souhaite en avoir $1 + 3 + 7 = 11$; les deux unités du nombre 11 représentent des jumeaux ; ainsi elle aurait autant d'enfants que le médecin. Sa mère eut une fois des jumeaux. Mais elle n'a plus guère d'espoir d'avoir un enfant de son mari ; cela lui a même inspiré inconsciemment l'idée de se remarier. Au cours de ses fantaisies, l'idée lui est venue qu'à 44 ans elle en aurait fini puisqu'elle aurait atteint l'âge critique. Elle a actuellement 33 ans, donc dans 11 ans elle aura atteint sa quarante-quatrième année. Cette année est pour elle importante parce que son père est mort à quarante-quatre ans. Sa fantaisie de cette année contient donc l'idée de la mort de son père. L'accent particulier qu'elle met sur cet événement correspond à sa fantaisie refoulée sur la mort de son mari, qu'il faudrait écarter parce qu'il est un obstacle. C'est à cet endroit que les matériaux du rêve « Luc 137 » viennent résoudre le conflit. Il faut remarquer expressément que la rêveuse ne sait pour ainsi dire plus rien des Écritures ; elle n'a pas ouvert la Bible depuis bien longtemps parce qu'elle n'a guère de penchants religieux. Il est donc inutile de faire appel aux idées spontanées. Son ignorance de la Bible est si grande qu'elle ne savait pas que l'indication « Luc 137 » ne pouvait concerner que l'Évangile selon saint Luc. Lorsqu'elle ouvrit le Nouveau Testament, elle tomba sur les Actes des Apôtres de saint Luc. Le premier chapitre n'ayant que 26 versets et non pas 37, elle en choisit le septième qui dit ceci : « *Ce n'est pas à vous de connaître les temps ni les moments que le Père a fixés de sa propre autorité.* »

Or au verset 1 : 37 de l'Évangile selon saint Luc nous trouvons l'Annonciation de la Vierge Marie :

Verset 35 : « ... L'Esprit Saint viendra sur vous et la vertu du Très-Haut vous couvrira de son ombre. C'est pourquoi l'Être Saint qui naîtra de vous sera appelé Fils de Dieu. »

Verset 36 : « Déjà Élisabeth, votre parente, a conçu, elle aussi, un fils dans sa vieillesse et c'est actuellement son sixième mois, à elle que l'on dit stérile. »

Verset 37 : « Car rien n'est impossible à Dieu. »

La suite de l'analyse de « Luc 137 » exige que l'on considère aussi le verset 7 du chapitre XIII de saint Luc. On y lit :

Verset 6 : « Jésus dit aussi cette parole : "Un homme avait un figuier planté dans sa vigne ; il y vint pour y chercher des fruits et n'en trouvant point, il dit au vigneron :

Verset 7 : "Voilà trois ans que je viens chercher du fruit à ce figuier et je n'en trouve point ; coupe-le donc : pourquoi rend-il la terre improductive ?" Le vigneron lui répondit : "Seigneur, laissez-le encore cette année, jusqu'à ce que j'aie creusé et mis du fumier tout autour. Peut-être portera-t-il du fruit ensuite ; sinon vous le couperez." »

Le figuier qui, depuis des temps immémoriaux, symbolise l'organe génital mâle, doit être *abattu* pour cause de stérilité. Ceci correspond parfaitement aux nombreuses fantaisies sadiques de la rêveuse qui tendent à couper d'une façon quelconque, même avec les dents, le pénis. Il est clair que cela concerne le membre de son mari. Il est compréhensible qu'elle retire sa libido de cet époux qui, vis-à-vis d'elle, est *impuissant* ; de même il est compréhensible qu'elle la reporte par régression sur son père (« ... que le père a fixés de sa propre autorité ») et qu'elle s'identifie à sa mère qui avait eu des jumeaux [1]. Par le fait que la rêveuse se donne un âge plus avancé, son mari prend à son égard le rôle d'un fils et d'un petit garçon, l'impuissance étant caractéristique de cet âge. Il est également facile de comprendre son désir de se débarrasser de son mari, qui d'ailleurs est abondamment confirmé par son analyse antérieure. Tout ce que nous venons de dire se trouve en outre confirmé par la suite des matériaux concernant « Luc 137 » puisque nous trouvons ce qui suit au verset 12 du chapitre VII de l'Évangile selon saint Luc :

Verset 12 : « Comme il arrivait près de la porte de la ville, il se trouva qu'on emportait un mort, *fils unique de sa mère, et celle-ci était veuve...*

Verset 13 : « Le Seigneur l'ayant vue fut touché de compassion pour elle et lui dit : "Ne pleurez pas."

Verset 14 : « Et s'approchant, il toucha le cercueil, les porteurs s'étant arrêtés ; puis il dit : "Jeune homme, je te le commande, lève-toi." »

Vu l'ensemble de la situation psychologique de la rêveuse, l'allusion à la résurrection du mort prend un sens particulièrement intéressant : il s'agit de la guérison de l'impuissance du mari. Le problème serait donc entièrement résolu. Il n'est pas nécessaire d'indiquer expressément les multiples réalisations

1. Son mari souffre surtout d'un important complexe maternel.

de désirs contenues dans ces matériaux : le lecteur les découvrira sans peine.

La combinaison significative du symbole « Luc 137 » devrait être considérée comme *cryptomnésie*, puisque la rêveuse ignore tout de la Bible. L'importance des effets de la cryptomnésie a été signalée autrefois par Flournoy[1] et par moi-même[2]. Pour autant qu'il existe une certitude humaine, il est impossible de penser qu'il y eut dans notre cas une fraude quelconque. Celui qui connaît la psychanalyse saura écarter d'emblée ce soupçon vu les conditions dans lesquelles les matériaux ont été obtenus.

J'ai parfaitement conscience que ces observations nagent dans une mer d'incertitudes ; mais je pense qu'il ne serait pas bon de les taire, parce que d'autres peuvent venir après nous qui sauront en découvrir l'exacte orientation, ce qui nous est impossible dans l'imprécision de nos connaissances actuelles.

---

1. FLOURNOY, *Des Indes à la planète Mars, Étude sur un cas de somnambulisme avec glossolalie*, Paris, Genève, 1900. Id., *Nouvelles observations sur un cas de somnambulisme. Archives de Psychologie*, t. I.

2. Psychologie et pathologie des phénomènes dits occultes, *infra*, pp. 118-218.

PSYCHOLOGIE ET PATHOLOGIE DES PHÉNOMÈNES DITS OCCULTES[1]

I. ÉTUDE PSYCHIATRIQUE

Dans le vaste domaine des infériorités psychopathiques, où la science a su dessiner les tableaux cliniques de l'épilepsie et de la neurasthénie, nous trouvons des observations isolées concernant des états de conscience rares, sur l'interprétation desquels les auteurs n'ont pu se mettre d'accord. Il s'agit d'observations apparaissant sporadiquement dans la littérature sur la narcolepsie, la léthargie, l'automatisme ambulatoire, les amnésies périodiques, la double conscience, le somnambulisme, la rêverie et le mensonge pathologiques (mythomanie), etc.

On répartit les états en question tantôt dans l'épilepsie, tantôt dans l'hystérie, tantôt parmi les états d'épuisement du système nerveux, la neurasthénie ; parfois aussi, on veut bien leur reconnaître la dignité de maladies *sui generis*. Les malades qui en sont atteints ont à parcourir parfois toute une série de diagnostics, en partant de l'épilepsie, à travers l'hystérie, pour aboutir même à l'accusation de simulation.

De fait, il est en premier lieu parfois extrêmement difficile et, le cas échéant impossible, de distinguer ces états des troubles que nous avons cités ; d'autre part, certains de leurs traits sortent du domaine de l'infériorité pathologique et ont une parenté, qui est plus qu'une simple analogie, avec certains phénomènes de psychologie normale, même avec ceux que l'on rencontre chez des êtres supérieurs, les génies.

---

1. Publié en 1902.

Si différents que soient les phénomènes isolés de ce domaine, il n'en est cependant pas un seul qui ne se puisse rattacher par quelque intermédiaire aux autres cas typiques. Cet apparentement est très profond dans les tableaux cliniques de l'hystérie et de l'épilepsie. Des voix se sont même élevées tout récemment pour affirmer que, d'une façon générale, il n'y avait pas de limite définie entre épilepsie et hystérie, et que la différence ne se faisait sentir que dans les cas extrêmes. C'est ainsi, par exemple, que Steffens[1] dit : « Nous en arrivons tout naturellement à penser que, d'une façon générale, l'hystérie et l'épilepsie ne sont pas, en principe, d'essence différente, mais que la même cause morbide se manifeste ici sous des formes diverses avec des différences d'intensité et de persistance. » On se heurte de même aux plus grosses difficultés dès qu'on veut établir une démarcation entre, d'une part, l'hystérie et certaines formes limites de l'épilepsie et, d'autre part, l'infériorité psychopathique innée ou acquise. Les symptômes de l'un ou de l'autre tableau empiètent si largement sur le domaine voisin qu'il faut violenter les faits pour les distinguer et les ranger dans telle ou telle catégorie. La délimitation entre l'infériorité psychopathique et l'état normal est donc chose impossible, puisqu'il ne s'agit jamais que d'une différence de « plus » ou de « moins ». On se heurte aux mêmes difficultés dès qu'on tente une classification dans le domaine de l'insuffisance. On ne peut distinguer ici *grosso modo* que certains groupes cristallisés autour d'un noyau central marqué de caractères particulièrement typiques. Si nous laissons de côté les deux grands groupes d'insuffisance, celui de l'insuffisance intellectuelle et celui de l'insuffisance affective, il nous reste encore les insuffisances teintées surtout d'hystérie (hystéroïdes) ou d'épilepsie (épileptoïdes) ou de neurasthénie que n'accompagnent ni l'insuffisance de l'intellect, ni celle de la sensibilité. C'est dans ce domaine qui échappe à une sûre classification que se déroulent les états indiqués ci-dessus. On sait qu'ils peuvent se présenter comme composantes partielles d'une épilepsie typique, ou comme des entités distinctes dans le domaine des infériorités psychopathiques. Leur qualification d'« épileptique » ou

1. *Arch. f. Psych.*, XXXIII, p. 928.

d'« hystérique », ils la doivent souvent à des phénomènes accessoires, assez secondaires. C'est ainsi qu'on a généralement l'habitude de ranger le somnambulisme parmi les troubles hystériques, parce qu'il se présente souvent comme manifestation accessoire d'une hystérie grave ou parce que de légers symptômes dits « hystériques » l'accompagnent. « Il n'y a pas, dit Binet, un somnambulisme, un état nerveux toujours identique à lui-même, il y a des somnambulismes. » Comme manifestation partielle dans une hystérie grave, le somnambulisme n'est pas un phénomène inconnu ; mais en tant qu'entité pathologique particulière, en tant que maladie *sui generis*, il doit être assez rare, si l'on en juge par la pauvreté de la littérature de langue allemande sur ce sujet. Le somnambulisme dit spontané, sur le terrain d'une infériorité psychopathique à teinte hystérique, n'est pas un phénomène tellement fréquent et il vaut la peine de soumettre à un examen plus précis les cas de cette sorte : ils peuvent fournir matière à une foule d'observations intéressantes.

Mlle E., 40 ans, célibataire, comptable dans une grosse entreprise, pas de tares héréditaires. Tout au plus pourrait-on signaler qu'un frère est devenu légèrement nerveux à la suite de malheurs de famille et de maladie. Bonne éducation, caractère alerte et gai, n'a pas appris à économiser, « a toujours vu un peu grand ». Elle était très charitable, tendre ; elle a beaucoup fait pour ses parents dont la condition est modeste, et pour des familles étrangères. Malgré tout, elle ne se sentait pas heureuse parce qu'elle croyait n'être pas bien comprise. Après avoir été d'abord toujours en bonne santé, elle avait dû, il y a quelques années, se faire soigner pour dilatation d'estomac et pour ver solitaire. Durant cette maladie, ses cheveux blanchirent rapidement. Plus tard, elle eut encore la fièvre typhoïde. Ses fiançailles furent brisées par suite du décès de son fiancé, mort de paralysie. Depuis environ un an et demi, beaucoup de nervosité. Durant l'été de 1897, cure d'air et hydrothérapie. Elle raconte elle-même que, depuis environ un an, elle a eu, au cours de son travail, des moments pendant lesquels ses idées semblent s'arrêter, sans qu'elle s'endorme. Cependant, elle ne fait alors aucune erreur de calcul. Dans la rue, elle se trompe assez souvent de direction, s'aperçoit ensuite brusquement qu'elle ne suit pas la rue qu'il faut. Pas d'étourdissements ni d'évanouissements. Autrefois, sa menstruation était parfaitement régulière, sans malaises, toutes les quatre semaines ; depuis qu'elle est nerveuse et surmenée, tous les quinze jours. Depuis longtemps, elle souffre de continuels maux de tête. Calculatrice et comptable dans une grosse entreprise, la malade avait un travail très fatigant qu'elle accomplissait avec une solide conscience. Au cours de la dernière année vinrent encore s'ajouter à la fatigue de la profession toutes sortes de désagréments : son frère dut soudain divorcer ; en plus de sa profession, elle tint son ménage, le soigna lui-même ainsi que son enfant pendant une grave maladie, etc. Pour se reposer, elle partit, le 13 septembre, chez une amie dans l'Allemagne du Sud. La grande joie de revoir l'amie dont elle avait été longtemps privée, ainsi que la participation à une fête, l'empêchèrent de se reposer comme elle en aurait eu besoin. Le 15 septembre, tout à fait à l'encontre de son habitude, elle avait, avec son amie, bu un demi-litre de vin rouge. Puis elles allèrent se promener dans un cimetière. Alors elle se mit à arracher les fleurs des tombes et à gratter la terre. Elle n'en garda pas le moindre souvenir. Le 16 septembre, elle resta chez son amie sans que rien d'autre se produisît. Le 17, son amie la ramena à Zurich. Une personne de sa connaissance l'amena à l'asile. Durant le trajet, sa conversation fut très lucide, mais la malade était très lasse. Elles rencontrèrent devant l'asile trois jeunes garçons qu'elle dit être les trois morts qu'elle avait voulu déterrer. Elle désira alors se rendre au cimetière voisin et il fallut employer toutes sortes d'artifices de persuasion pour la décider à entrer à l'asile.

La malade est petite, de frêle stature, légèrement anémique. La limite cardiaque légèrement déplacée vers la gauche ; pas de souffles nets ; quelques battements ; bruits particulièrement forts à la valvule mitrale. La matité du foie s'étend jusqu'au bord de la côte supérieure. Réflexes rotuliens un peu accentués, sinon, pas de réflexes tendineux. Pas d'anesthésie, ni d'analgésies, pas de paralysies. Un simple examen du champ visuel par masquage à la main ne permit de découvrir aucun rétrécissement. Chevelure claire, d'un blanc jaunâtre. Par ailleurs, la malade a un aspect correspondant à son âge. Elle raconte avec lucidité sa vie passée et les événements de l'époque récente ; mais les événements du cimetière de C. et auprès de l'asile ne lui ont laissé aucun souvenir. Dans la nuit du 17 au 18 septembre, elle s'entretint avec l'infirmière, déclara qu'elle voyait toute la chambre remplie de morts sous la forme de squelettes. Elle n'en était pas le moins du monde effrayée ; elle s'étonnait plutôt que l'infirmière ne les vît pas également. Autrement, elle était calme. Le matin suivant, dans son lit, elle voyait toujours de nouveaux squelettes ; plus rien l'après-midi. La nuit suivante, vers quatre heures, elle s'éveilla et entendit les enfants morts appeler du cimetière voisin, disant qu'ils avaient été enterrés vivants. Elle voulut sortir pour les déterrer, mais on put la retenir. Le matin, à 7 heures, elle était encore dans un état délirant et se rappelait très exactement ce qui s'était passé au cimetière de C. : elle avait voulu déterrer les enfants morts qui l'appelaient. Elle n'avait arraché les fleurs que pour dégager les tombes et pouvoir les ouvrir. Alors qu'elle était dans cet état, M. le Prof. Bleuler lui expliqua qu'elle se souviendrait de tout lorsqu'elle serait dans son état normal. La malade sommeilla, le matin, pendant un certain temps encore, fut ensuite très lucide et se sentit relativement bien. Elle se souvint alors réellement des événements, mais manifesta à leur égard une indifférence frappante. Pendant les nuits suivantes, sauf celles du 22 au 23 et du 25 au 26 septembre, elle eut encore de courts accès de délire pendant lesquels elle eut affaire aux morts ; dans le détail, ces accès différaient les uns des autres. Deux fois elle vit les morts dans son lit ; mais elle ne paraissait pas en avoir peur ; au contraire, elle sortait du lit pour ne point les « gêner ». A plusieurs reprises, elle voulut même sortir de la chambre.

Après quelques nuits tranquilles, durant celle du 30 septembre au 1er octobre, il y eut un court accès pendant lequel, de la fenêtre, elle appela les morts. Au cours de la journée, elle était, à cette époque, tout à fait lucide. Le 3 octobre, ainsi qu'elle le raconta elle-même par la suite, elle vit dans le salon, en pleine conscience, une foule de squelettes. Quoiqu'elle doutât de leur réalité, elle n'avait pourtant pas su se persuader que c'était une hallucination. La nuit suivante, entre minuit et 1 heure — déjà les accès antérieurs s'étaient le plus souvent produits vers ce moment — elle eut affaire aux morts pendant environ dix minutes. Elle s'assit dans son lit, regarda fixement dans un coin et dit : « Voilà qu'ils viennent maintenant, — mais ils ne sont pas encore tous là —, qu'ils viennent, la salle est assez grande, il y a place pour tous. Quand ils seront tous arrivés, j'irai aussi avec eux. » Puis elle se recoucha en disant : « Bien ! Ils sont tous là, maintenant », et se rendormit. De tous ces accès nocturnes, elle n'avait, le matin, pas le moindre souvenir. Des accès très courts se produisirent encore dans les nuits du 4 au 5, du 6 au 7, du 9 au 10, du 13 au 14, du 15 au 16 octobre, chaque fois entre minuit et une heure. Les trois derniers coïncidèrent avec l'époque de la menstruation. L'infirmière tenta, à diverses reprises, de parler avec elle, lui montra le réverbère allumé, les arbres ; mais la malade ne réagit pas à ces invites. Depuis, il n'y eut plus d'accès ; la malade se plaignit d'une série de malaises qu'elle avait ressentis déjà pendant le déroulement des accès précédents. Elle avait notamment des maux de tête qui augmentaient le matin, après les accès, et devenaient, disait-elle, insupportables. 0,25 g d'acide lactique y remédièrent rapidement. Puis elle se plaignit de douleurs dans les deux avant-bras ; la description qu'elle en donna semblait indiquer qu'il s'agissait de ténosynovite. Les ventres des muscles fléchisseurs étaient pris par elle pour des tumeurs et elle demanda des massages. Objectivement, il n'y avait rien à constater et, comme on ne fit pas attention à ses plaintes, son état s'améliora. L'épaississement de l'ongle d'un orteil fut l'occasion de lamentations manifestement longues et répétées, même une fois que la partie épaissie eut été enlevée. Le sommeil était souvent agité. La malade avait refusé de se soumettre à un traitement hypnotique contre les accès nocturnes. Finalement elle y consentit pourtant pour les troubles du sommeil et les maux de tête. Elle se montra facilement influençable et, dès la première séance, tomba dans un sommeil profond, avec analgésie et amnésie.

En novembre, on lui demanda de nouveau si elle se souvenait de l'accès du 19 septembre dont on lui avait suggéré qu'elle pourrait se souvenir. Elle eut beaucoup de peine à se le rappeler et finalement ne put en raconter que l'essentiel ; elle en avait oublié les détails.

Il n'est pas sans intérêt de souligner ici que la malade n'est pas du tout superstitieuse et que, lorsqu'elle est en bonne santé, elle ne s'intéresse jamais particulièrement aux choses surnaturelles. Pendant toute la durée du traitement, qui se termina le

14 novembre, on fut frappé par l'indifférence de la malade à l'endroit de sa maladie et même de son amélioration de santé. Au printemps suivant, elle revint soumettre au traitement ambulant des maux de tête qui étaient réapparus lentement au cours des mois, par suite de son travail épuisant. Sa santé ne laissait par ailleurs rien à désirer. Mais on constata qu'elle n'avait gardé aucun souvenir des accès de l'automne, même pas de ceux du 19 septembre ni des précédents. Par contre, dans l'hypnose, elle était parfaitement à même de raconter les événements du cimetière, ceux qui s'étaient déroulés devant l'asile et pendant ses troubles nocturnes.

Par l'originalité de ses hallucinations et la façon dont il se présente, notre cas rappelle les états que v. Krafft-Ebing décrit sous le nom d'états « prolongés » *(protrahiert)* de délire hystérique : « Ce sont, dit-il, de légers cas d'hystérie, au cours desquels apparaissent ces états délirants. — Le délire hystérique prolongé repose sur le terrain d'un épuisement temporaire. — Il semble que ce soient des émotions qui en favorisent l'explosion. La récidive est facile. Le plus souvent, il y a délire de persécution, fréquemment accompagné d'angoisse réactionnelle très violente, puis de phénomènes religieux et érotiques. Les hallucinations de tous les sens n'y sont pas rares. Les plus fréquentes et les plus importantes sont cependant les illusions de la vue, de l'odorat et du toucher. Les hallucinations visuelles tournent particulièrement autour de visions d'animaux, d'enterrements, de processions fantastiques où fourmillent les morts, les diables, les fantômes et autres choses semblables. Les illusions auditives sont de simples acousmies (cris, tumulte, claquements) ou de véritables hallucinations, souvent de contenu sexuel. »

Les visions de cadavres de notre malade et leur apparition par accès rappellent des états comme ceux qui ont été parfois observés dans l'hystéro-épilepsie. Là aussi apparaissent les visions spécifiques liées, et en cela elles se distinguent du délire prolongé, aux accès particuliers.

1. Une dame de 30 ans, grande hystérique, a des états crépusculaires délirants durant lesquels elle s'occupe de préférence d'hallucinations effrayantes : elle voit qu'on lui enlève

ses enfants, que des animaux sauvages les dévorent, etc. Elle n'a aucun souvenir de ce que contiennent ces accès[1].

2. Malade de 17 ans, également grande hystérique ; elle voit, durant ses attaques, le cadavre de sa défunte mère s'approcher d'elle pour l'attirer à soi. Les attaques sont suivies d'amnésie[2].

Les cas cités sont des hystéries graves dans lesquelles la conscience se tient au niveau profond du rêve. Le caractère d'accès et la stabilité des hallucinations indiquent seuls un certain apparentement à notre cas qui, sous ce rapport, présente encore de nombreuses analogies avec les états hystériques de même genre, par exemple ceux où un choc psychique (viol, etc.) déclencha les accès hystériques, et où, chaque fois, l'événement initial est revécu sous forme d'hallucination stéréotypée. Cependant notre cas reçoit un cachet spécial du fait de l'identité consciencielle dans les divers accès. Il s'agit d'un « état second », avec sa mémoire propre, qu'une amnésie totale sépare de l'état de veille. Par là il se distingue des états d'obnubilation indiqués jusqu'à présent et se rapproche des états dits somnambuliques.

Charcot[3] distingue dans le somnambulisme deux formes fondamentales :

1. Délire avec incoordination remarquable des représentations et des actions ;

2. Délire avec actions coordonnées. L'état se rapproche de l'état de veille.

Notre cas appartient à cette dernière catégorie. Si l'on entend par somnambulisme un état de *veille partielle systématique*[4], il faut aussi tenir compte, quand on traite de cette affec-

1. Richter : *Études cliniques sur l'hystéro-épilepsie*, p. 483.

2. *Ibid.*, p. 487 ; v. aussi Erler : *Allg. Zeitschr. für Psychiatrie*, XXXV, p. 28 ; en outre, Cullerre : *Allg. Zeitschr. f. Psych.*, XLVI, *Literaturbericht,* p. 356.

3. Charcot et Guinon : *Progrès médical,* 1891.

4. « Le somnambulisme ambulatoire doit être considéré comme un état de veille systématique partiel, dans lequel un complexe représentatif limité, logique, cohérent, pénètre dans la conscience. Il n'apparaît pas de contre-

tion, des cas isolés d'amnésie par accès que l'on a l'occasion d'observer çà et là. Le noctambulisme mis à part, ce sont les états les plus simples d'un état de veille partielle systématique. A la première place dans la littérature, il faut certainement mettre le cas de Naef. Il s'agit d'un homme de 32 ans, d'hérédité très chargée, présentant de nombreux stigmates de dégénérescence, en partie fonctionnelle, en partie anatomique. A la suite de surmenage, il eut, déjà à l'âge de 17 ans, un étrange état d'obnubilation avec idées délirantes, qui dura plusieurs jours et qui guérit en laissant après lui un vague souvenir. Plus tard, il fut fréquemment sujet à des accès de vertige, avec battements de cœur et vomissements ; mais jamais ces accès n'étaient accompagnés de perte de conscience. Après une maladie fébrile, le malade partit brusquement d'Australie pour Zurich, où il passa quelques semaines dans une sérénité exempte de soucis : il ne revint à lui que lorsqu'il lut dans le journal l'annonce de sa brusque disparition. Il avait à ce moment une amnésie rétrograde totale pour la période de plusieurs mois qui englobe le voyage en Australie, son séjour là-bas et son retour. Nous devons à Azam [1] la publication d'un cas d'amnésie périodique : Albert X., douze ans et demi, souffre de troubles hystériques : au cours de quelques années, il est sujet à de nombreux états d'amnésie durant lesquels il ne sait plus, pendant quelques semaines, ni lire, ni écrire, ni compter et a même oublié sa langue. Entre-temps, des intervalles de santé normale. Un autre cas de somnambulisme ambulatoire sur base nettement hystérique, qui se distingue de celui de Naef par la fréquence des accès, a été publié par Proust [2].

Un homme de 30 ans, cultivé, présente tous les symptômes de la grande hystérie : il est très suggestible, a de temps en temps, souvent sous l'influence d'émotions, des accès d'amnésie qui se prolongent pendant une durée de deux jours, voire

---

représentations ; en même temps, l'activité mentale se déroule, avec une énergie accrue, à l'intérieur de la sphère limitée de conscience. » LOEWENFELD, *Hypnotismus,* 1901, p. 289.

1. AZAM : *Hypnotisme, double conscience*, etc., Paris 1887. — Cas analogue dans FORBES WINSLOW : *On obsc. dis.,* p. 335, cité *in Allg. Zeitschr, f. Psych.*, XXII, p. 403.

2. *Trib. méd.*, mars 1890.

de plusieurs semaines. Durant ces états, il pérégrine, va voir des parents chez qui il brise plusieurs objets, fait des dettes, passe même en jugement « pour acte de filouterie » et est condamné.

Bolteau rapporte un cas semblable d'impulsion au vagabondage[1]. Une veuve de 22 ans, atteinte d'hystérie grave, est effrayée par la nécessité pressante de se faire opérer d'une salpingite ; elle quitte l'hôpital, où elle avait séjourné jusqu'alors, et tombe dans un état somnambulique d'où elle s'éveille, totalement amnésique, trois jours plus tard. Elle avait parcouru environ 60 kilomètres pour aller chercher son enfant.

William James[2] rapporte un cas d'*ambulatory sort* : le révérend Ansel Bourne, prédicateur ambulant, 30 ans, psychopathe, eut quelquefois des accès de perte de conscience d'une durée d'une heure. Un jour (17 janvier 1887), il disparaît brusquement de Greene, après avoir retiré d'une banque la somme de 551 dollars. On le perd de vue pendant deux mois. Pendant ce temps, sous le nom de A.J. Brown, il tient une petite boutique à Norristown, en Pensylvanie, fait régulièrement tous ses achats, bien qu'il n'ait jamais rien fait de semblable auparavant. Le 14 mars, il se réveille tout à coup et retourne chez lui. Amnésie totale pour l'intervalle.

Mesnet[3] publie le cas suivant : F., 27 ans, sergent des troupes africaines, blessé au pariétal à la bataille de Bazeilles ; a eu, pendant un an, jusqu'à ce que sa blessure fût guérie, une hémiplégie qui disparut avec la guérison. Au cours de sa maladie, il eut des accès de somnambulisme avec fort rétrécissement de la conscience ; toutes les fonctions sensorielles étaient paralysées, à l'exception du toucher et d'une petite partie de la vue. Les mouvements étaient coordonnés, mais leur adaptation à la fin poursuivie était fortement restreinte quand il fallait surmonter des obstacles. Pendant les accès, le malade montrait

1. *Annal. méd.-psych.*, janvier-février 1892.

2. *The Principles of Psychology*, p. 391.

3. Mesnet : « De l'automatisme de la mémoire et du souvenir dans le somnambulisme pathologique », *Union médicale*, juillet 1874. Cité par Binet : *Les Altérations de la personnalité*, p. 37. — Voir aussi : Mesnet : « Le somnambulisme spontané dans ses rapports avec l'hystérie », *Arch. de Neur.* n°69, 1892.

un stupide instinct collectionniste. Par le moyen de diverses manipulations, on pouvait introduire dans sa conscience un contenu hallucinatoire quelconque ; par exemple, on lui mettait un bâton dans la main et aussitôt le malade se voyait transporté dans une scène de guerre. Il se trouvait à un poste avancé, voyait venir l'ennemi, etc.

Guinon et Sophie Waltke [1] ont fait les expériences suivantes sur des hystériques : à une malade en pleine crise hystérique, on met un verre bleu devant les yeux : elle voit régulièrement la figure de sa mère sur ciel bleu. Un verre rouge lui fait voir une blessure saignante ; un verre jaune, une marchande d'oranges ou une dame en robe jaune.

Le cas de Mesnet rappelle ceux où la mémoire se rétrécit par accès.

Mac Nish [2] publie un cas du même genre : une jeune femme, en bonne santé apparente, tombe brusquement, sans symptômes annonciateurs semble-t-il, dans un sommeil profond, anormalement long. A son réveil, elle a oublié les mots et la connaissance des choses les plus simples. Il lui faut rapprendre à lire, à écrire, à compter. Elle fait de rapides progrès dans l'étude de ces matières. Après une seconde attaque de sommeil, elle se réveille dans son état premier normal sans se souvenir de l'épisode intermédiaire de l'état second. Pendant plus de quatre ans alternèrent ces états dans lesquels la conscience maintient sa continuité à l'intérieur de chacun des deux états, mais reste séparée par l'amnésie de la conscience de l'état normal.

Ces diverses sortes de modifications de la conscience jettent, chacune, une certaine lumière sur notre cas. Celui de Naef présente deux éclipses hystériformes de la mémoire dont l'une se distingue par l'apparition d'idées délirantes, et l'autre par sa durée temporelle, le rétrécissement de la conscience et la pulsion au vagabondage. Les brusques impulsions spéciales sont particulièrement nettes dans les cas de Proust et de Mesnet. Nous pouvons en rapprocher, comme de même importance, l'arrachage instinctif des fleurs, le creusage des tombes, tels qu'ils furent observés chez notre malade. La continuité

1. *Arch. de Neur.*, mai 1891.

2. *Philosophy of Sleep*, 1830, cité par BINET : *Les Altérations..., op. cit.*

de conscience qu'elle montre dans ses accès isolés rappelle le comportement de la conscience dans le cas de Mac Nish, et c'est pourquoi notre cas peut être considéré comme un phénomène passager de conscience alternante. Le contenu onirique hallucinatoire de sa conscience rétrécie ne paraît cependant pas justifier son classement définitif dans le groupe des doubles consciences. Les hallucinations de l'état second indiquent une certaine productivité conditionnée, semble-t-il, par l'autosuggestibilité particulière à cet état. Dans le cas de Mesnet, nous voyons apparaître des processus hallucinatoires comme conséquences de simples excitations tactiles. Le subconscient du malade utilise des perceptions simples pour construire automatiquement des scènes compliquées qui prennent possession de la conscience rétrécie. En ce qui concerne les hallucinations de notre malade, c'est à quelque chose d'analogue que nous devons penser ; du moins les circonstances extérieures durant lesquelles s'est produite l'apparition des hallucinations semblent corroborer nos suppositions.

La promenade dans le cimetière provoque, par induction, la vision de squelettes ; la rencontre des trois jeunes garçons éveille l'hallucination d'enfants enterrés vivants, dont la malade entend les voix, la nuit. Elle arrive au cimetière dans un état somnambulique, cette fois d'une particulière intensité à cause de la consommation d'alcool : elle commet alors des actes instinctifs dont son subconscient reçoit également certaines impressions. (Il ne faut pas négliger le rôle joué ici par l'alcool. L'expérience prouve que, non seulement il a pour effet d'aggraver encore les états de ce genre, mais qu'en outre, comme tout autre narcotique, il augmente dans une certaine mesure la suggestibilité.) Les impressions reçues dans le somnambulisme se perfectionnent inconsciemment et deviennent des végétations indépendantes qui entrent finalement dans la perception sous forme d'hallucinations. Ainsi notre cas se rattache étroitement aux états oniriques somnambuliques qui ont été, notamment en Angleterre et en France, soumis récemment à une étude approfondie.

Les absences qui, au début, semblaient sans contenu en acquièrent un par le hasard de l'autosuggestion et ce contenu, automatiquement, continue à se développer jusqu'à un certain degré ; mais, sous l'influence de l'amélioration commençante, il s'arrête bientôt dans la suite de son développement et finit par disparaître, la guérison venue.

Quant à l'implantation de suggestions dans un état de sommeil partiel, Binet et Féré ont institué à ce sujet de nombreuses expériences. Ils ont en outre montré par exemple qu'il suffit de mettre un crayon dans la main anesthésique d'une hystérique, pour obtenir immédiatement de longues lettres automatiques et autres choses semblables qui restent totalement étrangères à la conscience du sujet. Il arrive aussi que des excitations cutanées dans les régions anesthésiques sont perçues, le cas échéant, comme images visuelles, ou au moins comme représentations visuelles vives, apparaissant à l'improviste. Ces transmutations spontanées d'excitations simples doivent être regardées comme les phénomènes premiers d'où les images de rêves somnambuliques tirent leur origine. Il arrive que, dans la sphère de la conscience éveillée, il se produise aussi, mais rarement, des phénomènes analogues. C'est ainsi que Goethe raconte[1] que, quand il était assis la tête penchée en avant, et se représentait vivement une fleur, il voyait celle-ci se transformer d'elle-même, tandis qu'apparaissaient d'autres combinaisons du phénomène. Dans l'état de demi-sommeil, les phénomènes de ce genre sont relativement fréquents ; on leur donne le nom d'hallucinations hypnagogiques. Les automatismes qu'illustre l'exemple de Goethe se distinguent des somnambulismes proprement dits en ce que la représentation initiale est alors consciente et que le développement ultérieur de l'automatisme se maintient dans les limites déterminées par cette représentation initiale, donc à l'intérieur du domaine simplement moteur et visuel.

La représentation initiale devient-elle, ou était-elle de façon

1. Goethe : *Zur Naturwissenschaft im Allgemeinen*. « En fermant les yeux et, la tête penchée, en me représentant une fleur au centre de ma vision, j'avais la faculté de voir qu'elle ne se maintenait pas dans sa forme première, mais se divisait et de son centre se détachaient de nouvelles fleurs issues de pétales colorés ou aussi de feuilles vertes : ce n'étaient pas des fleurs naturelles, mais des fleurs fantastiques, mais cependant régulières comme les rosettes des sculpteurs. Il était impossible de fixer cette jaillissante création ; par contre, elle durait aussi longtemps qu'il me plaisait, sans s'affaiblir et sans se renforcer. »

générale, inconsciente et le développement de l'automatisme empiète-t-il sur des domaines voisins, par exemple, si à la perception de la fleur se joint celle d'une main qui la cueille, ou celle du parfum de cette fleur ? alors nous perdons toute possibilité de délimiter l'automatisme de veille par rapport à celui de l'état somnambulique. Le seul caractère distinctif est alors uniquement le « plus » ou le « moins ». Nous parlons alors, dans l'un des cas, « d'hallucinations éveillées de gens sains » et dans l'autre, des « visions oniriques d'un somnambule ». L'explication par l'hystérie des accès de notre malade acquiert encore de la solidité du fait que nous montrons l'origine probablement psychogène de ses hallucinations. Elle est encore renforcée par les misères de la patiente (maux de tête et ténosynovite) qui se montrèrent accessibles à un traitement par suggestion. Seul le facteur étiologique n'est pas suffisamment fondé par ce diagnostic d'« hystérie » ; pourtant on aurait pu s'attendre à priori à ce qu'au cours de la maladie, dont l'évolution ressemble si bien à la guérison d'un épuisement par une cure de repos, on observât çà et là des traits que l'on aurait pu considérer comme des phénomènes d'épuisement. La question se pose de savoir si par hasard les accès, d'abord du genre absence, et ultérieurement somnambuliques, ne pourraient pas être considérés comme des états d'épuisement, voire des « crises de neurasthénie ». Ne savons-nous pas que, dans le domaine des insuffisances psychopathiques, il peut se produire des accidents épileptoïdes de diverses sortes, dont il est au moins douteux qu'on puisse les ranger dans l'épilepsie ou l'hystérie ? « M'appuyant sur de très nombreuses observations, dit textuellement Westphal, j'affirme donc que ce qu'on appelle accidents épileptoïdes est l'un des symptômes les plus généraux et les plus fréquents dans le groupe des maladies que nous rangeons parmi les maladies mentales et les neuropathies, et que ni en ce qui concerne le caractère et la forme de l'affection, ni en ce qui concerne leur évolution et leur pronostic, la simple présence d'un ou de plusieurs accidents épileptiques, ou épileptoïdes, ne saurait être décisive. — Comme indiqué, j'ai utilisé pour l'accès même le terme "épileptoïde" dans son sens le plus large[1]. »

---

1. C. Westphal : *Die Agoraphobie, Arch. f. Psych.*, III, p. 158.

Dans notre cas, il n'est pas nécessaire de souligner d'abord les éléments épileptoïdes ; par contre, on peut objecter que le tableau tout entier a une nuance hystérique choisie. Mais on peut faire observer que tout somnambulisme n'est pas *eo ipso* hystérique. Il peut se produire, dans l'épilepsie typique, des états que les hommes compétents placent directement en parallèle avec les états somnambuliques[1], ou qui, les attaques de convulsions mises à part, se distinguent de l'hystérie[2].

Ainsi que le montre Diehl[3], il arrive aussi que, sur le terrain de l'insuffisance neurasthénique, des « crises » se produisent qui mettent dans l'embarras celui qui doit porter un diagnostic. Il peut même arriver que, dans chacune des crises, un certain contenu représentatif stéréotypé se répète. Tout récemment Mörschen aussi a publié un cas d'obnubilation neurasthénique épileptoïde.

Je suis reconnaissant à M. le Prof. Bleuler de la communication du cas suivant : Il s'agit d'un monsieur instruit, d'âge moyen, aucun antécédent épileptique — épuisé par un travail intellectuel poursuivi durant des années. Sans qu'il y ait eu par ailleurs aucun symptôme ni prodrome (pas de dépression, etc.), à l'occasion d'un séjour en vacances, il fait une tentative de suicide : dans un état particulier d'obnubilation, il se précipite soudain dans l'eau, au bord d'une plage fréquentée. On l'en retire aussitôt ; il n'a que de vagues souvenirs. Si l'on tient compte de ces observations, il faut certainement admettre que la neurasthénie joue un rôle important dans les accidents de notre malade. Les maux de tête et la « ténosynovite » sont les indices d'une hystérie assez légère qui, latente d'ordinaire, ne se manifeste que sous l'influence de l'épuisement. La genèse du tableau clinique particulier nous fait comprendre sa parenté, exposée plus haut, avec l'épilepsie, l'hystérie et la neurasthénie. Résumons : Mlle Elise K. est atteinte d'insuffisance psy-

1. Pick : *Arch. f. Psych.*, XV, p. 202.
2. *Allg. Zeitschr. f. Psych.*, XXI, p. 78.
3. Diehl : *Neurasthenische Krise, Münch. Wochenschrift*, mars 1902. « Quand les malades décrivent pour la première fois leurs crises, ils en donnent le plus souvent un tableau qui rappelle l'idée de l'indisposition épileptique. Je m'y suis souvent trompé. »

chopathique avec tendance aux affections hystériques. Par suite d'un épuisement nerveux, elle vient à souffrir d'accès de stupeur « épileptoïde » dont l'explication est pour l'instant encore incertaine. Sous l'influence d'une dose d'alcool de quantité inaccoutumée, ses accès s'amplifient et deviennent des somnambulismes caractérisés avec des hallucinations qui se rattachent, comme en rêve, à des perceptions extérieures fortuites. La guérison de l'épuisement nerveux fait disparaître aussi les phénomènes hystériformes.

Dans le domaine de l'insuffisance psychopathique à teinte hystérique, on rencontre de nombreux phénomènes qui, tel le cas ci-dessus, présentent certes les symptômes de divers tableaux cliniques déterminés, sans que nous puissions cependant les ranger avec certitude dans aucun d'eux. On a fait d'une partie de ces états des tableaux cliniques indépendants : ainsi, par exemple, le mensonge pathologique (mythomanie), la rêverie pathologique, etc. Mais beaucoup d'entre eux attendent encore d'être soumis à une étude scientifique plus minutieuse et se cantonnent pour le moment dans le camp des anecdotes plus ou moins scientifiques. Les sujets qui les présentent sont l'hallucinant habituel et l'inspiré qui attirent sur eux l'attention de l'entourage tantôt comme poète ou artiste, tantôt comme saint, prophète ou fondateur de secte.

La genèse de la disposition mentale particulière à ces hommes est bien souvent enveloppée dans une ombre absolue, car il est extrêmement rare que l'on ait l'occasion de soumettre une de ces étranges figures à une exacte observation. Vu l'importance historique souvent énorme de tels personnages, il semble désirable de posséder un matériel scientifique à partir duquel nous pourrions acquérir des vues plus précises sur le développement psychologique de leur particularité. Abstraction faite des travaux actuellement presque sans valeur de l'école pneumatologique du début du XIXe siècle, la littérature scientifique de langue allemande est très pauvre en observations dans ce domaine ; bien plus, il semble que l'on éprouve une certaine aversion à y travailler. Tout ce que nous savons de positif, nous le devons presque exclusivement aux travaux de savants de langue française ou de langue anglaise. Aussi semble-t-il souhaitable d'enrichir au moins notre littérature sur ce sujet. Ce sont ces réflexions qui m'ont incité à publier quelques observations, qui contribueront peut-être à élargir nos connaissances sur les rapports des états d'obnubilation hystérique avec certains problèmes de l'histoire et de la psychologie normale.

II. CAS DE SOMNAMBULISME CHEZ UNE FEMME D'HÉRÉDITÉ CHARGÉE

(Médium spirite)

J'ai observé le cas ci-dessous au cours des années 1899 et 1900. Comme je n'ai eu aucune relation médicale avec Mlle S.W., il n'a malheureusement pas été possible d'entreprendre un examen corporel pour déceler chez elle l'existence de stigmates hystériques. J'ai tenu, des séances, un journal circonstancié que j'ai complété après chacune d'elles. Le rapport suivant est un exposé condensé sur la base de mes notations. Par égard pour la famille et la personne de Mlle S.W., j'ai dû modifier des données sans importance et laisser de côté, dans l'exposé de ses romans, certains détails qui, pour la plupart, sont des faits d'ordre intime.

Mlle S.W., 15 ans et demi, de religion réformée. Son grand-père paternel, très intelligent, était pasteur ; il avait de fréquentes hallucinations à l'état de veille. (C'étaient, le plus souvent, des visions, mais souvent aussi des scènes très dramatiques avec dialogues, etc.) Un frère du grand-père, atteint d'imbécillité, « toqué », était visionnaire également. Une sœur du grand-père, étrange, de caractère bizarre. La grand-mère, du côté paternel, fut atteinte dans sa vingtième année d'une maladie fébrile (typhoïde ?) à la suite de laquelle elle tomba en léthargie, y resta pendant trois jours et n'en sortit que peu à peu quand on lui passa un fer brûlant sur le haut de la tête. Plus tard elle eut, à la suite d'émotions, des évanouissements suivis presque régulièrement d'un court somnambulisme au cours duquel elle prophétisait. Le père est une personnalité curieuse, originale, aux idées bizarres. Deux de ses frères sont comme lui. Tous trois ont des hallucinations à l'état de veille (double vue, pressentiments, etc.). Un troisième frère est de caractère étrange, d'esprit faux et borné. La mère présente une infériorité psychopathique congénitale, frisant souvent la psychose. Une sœur est hystérique et visionnaire, tandis qu'une autre sœur souffre « d'accès cardiaques nerveux ».

Mlle S.W. est de stature très frêle, présente une structure cranienne quelque peu rachitique, sans hydrocéphalie marquée ; le teint est assez pâle, les yeux sont foncés, avec un éclat perçant particulier. Mlle S.W. n'a jamais eu de maladie grave. A l'école, c'était une élève médiocre, manifestant peu d'intérêt, distraite. En général, son attitude était quelque peu retenue, mais pouvait faire place à la joie la plus exubérante, la plus exaltée. Elle est d'intelligence moyenne. Elle n'a pas de dons particuliers, n'est pas du tout douée pour la musique. Elle n'aime pas les livres, préfère les travaux manuels ou un désœuvrement rempli de rêvasserie. Déjà à l'école elle avait des absences, se trompait souvent d'étrange manière en lisant à haute voix ; elle lisait par exemple *Gais* pour *Ziege, Stege* pour *Treppe*, et cela arrivait si souvent que ses frères et sœurs se moquaient d'elle. Par ailleurs, on n'a jamais remarqué chez S.W. d'anomalies quelconques ; jamais, notamment, elle ne présenta de manifestations hystériques graves. Sa famille se compose d'ouvriers et de commerçants ; le cercle de leurs intérêts est très limité. On ne tolérait dans la famille aucun livre de contenu mystique. L'éducation de Mlle S.W. a été très défectueuse. Indépendamment de la présence de nombreux frères et sœurs, qui obligeait à une éducation « en vrac », les enfants eurent aussi beaucoup à souffrir du traitement inconséquent, fruste, souvent directement brutal que leur infligeait leur mère. Le père, très occupé par ses affaires, ne pouvait se vouer que très peu à ses enfants ; il mourut à une époque où Mlle S.W. était encore en bas âge. Dans ces pénibles conditions, il n'est pas étonnant qu'elle se soit sentie opprimée et malheureuse. Elle avait souvent peur de rentrer à la maison et se trouvait partout mieux que chez elle. Aussi courait-elle, flânant avec des camarades, grandissant sans être beaucoup frottée de culture. Il en résulte que son niveau d'instruction est relativement bas et que, par conséquent, ses intérêts sont très limités. L'étendue de ses connaissances littéraires est très restreinte. Elle connaît les poèmes de Schiller que l'on apprend d'ordinaire par cœur à l'école et ceux de quelques autres poètes ; puis quelques cantiques et des fragments de psaumes. Pour la prose, elle ne s'élève guère au-dessus du roman-feuilleton ordinaire... Jusqu'au moment où son somnambulisme s'est développé, elle n'a pas lu de livres de contenu plus sérieux. A la maison et parmi ses camarades, elle entendit raconter des histoires de tables tournantes et commença à s'y intéresser. Elle demanda une fois à participer à de telles expériences. Son désir se réalisa bientôt. En juillet 1899, en manière de plaisanterie, Mlle S.W. prit quelquefois part à des séances de tables tournantes dans le cercle de ses amies et de ses frères et sœurs. Alors on découvrit qu'elle était un excellent « médium ». Il vint quelques communications de caractère sérieux qui furent reçues au grand étonnement de tous. Leur ton pastoral surprit. L'esprit se donna pour le grand-père du médium. Comme je connaissais la famille, il me fut donné de participer aux expériences en question. Au début d'août 1899, en ma présence, eurent lieu les premiers accès de somnambulisme. Voici comment ils se déroulaient. Mlle S.W. s'affaissait lentement, extrêmement pâle, sur le sol ou sur une chaise, fermait les yeux, tombait en catalepsie, respirait plusieurs fois profondément et se mettait ensuite à parler. A ce stade, le relâchement musculaire était le plus souvent total, les réflexes palpébraux étaient conservés, ainsi que la sensibilité tactile. Elle était sensible aux contacts inattendus, qui lui faisaient peur, surtout au stade initial.

Quand on l'appelait par son nom, elle ne réagissait pas. Dans ses conversations somnambuliques, elle imitait, avec une surprenante habileté, des parents ou des connaissances défunts avec toutes leurs particularités, faisant ainsi sur qui n'y était pas préparé une impression profonde. Elle copiait aussi, par exemple, des personnes qu'elle ne connaissait que par les descriptions qu'on en avait données et cela si exactement que les auditeurs ne pouvaient faire autrement que de lui reconnaître pour le moins un bon talent de comédienne. Peu à peu, des gestes venaient se joindre aux simples paroles, qui la conduisaient finalement à des « attitudes passionnelles », même à des scènes tout à fait dramatiques. Elle prenait des attitudes de prière, de ravissement, durant lesquelles elle parlait les yeux rayonnants, avec une rhétorique passionnée, brûlante, véritablement captivante. Elle utilisait alors exclusivement la langue littéraire allemande, qu'elle maniait avec une sûreté et une aisance parfaites, ce qui contrastait avec le comportement tout à fait hésitant de l'état de veille. Elle avait des mouvements d'une parfaite aisance, d'une grâce noble, représentant de la plus belle manière les variations de ses émotions. Son comportement à ce stade était, dans les différents accès, d'une variété irrégulière et d'une extrême diversité. Tantôt Mlle S.W. restait tranquille, les yeux fermés, de dix minutes à deux heures, sur le sofa ou sur le sol, sans mouvement, tantôt elle était à moitié assise, parlant d'une voix changée un langage différent, tantôt elle s'agitait sans arrêt, prenant toutes sortes d'attitudes pantomimiques. Le contenu de ses discours était aussi variable et désordonné. Tantôt elle parlait d'elle à la première personne, mais jamais longtemps et le plus souvent pour avertir de son prochain accès ; tantôt (c'était ce qui arrivait le plus ordinairement) elle parlait d'elle à la troisième personne. Elle représentait alors un autre être quelconque, soit des défunts qu'elle avait connus, soit des personnages qu'elle imaginait librement, dont elle jouait le rôle de façon tout à fait conséquente d'après les caractéristiques qu'elle indiquait elle-même. A la fin de l'extase, se produisait encore un stade cataleptique avec flexibilité cireuse *(flexibilitas cerea)* qui glissait lentement au réveil. La pâleur soudaine se maintenait presque constamment jusqu'à un coloris de cire exsangue, véritablement effrayant, qui apparaissait souvent dès le début de l'accès, mais souvent aussi seulement durant la deuxième phase. Le pouls était faible, mais régulier et de fréquence normale ; la respiration faible, superficielle, souvent presque imperceptible. Comme nous l'avons dit, Mlle S. W. prédisait souvent ses accès ; immédiatement avant, elle était prise de sentiments étranges, était agitée et quelque peu angoissée, manifestant parfois des idées de mort : « Elle mourrait probablement un jour au cours de ces accès ; il semblait que durant les accès, son âme ne tenait plus que par un léger fil à son corps, de sorte que celui-ci pouvait à peine continuer à vivre. » On observa une fois, après le stade cataleptique, de la tachypnée avec une fréquence de cent respirations par minute, et ce pendant deux minutes. Au début, les accès se produisaient spontanément ; par la suite, S.W. put les provoquer elle-même en s'asseyant dans un coin obscur et en se couvrant le visage de ses mains. Mais souvent aussi ce procédé ne lui réussissait pas. Elle avait, comme elle disait, des « bons » et des « mauvais » jours. Nous ne savons malheureusement rien de précis sur l'amnésie après les accès. Ce qui est certain, c'est qu'après eux, elle est exactement renseignée sur ce qu'elle a vécu de spécial, « dans le ravissement ». Par contre, on ne sait qu'imparfaitement comment elle se rappelait les conversations auxquelles elle servait de médium et les changements qui se produisaient autour d'elle au cours de l'accès. Il semblait souvent qu'elle en avait un vague souvenir. Presque toujours, elle disait, immédiatement après les accès, à son réveil : « Qui était-ce ? Est-ce que X ou Z n'était pas là ? Qu'a-t-il dit ? » Elle paraissait aussi être orientée superficiellement sur le sujet des conversations. Elle fit remarquer que souvent les esprits lui avaient fait savoir, avant son réveil, ce qu'ils avaient dit. Mais fréquemment aussi cela ne se produisait pas. Quand, sur sa demande, on lui redisait le contenu des paroles prononcées durant la transe, elle en était souvent indignée. Elle avait parfois, durant des heures, des humeurs noires, surtout quand s'étaient produites de désagréables indiscrétions. Alors il lui arrivait de se répandre en invectives, assurant que la fois suivante, elle prierait son guide d'éloigner d'elle de tels esprits ; son indignation n'était pas feinte car, à l'état de veille, il lui était très difficile de se surveiller et de surveiller ses affects, et toute mauvaise humeur se peignait immédiatement sur son visage. Des événements extérieurs pendant l'accès, elle semblait ne rien savoir du tout, ou très peu de chose. Elle remarquait rarement que quelqu'un quittait la salle ou y entrait. C'est ainsi qu'une fois elle m'interdit d'entrer alors qu'elle attendait des communications particulières qu'elle voulait me cacher. J'entrai cependant, m'assis près des trois personnes présentes et entendis tout. Mlle S.W. avait les yeux ouverts et adressait directement la parole aux personnes présentes, sans me remarquer. Mais elle m'aperçut quand je me mis à parler, ce qui provoqua une violente tempête d'indignation. Elle se souvenait mieux, mais également, semble-t-il, dans leurs contours indécis, des paroles prononcées par les assistants quand elles se rapportaient à celles des transes ou quand elles la concernaient directement. Je n'ai jamais pu découvrir sur ce point de corrélation bien nette. En plus de ces « grands » accès qui avaient une certaine régularité dans leur déroulement, il y avait encore, chez Mlle S.W., un grand nombre d'autres automatismes.

Intuitions, pressentiments, humeurs déconcertantes et lubies brusquement changeantes étaient à l'ordre du jour. Je n'ai jamais remarqué d'états de sommeil simple. Par contre, je fus bientôt frappé de voir qu'au milieu de la conversation la plus animée, Mlle S.W. continuait à parler de façon tout à fait confuse et insensée, regardant devant elle, songeuse, les yeux à moitié fermés. Ces « absences » ne duraient le plus souvent que quelques minutes. Puis elle sursautait soudain : « Ah ! oui, qu'est-ce que vous avez dit ? » D'abord elle ne voulut donner aucun renseignement sur ces absences, répondit évasivement : qu'elle avait eu un léger étourdissement, qu'elle avait mal à la tête, etc. Mais plus tard, elle dit simplement : « C'est qu'ils étaient là encore », ils, c'est-à-dire : ses esprits. Ces absences la subjuguaient tout à fait contre sa volonté ; elle leur opposait souvent de la résistance : « Je ne veux pas, je ne peux pas maintenant ; qu'ils reviennent à un autre moment ; ils croient que je ne suis là que pour eux. » Car ces absences la prenaient dans la rue, ou au cours de son travail, en général, dans n'importe quelle situation. Quand cela lui arrivait dans la rue, elle s'appuyait contre une maison et attendait que l'accès fût passé. Pendant ces absences, dont l'intensité était très variable, elle avait régulièrement des visions ; très souvent aussi, surtout pendant les accès où elle blémissait fortement, elle « partait en voyage », c'est-à-dire, ainsi qu'elle l'expliqua, elle quittait son corps et se transportait vers des régions lointaines où ses esprits la conduisaient. Les lointains voyages dans l'extase lui causaient une fatigue particulièrement forte. Elle était ensuite pendant des heures souvent complètement épuisée, se plaignant parfois que les esprits lui avaient à nouveau enlevé beaucoup de force, que de tels efforts étaient désormais trop pour elle ; que les esprits devaient chercher un autre médium, etc. Un jour, après une extase de ce genre, elle fut atteinte pendant une demi-heure de cécité hystérique. Sa démarche était vacillante, tâtonnante, il fallait la conduire, elle ne voyait pas la lumière placée sur la table. Les pupilles réagissaient. Des visions se produisaient aussi en très grand nombre sans qu'il y eût à proprement parler des absences (si nous désignons ainsi les troubles de l'attention d'un degré élevé). Au début, les visions n'avaient lieu qu'au commencement de l'endormissement. Pendant un certain temps, après que Mlle S.W. s'était mise au lit, la chambre s'éclairait et, dans la clarté nébuleuse générale, se détachaient de brillantes formes blanches. Elles étaient toutes enveloppées dans des draperies blanches comme des voiles, les femmes avaient une coiffure du genre des turbans et une ceinture. Plus tard (tout ceci sur les indications de Mlle S.W.) les esprits se tinrent déjà prêts à l'heure où elle allait se coucher. Finalement elle vit des figures même en plein jour, mais indistinctement et pour un temps très court, tant que n'intervenait pas une absence qui transformait ces figures en réalités palpables. Mlle S.W. préférait d'ailleurs toujours l'obscurité. Il semble, d'après ses dires, que ces visions étaient le plus souvent de caractère extrêmement agréable. Elle éprouvait à la vue des belles formes un sentiment de voluptueuse béatitude. Beaucoup plus rares étaient les visions effrayantes de caractère démoniaque. Elles ne se présentaient que la nuit ou dans des lieux sombres. Il arrivait que S.W. vît des formes noires, la nuit, dans la rue ou dans sa chambre ; une fois, elle eut peur dans le vestibule obscur d'un effrayant visage couleur rouge cuivre qui la fixa soudain les yeux dans les yeux. Je n'ai pu obtenir aucun renseignement satisfaisant sur la première apparition des visions. S.W. prétend que, dans sa cinquième et sa sixième année, elle vit une fois son guide, le grand-père (qu'elle n'a pas connu de son vivant). Au sujet de ces visions, je n'ai obtenu auprès des parents de S.W. aucun point de repère. Rien ne se serait plus produit par la suite jusqu'à la première séance. La clarté hypnagogique et la vision d'éclairs mises à part, il n'y eut jamais d'hallucinations élémentaires : elles furent dès le début de nature systématique, affectant de la même manière l'ensemble de tous les domaines sensoriels. Quant à la réaction intellectuelle à ces apparitions, il est remarquable et déconcertant de voir que S.W. acceptait ses rêves comme s'il s'agissait de quelque chose qui va sans dire. Tout ce qui fit d'elle une somnambule, les multiples événements énigmatiques qu'elle vécut, lui paraissaient absolument naturels. Elle ne voyait tout son passé que sous ce jour. Chaque événement un peu marquant des années précédentes était pour elle en relation claire et nécessaire avec son état actuel. Elle était heureuse parce qu'elle avait conscience d'avoir trouvé la vraie tâche de sa vie. Naturellement, elle était inébranlablement convaincue de la réalité de ses visions. J'ai souvent cherché à lui apporter une explication critique, mais elle ne s'y prêta jamais parce que, dans son état ordinaire, elle ne comprenait pas bien les explications raisonnables et que, dans l'état hémisomnambulique, ces explications lui paraissaient insensées et en contradiction absolue avec ses aventures. « Je ne sais pas, dit-elle une fois, si ce que me disent et m'enseignent mes esprits est vrai, et finalement je ne sais pas non plus s'ils sont vraiment ceux dont ils se donnent le nom ; mais qu'ils existent, cela ne fait pas de doute. Je les vois devant moi, je puis les toucher, je leur parle de tout ce que je veux, à haute voix, aussi naturellement que je parle maintenant. On ne peut pas douter qu'ils existent réellement. » Conséquemment elle ne voulait pas entendre parler d'une morbidité de ses phénomènes. Elle était attristée que l'on mît en cause sa santé, troublée profondément si l'on doutait de la réalité du monde de son rêve ; elle se sentait très atteinte par mes remarques, se fermait et refusait souvent assez longtemps d'expérimenter en ma présence ; aussi me gardais-je de laisser percer trop de doute et de scrupule. Par contre S.W. jouissait d'une vénération d'autant plus totale et de l'admiration la plus complète auprès de ses proches parents et de ses connaissances qui venaient chercher près d'elle des conseils dans toutes les affaires possibles. Avec le temps, elle acquit une telle influence sur ses partisans que trois de ses frères et sœurs se mirent à avoir aussi des hallucinations qui ressemblaient aux siennes. Le plus souvent ces hallucinations commençaient par des rêves nocturnes de caractère très vivace, très nettement dramatique, qui peu à peu empiétaient sur la veille, tantôt hypnagogiques, tantôt hypnopompiques. Une de ses sœurs mariée eut notamment des rêves d'une extrême vivacité qui s'amplifiaient de façon conséquente d'une nuit à l'autre, et finirent par pénétrer dans la conscience de veille, d'abord sous forme d'illusions indécises, puis comme de véritables hallucinations, sans jamais cependant atteindre la netteté plastique des visions de Mlle S.W. Elle voyait par exemple dans ses rêves une forme noire, démoniaque, s'approcher de son lit, en conversant vivement avec une magnifique figure blanche qui cherchait à retenir la noire ; mais la noire s'emparait malgré tout d'elle et l'étranglait ; là-dessus, elle s'éveillait. En même temps elle voyait, penchée sur elle, une ombre noire aux contours humains auprès de laquelle se tenait une forme blanche nébuleuse. La vision ne disparaissait que lorsqu'elle allumait une lampe. Ces visions et d'autres semblables se répétaient des douzaines de fois. Chez les autres, elles étaient de nature analogue, mais de moindre intensité. Le type d'accès décrit avec son abondance de visions et d'idées s'était développé dans l'espace d'un peu moins d'un mois jusqu'à sa pleine intensité qui ne fut jamais dépassée par la suite. Il ne vint plus s'y ajouter que l'élaboration de ces idées et de ce cycle visionnaire, qui avait été comme indiquée dans une sorte de programme. En plus des « grands accès » et des petites « absences » de contenu de même importance, il faut signaler encore une troisième catégorie d'états : ce sont les états *hémisomnambuliques*. Ceux-ci apparaissaient au début ou à la fin des « grandes » crises, mais aussi parfois indépendamment et d'eux-mêmes. Ils se développèrent progressivement, au cours du premier mois. Il n'est pas possible de donner des précisions sur la date de leur première apparition. Dans cet état, on est frappé par l'expression figée du visage, l'éclat des yeux, une certaine dignité pleine de réserve dans les mouvements. Dans ces états, Mlle S.W. est elle-même, c'est-à-dire son soi somnambulique. Mais elle s'oriente parfaitement en ce qui concerne le monde extérieur ; elle a, pourrait-on dire, un pied dans son monde onirique. Elle voit et entend ses esprits ; elle les voit se mouvoir dans le cercle des participants, s'arrêter tantôt près de celui-ci, tantôt près de celui-là. Elle conserve un clair souvenir des visions qu'elle a eues, de ses voyages et des enseignements reçus. Elle parle avec calme, clarté et netteté, et reste toujours d'humeur sérieuse, presque solennelle. Son être trahit une religiosité profonde, dépouillée de tout arrière-goût piétiste ; son langage notamment n'est en aucune façon influencé par le jargon biblique et propagandiste de son guide. Il y a dans son comportement solennel quelque chose de douloureux, de mélancolique. Elle ressent péniblement la grande différence entre son monde idéal nocturne et la rudesse quotidienne. Cet état contraste brutalement avec son existence consciente. Il n'y a plus ici nulle trace de cet être hésitant et désaccordé, au tempérament nerveux et capricieux qui caractérise son comportement habituel. Quand on lui parle, on a le sentiment que l'on s'adresse à une personne plus âgée de bien des années, que de multiples expériences de la vie ont conduite à un comportement sûr, équilibré. C'est aussi dans cet état qu'elle donna ses meilleures productions, alors que ses romans étaient faits des sujets qui la préoccupaient à l'état de veille. L'hémisomnambulisme apparaissait d'ordinaire spontanément, en général au cours des expériences de la table ; il s'annonçait parfois en ce que S.W. se mettait à prédire toutes les communications automatiques de la table. Elle en interrompait alors les mouvements, tombait au bout d'un temps très court plus ou moins brusquement en extase. Mlle S.W. avait une très fine sensibilité. Elle pouvait deviner des phrases assez simples pensées par un des participants du cercle qui n'était pas lui-même « médium », et y répondre. Il suffisait de poser la main sur la table, ou sur sa propre main, pour lui donner les directives nécessaires. Il ne fut jamais possible de réaliser la transmission mentale de pensée. Vu l'évident élargissement de sa personnalité tout entière, on était frappé par la persistance de sa nature ordinaire. Mlle S.W. prenait part, avec un plaisir non dissimulé, à tous les petits événements enfantins, les amourettes, les secrets du cœur, à toutes les inconvenances et à tous les manques d'éducation de ses compagnons d'âge et de condition. Pour ceux qui ne connaissaient pas son secret, elle était une jeune fille de 15 ans et demi, ne différant en rien de milliers de sa sorte. On était d'autant plus étonné quand on la voyait sous son autre aspect. Ses proches parents, au début, ne pouvaient comprendre cette transformation ; un certain nombre d'entre eux ne la comprit jamais, si bien qu'il y eut souvent des querelles amères dans la famille parce que les uns prenaient parti pour, les autres contre Mlle S.W., les premiers la surestimant avec emballement, les seconds condamnant avec mépris la « superstition ». De sorte que, tant que je la connus d'assez près, Mlle S.W. mena une existence étrange et pleine de contradictions, une sorte de double vie avec deux personnalités existant à côté l'une de l'autre ou l'une après l'autre et se disputant continuellement la place.

Voici maintenant les comptes rendus de quelques-unes des séances les plus intéressantes, dans l'ordre chronologique.

I et II. — Première et deuxième séances, août 1899. Mlle S.W. prit immédiatement la direction des « communications ». Le « psychographe », fait d'un verre renversé sur lequel on pose deux doigts de la main droite, allait, avec la rapidité de l'éclair, d'une lettre à l'autre. (On avait disposé en cercle autour du verre des cartons portant lettres et chiffres). La communication disait que le grand-père du « médium » était présent et allait parler. Puis vinrent de nombreuses communications se succédant rapidement, le plus souvent de contenu religieux et édifiant, données partie en mots exactement formés, partie avec des transpositions de lettres et partie où les lettres se suivaient dans l'ordre inversé. Les mots et phrases de cette sorte arrivaient rapidement, si rapidement souvent que l'on ne pouvait en suivre le sens qu'il fallait reconnaître après coup en remettant les lettres à leur place. Les communications furent une fois interrompues soudainement par une nouvelle communication qui annonçait la présence du grand-père du rapporteur (mon grand-père). A cette occasion, on fit la plaisante remarque : « Il semble que les deux esprits s'entendent fort mal. » — Durant ces expériences, le crépuscule était tombé. Tout à coup, Mlle S.W. se mit à s'agiter, se dressa angoissée, tomba à genoux et s'écria : « Là, là, ne voyez-vous pas cette lumière, cette étoile, là ? » et elle indiquait un coin sombre de la chambre. Son agitation grandit et elle demanda instamment qu'on apportât de la lumière. Elle était pâle, pleurait : « Elle ressentait une si drôle d'impression, elle ne savait pas ce qu'il lui arrivait. » Quand on eut fait de la lumière, elle se calma. On interrompit les expériences. Dans la séance suivante, qui eut lieu quelques jours plus tard, également le soir, on obtint des communications du même genre, du grand-père de S.W. A la tombée de la nuit, S.W. se rejeta tout à coup en arrière, sur le sofa, pâlit, ferma les yeux, ne laissant qu'une étroite fente, et resta étendue sans mouvement. Les globes oculaires étaient tournés vers en haut, le réflexe palpébral persistait ainsi que la sensibilité tactile. La respiration était faible, presque imperceptible ; le pouls, petit et mou. Cet état dura environ une demi-heure, puis, tout à coup, S.W. se releva en soupirant. L'extrême pâleur du visage, qui avait persisté pendant tout l'accès, fit place à la teinte rose pâle ordinaire. S.W. était quelque peu égarée et gênée ; elle laissa entendre qu'elle avait vu toutes sortes de choses, mais ne voulut rien raconter. Pressée de questions, elle finit cependant par dire que, dans un état de veille étrange, elle avait vu son grand-père tenant par le bras celui du rapporteur. Puis ils étaient partis, assis l'un à côté de l'autre, dans un fiacre découvert.

III. — Dans la troisième séance, qui eut lieu quelques jours plus tard, elle eut immédiatement un accès analogue au précédent, qui dura un peu plus d'une demi-heure. S.W. raconta ensuite que de nombreux personnages blancs, radieux, lui avaient présenté chacun une fleur d'une signification symbolique spéciale. La plupart étaient des parents défunts. Elle garda un silence obstiné sur le contenu exact des conversations.

IV. — Quand elle fut entrée en somnambulisme, Mlle S.W. se mit à faire d'étranges mouvements des lèvres, en même temps qu'elle laissait entendre des bruits de déglutition et de gargarisme. Puis elle murmura très bas quelque chose d'incompréhensible. Cela dura quelques minutes ; puis elle se mit brusquement à parler d'une voix changée, grave. Elle parlait d'elle à la troisième personne : « Elle n'est pas ici ; elle est partie. » Vinrent encore quelques phrases de contenu religieux. On pouvait comprendre, au contenu et au langage, qu'il s'agissait de son grand-père qui avait été pasteur et qu'elle imitait. Le discours ne contenait rien qui dépassât le niveau spirituel des « communications ». Le ton de la voix avait quelque chose d'affecté, de contraint et ne redevint naturel que lorsqu'au cours de la conversation il se rapprocha de celui de médium. (Dans des séances ultérieures, le changement de la voix ne se produisait que momentanément, quand un nouvel esprit se manifestait.) Puis amnésie totale pour les discours en transe. Allusion à un séjour dans l'au-delà. Elle parla de la béatitude insoupçonnée qu'elle avait éprouvée. Remarquons encore que, durant l'accès, la parole était absolument spontanée et n'avait été précédée d'aucune suggestion.

Immédiatement après cette séance, S.W. prit connaissance du livre de Justinus Kerner : *La Voyante de Prévorst*. Par la suite, S.W. se mit à se magnétiser elle-même, parfois par des passes régulières, parfois par des mouvements étranges, en forme de cercles et de « 8 », qu'elle accomplissait symétriquement avec les deux bras en même temps. Elle le faisait, disait-elle, pour chasser les violents maux de tête qui se produisaient après les accès. Dans les séances d'août (non rapportées ici) vinrent se joindre au grand-père de nombreux autres esprits, de la même famille spirituelle, qui ne donnèrent rien de remarquable. Chaque fois qu'un nouveau se présentait, le mouvement du verre se modifiait de façon très apparente : il courait le long de la série de lettres, frappant l'une ou l'autre, sans que s'en dégageât aucun sens. L'orthographe était incertaine et arbitraire, et les premières phrases étaient le plus souvent incomplètes ou interrompues d'un mélange de lettres incompréhensible. Le plus souvent, l'écriture courante reprenait ensuite brusquement. On essaya plusieurs fois l'écriture automatique dans une obscurité complète. Les mouvements débutaient par de violentes secousses vers l'arrière, entraînant tout le bras, de sorte que le crayon perçait le papier. Le premier essai donna des traits multiples et des lignes en zigzag d'environ 8 cm de hauteur. Lors des autres essais, vinrent d'abord des mots illisibles, en très gros caractères ; ce n'est que peu à peu que l'écriture se fit plus petite et plus nette. Elle n'était pas essentiellement différente de celle du médium. L'esprit directeur était encore, dans ce cas, le grand-père.

V.— *Accès somnambuliques de septembre 1899.* — S.W. s'assied sur le sofa, s'y adosse, ferme les yeux, respire lentement et régulièrement. Peu à peu, elle entre en catalepsie. Celle-ci disparaît au bout de deux minutes environ ; après quoi, S.W. reste étendue dans un sommeil d'apparence tranquille, en complet relâchement musculaire. Elle se met à parler d'une voix étouffée : « Non ! prends le rouge, toi — moi, je prends le blanc —, toi, tu peux prendre le vert, et toi, le bleu. — Allons maintenant. » (Pause de plusieurs minutes, pendant laquelle le visage devient d'une pâleur cadavérique. Ses mains sont froides et la circulation y semble arrêtée.) Tout à coup, elle s'écrie d'une voix haute et solennelle : « Albert, Albert, Albert ! — (puis murmurant) : bon, maintenant, parle. » (Puis une pause assez longue, durant laquelle la pâleur de son visage atteint un degré extrême.) Puis à nouveau d'une voix solennelle et forte : « Albert, Albert, tu ne crois pas ton père ? — Je te dis que la doctrine de N. contient beaucoup d'erreurs. — Penses-y. » — (Pause. La pâleur du visage diminue.)

« Bon ! il est très effrayé, il ne pouvait plus parler du tout. » (Ces paroles prononcées sur le ton ordinaire de la conversation. — Pause.) — « Il y pensera certainement. » — S.W. parle maintenant sur le même ton de conversation dans un idiome étranger qui ressemble à du français et à de l'italien et rappelle tantôt le premier, tantôt le second. Elle parle couramment et avec élégance, sur un rythme très rapide, de sorte qu'on ne comprend plus que quelques mots, sans pouvoir les garder en sa mémoire, tant ils ont l'air étranger. De temps en temps reviennent avec insistance des mots comme : *wena, wenes, wenai, wene*, etc. On est déconcerté notamment par le naturel absolu du débit. De temps en temps, S.W. s'arrête, comme si quelqu'un lui répondait. Tout à coup, elle dit en allemand : « Ah ! est-ce déjà le moment ? » (La voix inquiète) « Faut-il que je m'en aille déjà ? — Adieu, Adieu ! » A ces derniers mots, passe sur son visage une expression indescriptible de béatitude extatique. Elle lève les bras ; ses yeux, jusqu'alors fermés, s'ouvrent ; elle regarde vers le haut les yeux rayonnants. Un instant, elle demeure dans cette position, puis ses bras retombent, relâchés, les yeux se ferment, le visage prend une expression de lassitude et d'épuisement. Après un bref stade cataleptique, elle se réveille en poussant un soupir. Elle regarde étonnée autour d'elle : « J'ai encore dormi, n'est-ce pas ? » On lui raconte qu'elle a parlé pendant son sommeil, ce qui provoque une vive irritation qui augmente encore quand on lui dit qu'elle a parlé en des langues étrangères. « J'ai pourtant dit aux esprits que je ne voulais pas, que cela ne pouvait pas être, que cela me fatiguait trop. » (Elle se met à pleurer.) « Mon Dieu, faut-il que tout, tout revienne comme la dernière fois ? rien ne me sera-t-il épargné ? » Le jour suivant, vers la même heure, il se produisit un nouvel accès : S.W. étant endormie, Ulrich de Gerbenstein s'annonce tout à coup. Il se montre bavard, capricieux, parle très habilement en haut allemand avec l'accent de l'Allemagne du Nord. Interrogé sur ce que Mlle S.W. fait maintenant, il répond, après de nombreuses circonlocutions, qu'elle est partie très loin et qu'il est ici pendant ce temps pour s'occuper de son corps, de sa circulation, de sa respiration, etc. Il lui faut aussi veiller à ce que nul être noir ne s'empare d'elle et ne lui fasse aucun mal. Pressé de questions, il raconte que Mlle S.W. est partie avec les autres au

Japon pour apparaître à un parent lointain et l'empêcher de faire un sot mariage. Il indique alors d'une voix chuchotante le moment où l'apparition a lieu. Il interdit pour quelques instants toute conversation, fait remarquer le brutal blémissement de S.W. qui se produit à cet instant, explique que la matérialisation à une si grande distance exige une dépense de force en rapport. Il prescrit ensuite des enveloppements froids pour calmer le violent mal de tête qui va la prendre ensuite. Lorsque les couleurs reviennent au visage, la conversation s'anime. Elle tourne autour de toutes sortes de plaisanteries et bagatelles enfantines ; tout à coup, Ulrich de Gerbenstein dit : « Je les vois venir ; ils sont, il est vrai, encore loin, je les vois là-bas, comme une petite étoile. » S.W. montre le nord. Naturellement, comme on est étonné et qu'on demande pourquoi ils ne viennent pas de l'est, U. de G. répond en souriant : « Oui, ils viennent par la route directe, par le pôle nord. Je m'en vais maintenant. Adieu ! » Immédiatement après, S.W. soupire, s'éveille, est d'humeur sombre, se plaint de violents maux de tête. Elle a vu que U. de G. se tenait près de son corps ; qu'a-t-il raconté ? Elle se fâche à cause du « sot bavardage » dont il ne peut jamais se dispenser.

VI. — Commencement comme d'ordinaire. Grande pâleur. Elle est étendue, respirant à peine. Puis tout à coup elle dit à haute voix, solennellement : « Oui, tu peux avoir peur, c'est moi. — Je te mets en garde contre la doctrine de N. Vois, c'est dans l'espérance qu'est contenu tout ce qui constitue la foi. Tu voudrais savoir qui je suis ? Dieu donne là où tu le soupçonnes le moins. Ne me connais-tu pas ? » Puis murmure inintelligible. Quelques instants après, réveil.

VII. — Mlle S.W. s'endort bientôt ; elle est étendue sur le sofa. Très pâle, sans rien dire, elle soupire de temps en temps profondément. Elle ouvre les yeux, se redresse, s'assied sur le sofa, se penche en avant et dit alors à voix basse : « Tu as gravement péché, tu es tombé bien bas. » En même temps, elle se penche en avant comme si elle parlait à quelqu'un agenouillé devant elle. Elle se lève, se tourne vers la droite, étend la main et montre la place vers laquelle elle se penchait tout à l'heure : « Veux-tu lui pardonner ? » demande-t-elle à haute voix. « Que ton pardon aille non pas à l'être humain, mais à son esprit. Ce n’est pas elle qui a péché, c’est son être humain. » Puis elle s’agenouille, reste environ dix minutes dans une attitude de prière. Ensuite elle se relève tout à coup, regarde le ciel avec une expression extatique, puis retombe à genoux, le visage dans les mains, murmurant des paroles incompréhensibles. Elle reste quelques minutes sans bouger dans cette position. Puis elle se lève, regarde encore vers le haut, le visage extasié, et se réveille peu après.

DÉVELOPPEMENT DE LA PERSONNALITÉ SOMNAMBULIQUE

Au début de nombreuses séances, on laissait le verre courir à sa guise, et chaque fois l'on recevait l'invitation stéréotypée : « Vous devez poser des questions. » Comme des spirites convaincus assistaient bien souvent aux séances, les questions posées concernaient naturellement toutes les curiosités spirites et surtout les « esprits protecteurs ». Des noms de défunts connus, parfois aussi ceux de personnes inconnues apparaissaient, comme par exemple : Berthe de Valours, Élisabeth de Thierfelsenburg, Ulrich de Gerbenstein, etc. L'esprit contrôleur était presque toujours le grand-père du médium qui déclara une fois « que c'était elle qu'il aimait le plus au monde parce qu'il l'avait protégée depuis son enfance et qu'il connaissait toutes ses pensées ». Cette personnalité émettait un flot de sentences bibliques, de considérations édifiantes et chantait des cantiques ; mais elle disait aussi parfois des vers de sa composition, comme ceux-ci :

Sois fidèle dans ta foi,
Tiens fermement à ton Dieu,
Ne te laisse pas ravir la consolation céleste
Qui jamais ne permet la ruine,
La consolation céleste de paraître devant Dieu
Quand la misère terrestre opprime l'âme ;
Qui sait prier, prier du fond du cœur,
Sait aussi supporter ce que Dieu envoie.

Les nombreuses élucubrations de ce genre trahissent bien leur origine, probablement une quelconque petite brochure de propagande au contenu banal et plein d'onction. Depuis que S.W. s'était mise à parler dans l'extase, des conversations animées se déroulaient entre les participants et la personnalité somnambule. Le contenu des réponses obtenues est, dans l'ensemble, le même, avec la banalité et le trait édifiant des communications psychographiques. Le caractère de cette personnalité se distingue par sa sèche austérité vraiment ennuyeuse, sa moralité rigoureuse et sa religiosité piétiste (ce qui ne concorde pas avec la vérité historique). Le grand-père est le guide et le gardien du médium. Pendant l'extase, il donne toutes sortes de conseils, annonce les accès ultérieurs, les apparitions lors du réveil, etc. Il prescrit des enveloppements froids, donne des indications concernant la position du médium et l'ordonnance des séances, etc. Sa relation avec le médium est extrêmement tendre. En violente opposition avec cette lourdaude personnalité onirique, se trouve une autre personnalité, qui apparaît déjà sporadiquement dans les communications psychographiques des premières séances. Elle se dévoile bientôt comme le frère défunt d'un monsieur R. qui prenait alors part aux séances. Ce frère défunt, un monsieur P.R., exprimait à l'adresse de son frère vivant des généralités sur l'amour fraternel, etc. Il éludait toujours les questions précises. Par contre, il montrait une éloquence vraiment surprenante à l'égard des dames du cercle, apportant notamment ses hommages à une dame qui n'avait jamais connu monsieur P.R. de son vivant. Il prétendait avoir été épris d'elle déjà durant sa vie, l'avoir souvent rencontrée dans la rue sans la connaître, et maintenant il était prodigieusement heureux de faire sa connaissance de cette façon peu ordinaire. Il remplissait une grande partie des séances de fades compliments, de remarques moqueuses à l'adresse des hommes, de plaisanteries anodines et enfantines, etc. Plusieurs participants se fâchèrent de la légèreté et de la banalité de ce « spirit » ; après quoi, il disparut pendant une ou deux séances, pour reparaître à nouveau, d'abord calme, prononçant souvent des sentences chrétiennes, pour retomber bientôt dans son ancienne manière. Avec ces deux personnalités bien distinctes, il s'en montrait d'autres encore, peu différentes du type du grand-père ; c'étaient le plus souvent des parents décédés du médium. Il en résulta que, durant les deux premiers mois, l'allure générale des séances fut toujours solennelle et édifiante, troublée seulement de temps en temps par le bavardage trivial de monsieur P.R. Quelques semaines après le début des séances, monsieur R. abandonna le cercle, ce qui provoqua un changement remarquable dans le comportement de P.R. Il se mit à parler en monosyllabes, vint moins souvent, et disparut complètement au bout de quelques séances, pour ne plus apparaître plus tard que rarement et presque toujours quand le médium était seul avec la dame en question. Par contre, une autre personnalité vint au premier plan ; contrairement à monsieur P.R. qui parlait toujours en dialecte, elle employait un langage affecté avec l'accent de l'Allemagne du Nord. Par ailleurs, c'était la copie exacte de monsieur P.R. Sa loquacité était étonnante en ce sens que Mlle S.W. ne parle que très imparfaitement le haut allemand, alors que la nouvelle personnalité, qui s'appelait Ulrich de Gerbenstein, parlait un allemand presque parfait, bourré de phrases et de compliments aimables [1]. Ulrich de Gerbenstein est un bavard plein d'esprit, à la répartie prompte, un flâneur [2] grand admirateur des femmes, léger et parfaitement superficiel. Au cours de l'hiver 1899-1900, il domina de plus en plus la situation, assuma peu à peu toutes les fonctions du grand-père indiquées plus haut ; le caractère sérieux des séances disparut à vue d'œil sous son influence. Toutes les suggestions contraires restèrent impuissantes et, finalement, on fut obligé, à cause de cela, d'espacer de plus en plus les séances. Il vaut la peine de signaler le fait suivant, vrai de toutes les personnalités somnambuliques de cette sorte. Ces personnalités disposent de toute la mémoire du médium, même de la partie qui en est inconsciente ; elles connaissent aussi les visions que le médium a dans l'extase, mais elles n'ont qu'*une connaissance tout à fait superficielle des fantaisies qu'a ce médium dans cet état d'extase.* Elles ne savent, des rêveries somnambuliques, que ce qu'elles ont l'occasion d'en apprendre par les participants du cercle. Elles ne peuvent jamais donner de renseignements sur les points douteux, ou ne peuvent apporter que des remarques en contradiction avec les propres explications du médium. La réponse

1. Il faut signaler qu'un monsieur, qui parle le haut allemand, fréquente la maison de Mlle S.W.

2. En français dans le texte. *(N.d.T.)*

stéréotypée que l'on reçoit à des questions sur ce sujet est celle-ci : « Demandez à Ivenès »[1], « Ivenès le sait ». D'après les exemples de diverses extases que nous avons donnés plus haut, on voit que, pendant les transes, la conscience du médium ne reste pas du tout inactive ; elle développe au contraire une activité imaginative extraordinairement variée. Quand il s'agit de reconstruire le moi somnambulique de Mlle S.W., nous sommes réduits à utiliser uniquement les récits qu'elle fait après coup, car premièrement, ce qu'elle dit spontanément de son moi en rapport avec son état de veille est pauvre et le plus souvent incohérent ; et deuxièmement, bon nombre d'extases se déroulent sans pantomime et sans paroles, de sorte que l'on ne peut rien inférer de l'attitude extérieure qui puisse renseigner sur les processus intérieurs. Mlle S.W. a *le plus souvent une amnésie totale pour les phénomènes automatiques au cours de l'extase s'ils tombent dans le domaine des personnalités étrangères à son moi. Pour tous les autres phénomènes, parler à haute voix, parler dans un idiome différent, etc., qui dépendent de son moi, le souvenir est d'ordinaire clair.* Mais, ce qui est certain, c'est que, dans tous les cas, l'amnésie est totale dans les premiers moments qui suivent l'extase. C'est au cours de la première demi-heure, durant laquelle il subsiste presque toujours une sorte d'hémisomnambulisme de nature rêveuse avec hallucinations, etc., que l'amnésie s'efface progressivement, tandis que surgissent, par fragments, des souvenirs de ce qui s'est passé, mais toujours avec beaucoup d'irrégularité et d'arbitraire.

Les séances ultérieures commencèrent presque toujours ainsi : on posait les mains sur la table, qui se mettait immédiatement en mouvement. Pendant ce temps, Mlle S.W. entrait peu à peu en somnambulisme, retirait ses mains de la table, s'adossait au sofa et tombait en sommeil extatique. Ensuite elle racontait chaque fois ce qu'elle avait vécu, tout en se montrant très réticente à l'égard d'étrangers. Déjà dès les premières extases, elle raconta qu'elle jouait un rôle prépondérant parmi les esprits ; comme tout esprit, elle portait un nom spécial : *Ivenès* ; son grand-père l'entourait d'un soin tout particulier ;

1. Ivenès est le nom mystique du moi somnambulique du médium.

dans l'extase avec vision de fleurs, lui furent enseignés des secrets tout spéciaux sur lesquels, pour le moment, elle gardait le plus profond silence. Pendant les séances dans lesquelles les esprits parlaient, elle faisait de lointains voyages, le plus souvent auprès de parents auxquels elle apparaissait ; ou bien elle se trouvait dans l'au-delà, dans « cet espace entre les astres dont on pense qu'il est vide, alors qu'il s'y trouve de nombreux mondes d'esprits ». Dans l'état hémisomnambulique, comme il en succédait fréquemment aux accès, elle décrivit une fois, dans un langage vraiment poétique, un paysage de l'au-delà, « une vallée merveilleuse éclairée par la lune et qui était destinée aux générations pas encore nées ». Son moi somnambulique, elle le décrit comme une personnalité presque totalement libérée du corps. C'est une femme adulte, petite, aux cheveux noirs, de type juif prononcé, enveloppée de vêtements blancs, la tête couverte d'un turban. Elle comprend et parle la langue des esprits, car les esprits parlent encore entre eux, ayant conservé leurs habitudes humaines, quoiqu'ils n'aient pas besoin de la parole puisqu'ils voient réciproquement leurs pensées. A vrai dire, « elle ne parle pas toujours avec les esprits ; elle se contente de les regarder et comprend ainsi ce qu'ils pensent ». Elle voyage en compagnie de quatre ou cinq d'entre eux, parents défunts, visite ses parents encore en vie et ses connaissances pour scruter leur vie et leur mentalité ; elle visite en outre tous les lieux où l'on dit qu'il y a des revenants. Quand elle eut pris connaissance du livre de Kerner, elle prétendit que sa destinée était d'enseigner et de corriger les esprits noirs qui sont bannis à certains endroits, ou dont certains séjournent au-dessous de la surface de la terre (comme la voyante de Prévorst). Cette activité lui cause bien des peines et des souffrances ; dans ses extases, elle se plaint de sentiments qui l'étouffent, de violents maux de tête, etc. Mais tous les quinze jours, le mercredi, elle est autorisée à passer la nuit entière dans les jardins de l'au-delà, en compagnie d'esprits bienheureux. Là, on lui enseigne les forces du monde et les relations de parenté extrêmement compliquées des hommes, puis les lois de la réincarnation, les habitants des astres, etc. Malheureusement, seul le système des forces de l'univers prit quelque forme. Mlle S. W. ne donna qu'occasionnellement des explications sur les autres choses. C'est ainsi qu'elle revint une fois très agitée d'un voyage en chemin de fer. On crut d'abord qu'il lui était arrivé quelque chose de désagréable ; mais elle se reprit et raconta : « Un habitant d'un astre s'était assis en face d'elle dans le train. » D'après la description qu'elle en donna, je reconnus un commerçant assez âgé que, par hasard, je connaissais et dont le visage est quelque peu antipathique. En plus de cet événement, elle raconta encore toutes sortes de bizarreries concernant les habitants des astres : ils n'auraient pas d'âme divine comme les hommes, ne s'occuperaient pas de sciences, pas de philosophie ; mais par contre, ils seraient beaucoup plus avancés que les humains pour les arts techniques. Ainsi les aéroplanes existeraient depuis longtemps sur Mars ; toute la planète serait canalisée ; les canaux martiens seraient des lacs creusés artificiellement et serviraient à l'irrigation. Les canaux seraient des fossés plats où l'eau serait peu profonde. Le creusement des canaux ne donnerait pas de difficultés particulières aux Martiens puisque le sol de la planète est plus léger que celui de la terre. Il n'y aurait nulle part de ponts sur les canaux, ce qui ne gêne pas la circulation puisque l'on n'y voyage qu'en avion. Il n'y a pas de guerre sur les astres puisqu'il n'y a pas de divergences d'opinion. Les habitants des étoiles n'ont pas forme humaine, mais toutes sortes de formes ridicules que l'on ne peut imaginer. Les esprits humains qui obtiennent l'autorisation de voyager dans l'au-delà ne doivent pas pénétrer sur les astres. De même, les habitants des étoiles ne sont pas autorisés à venir sur la terre ; ils doivent rester à une distance d'environ vingt-cinq mètres au-dessus de la surface terrestre. S'ils enfreignent l'interdiction, ils restent au pouvoir de la terre et sont contraints de s'incarner en des hommes pour n'être libérés qu'après la mort naturelle. Lorsqu'ils sont des hommes, ils ont le caractère froid, le cœur dur et cruel. Mlle S.W. les reconnaît à leur regard étrange, où « il n'y a pas d'âme », et à leur visage sans barbe, sans sourcils, aux traits accusés. Napoléon Ier était un être astral.

Au cours de ses voyages, elle ne voit pas les contrées qu'elle traverse rapidement. Elle a l'impression de planer et ce sont les esprits qui lui disent quand elle est arrivée en lieu et place. Dans ce cas, elle ne voit d'ordinaire que le visage et la partie supérieure du corps de celui à qui elle apparaît ou qu'elle veut voir. Il est rare qu'elle ait pu indiquer dans quel milieu elle voyait la personne en question. Il arrivait qu'elle me vît, mais elle voyait seulement ma tête, sans entourage. Elle s'occupait beaucoup de conjurer les esprits et écrivait à cette intention des maximes en une langue étrangère, sur de petits billets qu'elle cachait à toutes sortes d'endroits. Chez moi, c'était en particulier la présence d'un assassin italien, qu'elle appelait Conventi, qui lui était désagréable. Elle tenta à plusieurs reprises de le conjurer et, à mon insu, cacha chez moi plusieurs de ces billets que l'on retrouva plus tard par hasard. L'un d'eux porte les notations suivantes (au crayon rouge) :

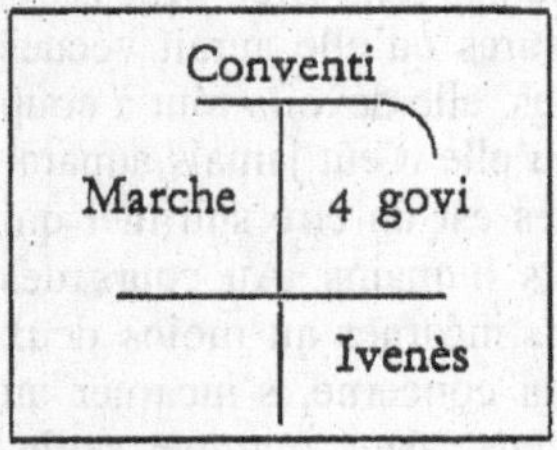

Conventi, go
orden, astaf
vent.

Gen palus, vent allis
ton prost afta ben genallis.

Malheureusement, je n'ai jamais pu obtenir de traduction, Mlle S.W. s'étant montrée intraitable sur ce point.

Il arrive aussi que la somnambule Ivenès parle directement au public. Elle emploie toujours un langage plein de dignité et prend des airs de grande personne. Cependant Ivenès n'a pas l'ennuyeuse onction, ni le laisser-aller inepte des deux guides ; c'est une personne sérieuse, d'âge mûr, d'une piété dévote, d'une tendresse féminine et d'une grande humilité qui la soumet continuellement au jugement d'autrui. Quelques traits d'exaltation élégiaque, un peu de résignation mélancolique forment le fond de son caractère ; elle aspire à sortir de ce monde ; elle revient à contre-cœur à la réalité, déplore son lourd destin, sa situation familiale sans chaleur. Mais elle a avec cela quelques traits de grandeur ; elle commande ses esprits, méprise le « bavardage » futile de Gerbenstein, console les autres, réconforte les gens accablés, avertit et protège des dangers qui menacent le corps et l'âme. Elle fait connaître le résultat intellectuel de l'ensemble des manifestations, bien qu'elle l'attribue aux indications des esprits. C'est sous l'influence tout à fait immédiate d'Ivenès que se trouve l'état d'hémisomnambulisme de Mlle S.W.

LES ROMANS. — Le regard de Mlle S.W. qui, dans l'hémisomnambulisme, avait un air si étrangement visionnaire, donna à quelques assistants l'idée de la comparer à la voyante de Prévorst. Cette suggestion ne resta pas sans effet. Mlle S.W. fit allusion à des existences antérieures qu'elle aurait vécues déjà, et au bout de quelques semaines, elle dévoila tout à coup un système de réincarnation, bien qu'elle n'eût jamais auparavant signalé rien de ce genre. Ivenès est un être spirituel qui l'emporte sur tous les autres esprits humains. Au cours des siècles, chaque esprit humain doit s'incarner au moins deux fois. Mais Ivenès doit, en ce qui la concerne, s'incarner au moins une fois tous les deux cents ans ; deux hommes seulement partagent ce destin : Swedenborg et Miss Florence Cook (le célèbre médium de Crookes). Mlle S.W. appelle ces deux personnalités ses « frère et sœur ». Elle n'a donné aucune indication sur leur préexistence. Ivenès fut, au début du XIXe siècle, Madame Hauffe, la voyante de Prévorst. A la fin du XVIIIe siècle, une femme de pasteur du centre de l'Allemagne (on ne sait où). Elle fut alors séduite par Goethe à qui elle donna un fils. Au XVe siècle, elle fut la comtesse de Saxe portant le nom poétique de Thierfelsenburg. Ulrich de Gerbenstein est un parent de cette époque. L'arrêt de trois cents ans qu'elle fit et sa faute avec Goethe, elle dut les expier dans les souffrances de la voyante de Prévorst. Au XIIe siècle, elle fut une dame noble nommée de Valours, dans le sud de la France, et fut brûlée comme sorcière. Dans le temps qui s'écoula entre le XIIe siècle et les persécutions chrétiennes de Néron, elle eut plusieurs incarnations, sans que Mlle S.W. donnât des précisions à ce sujet. Elle participa comme martyre aux persécutions chrétiennes de Néron. Puis à nouveau une grande ombre jusqu'à l'époque de David, où Ivenès était une juive ordinaire. Après sa mort à cette époque, elle aurait reçu d'Astaf, ange d'un ciel supérieur, la mission concernant sa merveilleuse existence. Dans toutes ces préexistences, elle fut « médium » et établissait des relations entre l'au-delà et l'en-deçà. Ses « frère et sœur » sont du même âge et ont reçu la même mission. Dans ses diverses préexistences, elle a été chaque fois mariée ; elle fonda ainsi un vaste clan de parenté dont les relations infiniment compliquées l'ont occupée dans beaucoup de ses extases. C'est ainsi qu'elle fut par exemple, au VIIIe siècle, la mère de son propre père et plus tard de son grand-père et du mien. D'où la curieuse amitié qui unit les deux vieux messieurs, qui, par ailleurs, ne se connaissent guère. Étant Madame de Valours, elle a été la mère du rapporteur. Quand elle fut brûlée comme sorcière, le rapporteur (moi) prit la chose très à cœur, se rendit dans un cloître à Rouen, porta un habit gris, devint prieur, écrivit un ouvrage sur la botanique et mourut très âgé, à plus de 80 ans. Dans le réfectoire du cloître était suspendu un portrait de Madame de Valours représentée mi-assise, mi-couchée. (Mlle S.W. prenait souvent cette pose sur le sofa. Elle correspond exactement à celle de Madame Récamier sur le célèbre tableau de David.) Un monsieur, qui prenait souvent part aux séances et qui avait quelque ressemblance avec l'auteur, était aussi un de ses fils de cette époque. Autour de ce noyau de parenté se groupaient ensuite, de plus ou moins loin, toutes les personnes qui lui étaient apparentées de quelque manière, ou qu'elle connaissait. L'un était un cousin du XVe siècle, l'autre du XVIIIe.

C'est à ces trois grands troncs généalogiques qu'appartient la majeure partie des peuples européens. Elle (Mlle S.W.) et ses frères et sœurs descendent d'Adam qui fut, lui, créé par matérialisation, tandis que les autres peuples existant déjà alors, et parmi lesquels Caïn prit sa femme, descendent du singe. De ce cercle de famille, Mlle S.W. tire un immense commérage familial, un déluge d'histoires romanesques, d'aventures piquantes, etc. Servait notamment de cible à ces histoires une dame que je connaissais et qui, pour des raisons inexplicables, lui était extrêmement antipathique. Elle déclara que cette dame était l'incarnation d'une empoisonneuse célèbre de Paris, qui avait fait beaucoup de bruit au XVIIIe siècle. Elle prétendit que cette dame continuait encore son dangereux métier, mais avec plus de raffinement qu'autrefois ; en effet, inspirée par les esprits du mal qui l'accompagnaient, elle avait découvert une préparation liquide qu'il suffisait de placer à découvert pour que s'y rassemblent les bacilles tuberculeux flottant dans l'air, et qu'ils y foisonnent aisément. Avec ce liquide, qu'elle avait coutume de mélanger à la nourriture, cette dame avait supprimé son mari, mort réellement de tuberculose ; puis elle avait aussi fait mourir un de ses amants et son propre frère pour en hériter. Le fils aîné de cette dame était un enfant naturel qu'elle avait eu de son amant. Pendant son veuvage, elle avait eu d'un autre amant un enfant illégitime, mis au monde dans le secret, et finalement elle avait eu des relations immorales avec son propre frère (empoisonné plus tard). C'est ainsi que Mlle S.W. tissait d'innombrables histoires du même genre auxquelles elle croyait dur comme fer. Les personnages de ses romans apparaissaient aussi comme acteurs dans ses visions ; ainsi par exemple, cette dame de la vision ci-dessus dans une pantomime de confession et de pardon des péchés. Tout ce qui se passait d'intéressant autour d'elle se voyait inséré dans son système de roman, ordonné parmi la parenté ; en même temps, elle indiquait avec plus ou moins d'exactitude les préexistences et les esprits qui exerçait de l'influence. Il en fut de même de toutes les personnes qui firent la connaissance de Mlle S.W. Selon qu'elles avaient un caractère marquant ou indéterminé, elles furent taxées de deuxième ou de première incarnation. Le plus souvent, elle les désignait comme des parents et toujours aussi catégoriquement. Ce n'est qu'après coup, parfois quelques semaines plus tard, que se présentait soudain, après une extase, un nouveau roman compliqué qui expliquait la parenté étonnante par des préexistences ou par des relations illégitimes. Les personnes sympathiques à Mlle S.W. lui étaient en général de très proches parents. A l'exception de celui que nous avons indiqué ci-dessus, ces romans familiaux étaient tous composés avec beaucoup de prudence, de sorte qu'il n'était pas possible d'exercer le moindre contrôle. Mais toujours ils étaient racontés avec une assurance des plus déconcertantes et ils surprenaient par l'extrême habileté avec laquelle elle utilisait des détails spéciaux qu'elle avait perçus ou observés on ne sait où. La plupart de ces romans sont de caractère sinistre : assassinat par le poison ou le poignard, séduction ou répudiation, falsifications de testaments y jouent un rôle de premier plan.

SCIENCE MYSTIQUE DE LA NATURE. — En ce qui concerne les questions de sciences naturelles, Mlle S.W. fut l'objet de nombreuses suggestions. Très souvent, une fois les séances terminées, on étudiait et débattait des sujets multiples et de toutes sortes touchant aux sciences de la nature et au spiritisme. Mlle S.W. n'intervenait jamais dans la conversation ; elle était d'ordinaire assise, rêveuse, dans un coin, dans un état d'hémisomnambulisme. Elle entendait tantôt ceci, tantôt cela, qu'elle saisissait dans son demi-rêve, mais jamais elle ne put rien raconter de façon suivie quand on le lui demanda ; en outre, elle ne comprenait qu'à moitié les explications. Au cours de l'hiver, surgirent dans diverses séances des indices : « Les esprits lui enseignaient d'étranges révélations sur les puissances de l'univers et de l'au-delà, mais elle ne pouvait pas encore tout dire maintenant. » Elle tenta une fois d'en donner un exposé, mais se borna à dire : « D'un côté, il y avait la lumière, de l'autre, la force d'attraction. » Enfin, en mars 1900, alors que rien de tout cela n'avait transpiré dans les nombreuses séances précédentes, elle arriva tout à coup, le visage rayonnant, disant qu'elle avait maintenant tout reçu des esprits. Elle tira alors une longue bande de papier étroit sur laquelle étaient écrits beaucoup de noms. Bien que je le lui aie demandé, elle ne consentit pas à se défaire de ses papiers, mais elle me dicta le schéma suivant (*cf.* p. 160).

Je me rappelle fort bien qu'au cours de l'hiver 1899-1900, on parla plusieurs fois, en présence de Mlle S.W., de forces attractives et répulsives à propos de l'*Histoire naturelle du ciel* de Kant ; puis de la loi de la conservation de l'énergie, des diverses formes d'énergie et de la question de savoir si la pesanteur est aussi une forme du mouvement. Il semble bien que c'est dans ces conversations que Mlle S.W. a puisé la base de son système mystique. Voici les explications qu'elle donna à son sujet : Les forces s'ordonnent en sept cercles. En dehors de ces cercles, il y en a trois autres sur lesquels se trouvent des forces intermédiaires inconnues qui font le lien entre forces et matières. Les matières se trouvent placées sur sept cercles qui enferment les dix intérieurs. Au centre se trouve la force primordiale originelle ; elle est la cause de la création ; c'est une force spirituelle. Le premier cercle enfermant la force originelle est la matière ; elle n'est pas force en soi et ne provient

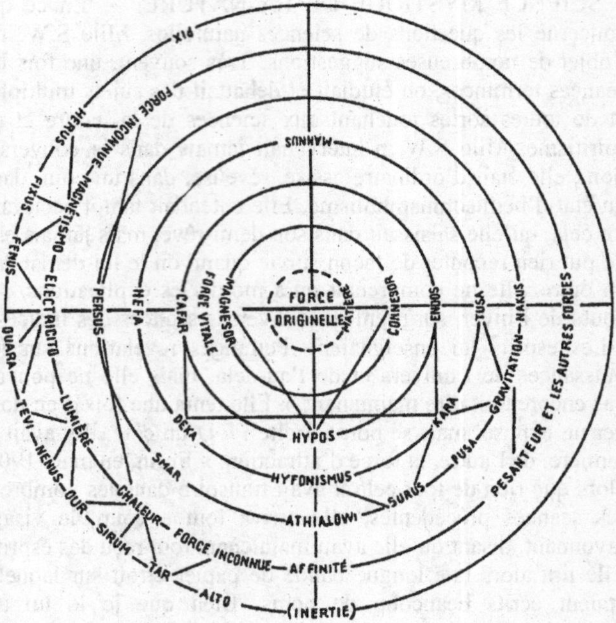

pas non plus de la force originelle. Mais elle s'unit à cette force originelle et, de cette union, sortent, en premier lieu, les forces spirituelles ; d'un côté les bonnes ou forces de lumière, et de l'autre, les forces obscures. Celle qui renferme le plus de force originelle est la force Magnesor ; celle qui en renferme le moins, la force Connesor dans laquelle domine la force obscure de la matière. Plus la force primordiale originelle progresse vers l'extérieur, plus elle s'affaiblit, mais la force de la matière diminue aussi d'autant plus puisque sa puissance est la plus grande là où le choc avec la force originelle est le plus puissant, c'est-à-dire dans la force Connesor. Sur les cercles, il y a toujours des forces de même genre, mais de sens inverse dans leur action, et cependant d'égale intensité. On peut aussi écrire le système sur une seule ligne commençant par la force originelle, Magnesor, continuant par Cafar, etc. (de gauche à droite sur le schéma), puis allant par Tusa, Endos, pour se terminer par Connesor. Mais il est alors plus difficile de voir l'ensemble des degrés d'intensité. Chaque force sur un cercle extérieur est composée à son tour des forces qui se trouvent sur le cercle intérieur.

1. Le groupe Magnesor. — De Magnesor proviennent en ligne directe, peu influencées par le côté obscur, ce qu'on appelle les forces de lumière. Magnesor et Cafar forment dans leur ensemble ce qu'on appelle la force vitale, qui n'est pas une force uniforme, mais se rencontre en des compositions variées, chez les animaux et les plantes. Entre Magnesor et Cafar se trouve la force vitale de l'homme. Possèdent le plus de Magnesor les hommes moralement bons et les médiums qui servent d'intermédiaires entre les bons esprits et la terre. A peu près au milieu se trouvent les forces vitales des animaux, et près de Cafar, celles des plantes. De Hefa, on ne sait rien, c'est-à-dire que Mlle S.W. est incapable d'en dire quoi que ce soit. Persus est la force fondamentale qui se manifeste dans les divers phénomènes de mouvement. Ses formes connaissables sont la chaleur, la lumière, l'électricité, le magnétisme et deux forces inconnues dont l'une n'apparaît que sur les comètes. Quant aux forces du septième cercle, Mlle S.W. n'en put indiquer que le magnétisme du nord et celui du sud, ainsi que l'électricité positive et négative. Deka est inconnu. Smar a une signification particulière que l'on expliquera plus loin. C'est elle qui conduit au

2. Groupe Hypos. — Hypos et Hyfonismus sont des forces inhérentes uniquement à des hommes déterminés : ceux qui sont à même d'exercer une influence magnétique sur d'autres hommes. Athialowi est l'instinct sexuel. C'est de lui que déroule directement l'affinité chimique. Sur le neuvième cercle au-dessous d'elle vient l'inertie (sur la ligne de Smar). Surus et Kara ont une signification inconnue. Pusa correspond à Smar, mais en sens inverse.

3. Groupe Connesor. — Connesor est le pôle opposé à Magnesor. C'est la force obscure et mauvaise, opposée à la bonne force de lumière de même intensité. Ce que crée la bonne force, celle-ci le transforme en son contraire. Endos est

une force fondamentale des matières minérales. C'est de Tusa (de signification inconnue) que découle la gravitation, qui à son tour est considérée comme la force fondamentale des forces d'inertie apparaissant dans les phénomènes (pesanteur, capillarité, adhésion et cohésion). Nakus est la force secrète d'une pierre rare qui supprime l'effet du venin des serpents. Les deux forces Smar et Pusa ont une signification spéciale. Selon Mlle S.W., Smar se développe à l'instant de la mort des hommes moralement bons et dans leur propre corps. C'est une force qui permet à l'âme de s'élever vers les forces de lumière. Pusa se comporte de façon tout opposée : elle conduit l'âme moralement mauvaise vers les côtés obscurs dans l'état de Connesor. Avec le sixième cercle commence le monde visible qui ne paraît si nettement séparé de l'au-delà qu'à cause de l'imperfection des organes de nos sens. En réalité le passage est progressif et il y a des hommes qui vivent à un stade supérieur de connaissance du monde parce que leurs perceptions et leurs sensations sont plus délicates que celles des autres hommes. Les « voyants » de cette sorte sont capables de percevoir des manifestations de force là où les hommes ordinaires ne perçoivent plus rien. Mlle S.W. voit le Magnesor comme une vapeur lumineuse, blanche ou bleuâtre, se développant surtout quand de bons esprits se trouvent dans le voisinage. Connesor est un fluide noir, vaporeux qui, comme le Magnesor, se développe à l'apparition d'esprits « noirs ». La nuit notamment, avant le commencement des grandes visions, la vapeur brillante du Magnesor se pose en épaisses nappes autour d'elle ; c'est alors que se condensent les bons esprits en figures blanches et visibles. Il en est de même du Connesor. Ces deux forces ont leurs médiums particuliers. Mlle S.W. est un médium Magnesor comme le furent également la voyante de Prévorst et Swedenborg. Les médiums matérialisateurs des spirites sont le plus souvent des médiums Connesor parce que les matérialisations de Connesor sont plus faciles à produire à cause de ses proches relations avec la matière. Durant l'été de 1900, Mlle S.W. tenta à plusieurs reprises de montrer ce qu'étaient les cercles de la matière, mais n'alla pas au-delà de vagues allusions incompréhensibles et, dans la suite, elle n'en parla plus du tout.

DÉNOUEMENT. — Les séances vraiment intéressantes et substantielles prirent fin avec l'élaboration du système des forces. Déjà auparavant on avait pu remarquer une lente diminution de la vivacité des extases. Ulrich de Gerbenstein prit de plus en plus la première place, remplissant les séances, durant des heures, de son bavardage enfantin. Les visions qu'avait de temps en temps Mlle S.W. semblaient avoir perdu beaucoup de la richesse et de la plasticité de leurs formes, car le médium ne sut plus parler que du vague sentiment de volupté lors de la présence de bons esprits et de sentiments désagréables en présence de mauvais. Il ne se produisit plus rien de nouveau. On observa, dans les paroles prononcées en transe, un certain manque d'assurance, une sorte de tâtonnement et de recherche de l'impression à faire sur les auditeurs, en même temps que l'on remarquait la fadeur croissante des contenus. On remarqua aussi dans le comportement extérieur de Mlle S.W. de la crainte et une diminution d'assurance qui frappèrent, de sorte que l'on eut de plus en plus l'impression nette qu'il s'agissait d'une tromperie intentionnelle. C'est pourquoi je cessai bientôt d'assister aux séances. Mlle S.W. expérimenta par la suite dans d'autres cercles et six mois environ après que j'eus cessé de l'observer, elle fut surprise en flagrant délit de fraude. Elle tenta en effet par des expériences proprement spirites, comme les apports, etc., de ranimer la foi chancelante en ses aptitudes surnaturelles : pour ce faire, elle jeta en l'air divers objets de petite taille qu'elle avait dissimulés dans son corsage, alors que les séances avaient lieu dans l'obscurité. C'est ainsi qu'elle mit fin à son rôle. Depuis lors, une année et demie s'est écoulée au cours de laquelle j'ai perdu de vue Mlle S.W. J'apprends d'un observateur qui la connaissait depuis longtemps qu'elle a encore çà et là des états étranges, d'assez courte durée, durant lesquels elle reste très pâle et silencieuse, le regard fixe et brillant, etc. Je n'ai plus rien appris concernant des visions. Il paraît qu'elle ne participe plus à aucune séance spirite. Elle est actuellement employée dans un grand magasin ; elle est, me dit-on, une personne active, d'une haute conscience professionnelle, qui s'occupe avec zèle et habileté des affaires, au grand contentement de tout le monde. Au dire de personnes dignes de foi, son caractère s'est nettement amélioré ; elle est dans l'ensemble plus calme, plus posée, plus sympathique. On n'a remarqué chez elle aucune anomalie quelconque.

Quoique la description en soit incomplète, on verra que ce cas pose une foule de problèmes psychologiques dont l'étude dépasserait de beaucoup le cadre de ce petit travail. Aussi nous contenterons-nous d'esquisser l'étude des divers phénomènes marquants. Pour plus de clarté, il semble préférable de consacrer un examen spécial à chacun des états présentés par Mlle S.W.

A. **L'état de veille**

A l'état de veille, la malade présente diverses bizarreries. Nous avons vu qu'à l'âge scolaire elle était souvent distraite, qu'elle faisait d'étranges erreurs de lecture, avait des humeurs, que son comportement changeait de façon indéterminée. Tantôt elle était silencieuse, timide, renfermée, tantôt extraordinairement vive, bruyante et loquace. On ne peut pas la dire inintelligente, quoiqu'on puisse être frappé de son étroitesse d'esprit ou de ses éclairs isolés d'intelligence. En général, sa mémoire est bonne, mais entravée très souvent par une étonnante distraction : c'est ainsi que malgré les nombreuses conversations et lectures sur la Voyante de Prévorst de Kerner, elle ne sait pas encore, au bout de quelques semaines, si l'auteur s'appelle K*œ*rner ou K*e*rner, non plus que le nom de la voyante quand on le lui demande brusquement. Pourtant, dans les communications automatiques, c'est le nom de Kerner qui apparaît, correctement écrit, quand il arrive qu'il s'y présente. En général, on peut dire que le caractère de la malade a quelque chose de fortement démesuré, d'instable, quelque chose de la nature d'un Protée. Si nous faisons abstraction des oscillations psychologiques du caractère à l'âge de la puberté, il subsiste un certain reste pathologique qui se traduit dans les réactions démesurées et dans la manière d'être imprévisible et bizarre. On peut considérer que ce caractère est « déséquilibré » ou « instable ». Il tient son cachet spécifique de certains traits que l'on doit considérer comme hystériques : doivent être considérés comme tels avant tout la distraction, ainsi que le penchant à la rêverie. Comme le remarque Janet[1] le fondement des anesthésies hystériques est le trouble de l'attention. Il a pu constater chez de jeunes hystériques « une indifférence frappante et une distraction à l'endroit de tout ce qui appartient au domaine de la vie sensorielle ». Comme élément remarquable illustrant merveilleusement la distraction hystérique, nous avons *l'erreur de lecture*. Voici comment il faut se représenter sans doute la psychologie de ce processus : pendant la lecture à haute voix, l'attention diminue à l'égard de l'acte lui-même et se tourne vers un autre objet quelconque. On continue à lire cependant, mais mécaniquement ; par suite de la distraction, l'excitabilité du centre perceptif a diminué, si bien que la force de l'impression sensorielle ne suffit plus pour captiver l'attention comme il faudrait pour que la perception, en tant que telle, continue à avancer sur le trajet de la voie verbo-motrice ; autrement dit sont refoulées toutes les associations affluentes qui viennent immédiatement se joindre à toute nouvelle impression sensorielle. La suite du mécanisme psychologique permet deux possibilités d'explication : 1° La réception de l'impression sensorielle a lieu, à cause de l'élévation du seuil sensoriel dans le centre de perception, inconsciemment, c'est-à-dire au-dessous du seuil sensoriel de la conscience ; par suite, elle n'est pas saisie par l'attention consciente, ni conduite comme telle sur la voie de la parole ; elle ne parvient à une expression verbale que par l'intermédiaire de certaines associations proches, dans le cas présent les expressions dialectales du même objet. 2° L'impression sensorielle est consciemment enregistrée et c'est seulement à l'instant où elle va entrer dans la voie verbale qu'elle s'engage sur un territoire dont l'excitabilité se trouve diminuée par la distraction. Là se glisse à la place de l'image verbale motrice le mot en dialecte et c'est lui qui parvient à l'expression. Il est certain que, dans les deux cas, il y a une distraction acoustique qui ne corrige pas l'erreur. Laquelle des deux explications est la bonne ? On ne peut en décider dans ce cas ; il est probable que les deux sont approximativement exactes, puisque la distraction semble être générale et en tout cas concerne plus d'un des centres intervenant dans l'acte de lecture à haute voix.

---

1. P. Janet, *L'État mental des hystériques*.

Dans notre cas, ce phénomène a une valeur toute particulière parce qu'il s'agit d'un phénomène automatique tout à fait élémentaire. On peut le dire hystérique parce que dans le cas concret il ne saurait être question d'un état de fatigue et d'intoxication, avec les phénomènes concomitants. Ce n'est qu'exceptionnellement qu'un homme sain se laisse captiver par un objet au point d'omettre de corriger les fautes faites par distraction, comme celles notamment que nous avons rapportées. La fréquence de leur apparition chez notre malade marque un assez important rétrécissement du champ de conscience, puisqu'elle ne peut dominer qu'un minimum relatif de sensations élémentaires arrivant en même temps. S'il nous fallait qualifier le caractère psychologique des « aspects psychiques ombreux », nous pourrions, selon que prédomine la passivité ou l'activité, dire que c'est un état de sommeil ou de rêve. Il y a évidemment un état pathologique de rêve d'étendue et d'intensité très rudimentaires : sa genèse est spontanée et les états de rêve apparaissent spontanément avec manifestations automatiques : on les appelle, en gros, hystériques. Or il faut à cette occasion rappeler que ces erreurs de lecture se produisaient fréquemment chez notre malade et que, pour cette raison, le nom d'hystérique leur convient fort bien, puisque, pour autant que nous le sachions, c'est seulement sur le terrain de la constitution hystérique qu'apparaissent, souvent spontanément, des états de sommeil ou de rêve.

Binet[1] a étudié expérimentalement la substitution d'une association voisine chez ses hystériques ; par exemple, quand il piquait la main anesthésique d'une malade, elle pensait, sans sentir les piqûres, à des « points » ; s'il agitait ses doigts anesthésiques, elle pensait à des « bâtons » ou à des « colonnes ». Ou bien la main anesthésique, cachée par un écran aux regards de la malade, écrit « Salpêtrière », et la malade voit devant elle, sur fond noir en caractères blancs, le mot « Salpêtrière ». A cette occasion nous rappelons les expériences citées plus haut de Guinon et Sophie Waltke.

Donc, chez notre malade, à une époque où rien encore ne laissait prévoir les phénomènes ultérieurs, nous rencontrons

1. Binet : *Les Altérations..., op. cit.*

déjà des automatismes rudimentaires, des fragments de phénomènes oniriques portant en eux la possibilité qu'un jour, entre les perceptions en distraction et la conscience, plus d'une association pourra se glisser. L'erreur de lecture indique en outre une certaine indépendance automatique des éléments psychiques qui, à l'occasion d'une distraction plus ou moins passagère et, en tout cas ne présentant rien de suspect ou de frappant, développent une productivité, minime peut-être, mais qui ressemble beaucoup à celle du rêve physiologique. Aussi peut-on considérer l'erreur de lecture comme un symptôme prodromal des événements ultérieurs, surtout parce que sa psychologie est le prototype du mécanisme des rêves somnambuliques qui, en somme, ne sont pas autre chose que la multiplication, répétée en une infinie diversité, de variations du processus élémentaire dont nous avons déjà parlé. A l'époque des observations décrites ci-dessus, je n'ai jamais réussi à démontrer l'existence d'automatismes rudimentaires de ce genre : il semblerait qu'avec le temps les états de distraction d'abord faibles se seraient développés comme au-dessous de la surface de la conscience en ces étonnants accès de somnambulisme et auraient disparu à l'état de veille, où les accès n'existent pas. Quant au développement du caractère de la malade, au cours d'une période d'observation de presque deux années, en dehors d'une certaine maturation pas très intense, on ne put guère constater de changement marquant. Par contre, il est intéressant de remarquer que, dans les deux années suivant le recul (arrêt total ?) des attaques de somnambulisme, il s'est produit une transformation notable du caractère. Nous aurons à revenir plus tard sur ce que cela signifie.

L'HÉMISOMNAMBULISME. — Dans la description du cas W., on a désigné du nom d'hémisomnambulisme l'état suivant : quelques instants avant et après les attaques proprement somnambuliques, la malade se trouve dans un état dont la particularité saillante peut être désignée du nom de « préoccupation ». Elle ne participe que d'une oreille à la conversation, ses réponses sont distraites, elle est souvent absorbée par toutes sortes d'hallucinations ; sa mine est solennelle, son regard, extatique, d'un éclat perçant. A y regarder de plus près, il y a un profond changement dans son caractère : elle est sérieuse, pondérée ; quand elle parle, il s'agit toujours d'un thème essentiellement sérieux. Dans cet état, elle sait parler avec gravité, de façon émouvante et persuasive, de sorte que l'on est en somme contraint de se dire : est-ce là encore une jeune fille de quinze ans et demi ? On a l'impression qu'elle joue ici, avec un talent pour le moins remarquable, le rôle d'une femme d'âge mûr. Le sérieux et la solennité de la conduite sont parfaitement expliqués par la déclaration de la malade que, dans cet état actuel, elle se tient à la limite entre l'en-deçà et l'au-delà et que maintenant elle fréquente les esprits des défunts aussi véritablement que les vivants. De fait, sa conversation se partage entre des réponses à des questions objectives réelles et des réponses à des hallucinations. Si je dis cet état : hémisomnambulique, c'est en accord avec la définition de Richet, créateur de l'expression[1]. « La conscience de cet individu, dit Richet, persiste dans son intégrité apparente ; toutefois des opérations très compliquées vont s'accomplir en dehors de la conscience sans que le moi volontaire et conscient paraisse ressentir une modification quelconque. Une autre personne sera en lui qui agira, pensera, voudra, sans que la conscience, c'est-à-dire le moi réfléchi, conscient, en ait la moindre notion. »

Binet[2] remarque à propos du mot hémisomnambulisme : « Le terme indique la parenté de cet état avec le somnambulisme véritable et ensuite il laisse comprendre que la vie somnambulique qui se manifeste durant la veille est réduite, déprimée par la conscience normale qui la recouvre. »

B. **Les automatismes**

L'hémisomnambulisme est caractérisé par la continuité que présente la conscience avec l'état de veille et par l'apparition de divers automatismes indiquant l'activité d'une subconscience indépendante de la conscience même.

Les phénomènes automatiques de notre cas sont les suivants :

1. Richet : *Rev. phil.* 1884, II, p. 650.
2. Binet : *Les Altérations...*, *op. cit.*, p. 139.

1. Les mouvements automatiques de la table.
2. L'écriture automatique.
3. Les hallucinations.

1. *Les mouvements automatiques de la table.* — Avant le commencement de mes observations, Mlle S.W. était déjà sous la suggestion des « tables tournantes » qu'elle avait pratiquées comme jeu de société. Comme son arrivée dans le cercle provoqua immédiatement des communications de personnes de sa famille, on la désigna naturellement comme médium. Je ne pus que constater que, dès que ses mains se posaient sur la table, se produisaient aussitôt les mouvements typiques. Nous n'avons pas à nous arrêter au contenu des communications qui apparaissaient alors. Par contre, le caractère automatique de l'acte lui-même mérite quelques observations, car on pourrait objecter qu'il s'agirait de mouvements de poussée et de pression intentionnels et volontaires de la part de la malade.

Les recherches de Chevreul[1], Gley, Lehmann et autres nous ont appris que les phénomènes moteurs de l'inconscient ne sont pas fréquents uniquement dans l'hystérie ou chez les personnes à disposition pathologique, mais qu'on peut aussi les provoquer avec assez de facilité chez les gens sains, même quand ils n'ont jamais par ailleurs montré d'automatismes spontanés. J'ai institué dans ce domaine de nombreuses expériences et ne peux que confirmer cette observation. Pour la plupart des personnes, il s'agit seulement d'avoir la patience nécessaire et d'attendre une heure au besoin. Lorsque n'intervient aucune suggestion contraire qui les entraverait, on peut arriver à provoquer chez la plupart des sujets des automatismes moteurs d'un degré plus ou moins élevé. Les phénomènes peuvent se présenter spontanément dans une proportion relativement minime, mais toujours cependant sous l'influence de la suggestion verbale ou sous celle d'une autosuggestion faite antérieurement. C'est dans ce cas l'exemple qui a la puissance suggestive la plus forte. D'une façon générale, la disposition en question obéit à toutes les lois valables pour l'hypnose normale. De toute manière, il faut tenir compte de certaines conditions particulières à chaque cas spécial. Il n'est pas question

1. Rapportées en détail *in* BINET : *Les Altérations...*, *op. cit.*, pp. 197 sq.

d'hypnose totale, mais d'une hypnose partielle, limitée à la région motrice du bras, comparable à l'anesthésie cérébrale, provoquée par quelques « passes » magnétiques, dans une région douloureuse du corps. En faisant une suggestion verbale, ou par l'utilisation d'une autosuggestion déjà existante, nous touchons la partie du corps dont il s'agit et l'excitation tactile, dont on connaît par expérience l'action suggestive, conduit à l'hypnose partielle désirée. Par ce procédé, des sujets assez réfractaires peuvent être amenés avec assez de facilité à déclencher l'automatisme, si l'expérimentateur donne intentionnellement à la table un léger élan, ou mieux, une suite de poussées rythmiques très légères. Au bout d'un bref instant, l'expérimentateur remarque que les oscillations deviennent plus fortes, qu'elles continuent à se produire bien que les mouvements voulus aient cessé ; l'expérience a réussi, le sujet a, sans le savoir, accepté la suggestion. Par ce procédé, on obtient des résultats supérieurs à ceux de la suggestion verbale. Chez les personnes très réceptives et dans tous les cas où le mouvement semble apparaître spontanément, les mouvements vibratoires intentionnels[1], imperceptibles subjectivement, jouent le rôle d'agents provocateurs. Il peut donc arriver que des personnes qui jamais ne parviennent pour leur propre compte à des mouvements automatiques, prennent inconsciemment la direction des mouvements de la table, supposé évidemment que leurs mouvements vibratoires soient assez forts pour que le médium en comprenne le sens. Celui-ci perçoit dans ce cas les oscillations légères et les répète largement amplifiées, très rarement, semble-t-il, à l'instant immédiatement suivant, le plus souvent quelques secondes seulement plus tard, révélant de cette manière le contenu conscient ou inconscient de la pensée de l'agent. Au moyen de ce simple mécanisme peuvent se

1. On sait que, chez les gens éveillés, les mains et les bras ne sont jamais à l'état de repos parfait, mais qu'ils accomplissent continuellement de légers mouvements vibratoires. Preyer, Lehmann et d'autres ont démontré que ces mouvements dépendent, en une très large mesure, des perceptions prédominantes ; ainsi, par exemple, Preyer a montré que la main étendue dessine de petites images plus ou moins réussies des figures que l'on se représente avec intensité à ce moment précis. On peut démontrer, avec un fil à plomb, l'existence de ces mouvements vibratoires.

produire dès le premier abord des cas surprenants de lecture de pensée. Pour illustrer ce que nous venons de dire, on utilisera une expérience très simple qui, bien souvent, réussit même avec des personnes non exercées : l'expérimentateur pense par exemple le chiffre 5 et attend, les mains tranquillement posées sur la table, jusqu'à ce qu'il sente que la table fait un premier mouvement d'inclinaison pour donner le chiffre pensé. A ce moment, il enlève ses mains de la table. Le chiffre 5 est donné exactement. Pour cette expérience, il est recommandé de placer la table sur un tapis épais et doux. S'il fait bien attention, l'expérimentateur pourra remarquer que la table fait un mouvement que l'on peut représenter de la façon suivante :

1. Mouvements vibratoires intentionnels qui ne peuvent être observés objectivement.

2. Quelques oscillations minimes tout juste perceptibles qui indiquent que le sujet répond aux mouvements vibratoires intentionnels.

3. Les grands mouvements rendant objectivement le nombre 5 qui a été pensé.

Le trait vertical indique l'instant où les mains ont été enlevées de la table.

Cette expérience réussit surtout avec des sujets qui répondent bien mais n'ont pas encore l'habitude de l'expérience. Après un court entraînement déjà, le phénomène indiqué cesse d'ordinaire de se produire parce que le sujet en arrive, étant exercé, à lire directement le nombre dans les mouvements intentionnels [1] et à le reproduire. L'action exercée par les poussées intentionnelles, dans l'expérience ci-dessus, agit ici sur le médium réceptif par les mouvements vibratoires voulus de l'agent. Ils sont reçus, renforcés et reproduits, mais très doucement, avec hésitation semble-t-il. Ils sont cependant encore tout juste perceptibles et agissent comme de légères excitations tactiles, par suggestion, et déclenchent les grands mouvements automatiques par accentuation de l'hypnose partielle. Cette expérience illustre avec beaucoup de clarté l'accroissement

1. *Cf.* Preyer : *Die Erklärung des Gedankenlesens*, Leipzig, 1886.

graduel de l'autosuggestion. C'est par la voie de cette autosuggestion que se développent tous les phénomènes automatiques de genre moteur. D'après l'explication que nous en avons donnée ci-dessus, il n'est pas nécessaire de montrer comment peu à peu le contenu intellectuel vient se mêler à ce qui est purement moteur. Il n'est pas besoin qu'une suggestion spéciale vienne provoquer les phénomènes intellectuels. Dès l'abord, du moins en ce qui concerne l'expérimentateur, il s'agit de représentations verbales. Après les premières extériorisations motrices désordonnées du sujet non exercé, ce sont les propres formations verbales ou les inventions de l'expérimentateur qui sont reproduites. Voici comment il faut comprendre objectivement l'intervention de l'élément intellectuel :

L'intensification progressive de l'autosuggestion a pour effet d'isoler de la conscience les régions motrices du bras, ce qui veut dire que la perception des légères impulsions motrices reste voilée à la conscience [1]. La connaissance, acquise par la voie de la conscience, qu'il y a possibilité d'un élément intellectuel, a pour conséquence une excitation collatérale dans le domaine du langage comme moyen le plus propre à une manifestation intellectuelle. Or l'intention de communiquer touche surtout et nécessairement la partie motrice [2] de la représentation verbale, ce qui fait que le glissement inconscient des impulsions verbales vers la région motrice [3] et inversement le lent passage de l'hypnose partielle au domaine de la parole deviennent compréhensibles.

Dans de multiples expériences avec des débutants, j'ai le plus souvent constaté que les phénomènes intellectuels s'annonçaient par un nombre plus ou moins grand de mots complè-

---

1. Cela ressemble à certaines expériences hypnotiques à l'état de veille. *Cf.* l'expérience de JANET qui, par des suggestions murmurées à voix basse, incitait un malade à s'allonger à plat ventre sur le sol, sans qu'il le remarquât dans *L'Automatisme psychologique*, Paris, 1889.

2. Voici le schéma donné par CHARCOT de la composition de l'image verbale : 1) Image auditive ; 2) image visuelle ; 3) images motrices, *a)* images de la parole, *b)* image de l'écriture. *In* Gilbert BALLET : *Le Langage intérieur...*

3. BAIN dit : L'idée est un mot refréné ou un acte retenu. *Cf. Les Sens et l'Intelligence*, trad. franç. 1874.

tement dépourvus de sens, ou même par une suite de lettres sans signification. Puis viennent toutes sortes de jeux ; par exemple des mots ou des phrases entières dont les lettres ont été déplacées, sans ordre, ou mises en ordre inverse, donc en somme une écriture en miroir. L'apparition de la lettre ou du mot constitue une nouvelle suggestion ; involontairement une association quelconque vient s'y joindre, qui se réalise ensuite. Mais, fait étonnant, le plus souvent il ne s'agit pas d'associations conscientes, mais d'associations tout à fait inattendues. Ce qui semble indiquer que déjà une partie importante du domaine verbal est hypnotiquement isolée. La prise de conscience de cet automatisme constitue à nouveau une suggestion féconde, car à ce moment s'impose infailliblement le sentiment de l'étrangeté, si même il n'était pas déjà présent lors de l'automatisme purement moteur. La question : qui fait cela ? qui parle ? est la suggestion qui conduit à la synthèse de la personnalité inconsciente et celle-ci d'ordinaire ne se fait pas attendre bien longtemps. Un nom quelconque se présente d'ordinaire, un nom fortement affectif, et la scission automatique de la personnalité est accomplie. Cette synthèse est, dans son commencement, bien fortuite et bien chancelante, comme le montrent les récits suivants puisés dans la littérature sur ce sujet :

Myers[1] rapporte l'observation suivante d'un monsieur A., membre de la S.P.R. (monsieur A. faisait sur lui-même des expériences avec écriture automatique).

Troisième jour

Question : Qu'est-ce que l'homme ? Réponse : Tefi hasl esnle lies. Question : Est-ce une anagramme ? Réponse : Oui. Question : Combien de mots contient-elle ? Réponse : Cinq. Question : Quel est le premier mot ? Réponse : See. Question : Quel est le deuxième mot ? Réponse : Eeeee. Question : See ? Faut-il que j'interprète moi-même ? Réponse : Essaie.

Monsieur A. trouva comme solution : Life is less able. Il fut étonné de cette manifestation intellectuelle qui semblait lui démontrer l'existence d'une intelligence dépendante de la sienne. Aussi posa-t-il la question suivante : Qui es-tu ?

1. *Proceedings of S.P.R.*, 1885. « Automatic writing ».

Réponse : Clélia. Question : Es-tu une femme ? Réponse : Oui. Question : As-tu jamais vécu sur la terre ? Réponse : Non. Question : Vivras-tu ? Réponse : Oui. Question : Quand ? Réponse : Dans six ans. Question : Pourquoi t'entretiens-tu avec moi ? Réponse : E if Clelia el. Monsieur A. interprète cette réponse : I Clelia feel.

Quatrième jour

Question : Est-ce moi qui pose les questions ? Réponse : Oui. Question : Clélia est-elle là ? Réponse : Non. Question : Qui donc est ici ? Réponse : Personne. Question : Clélia existe-t-elle réellement ? Réponse : Non. Question : Avec qui ai-je donc causé hier ? Réponse : Avec personne.

Voici la conversation que Janet soutient avec le subconscient de Lucie[1] qui, pendant ce temps, est occupée à une conversation avec un autre observateur : « M'entendez-vous ? demande Janet. Lucie répond par écriture automatique : Non. — Mais pour répondre, il faut entendre. — Oui, absolument. — Alors comment faites-vous ? — Je ne sais. — Il faut bien qu'il y ait quelqu'un qui m'entende ? — Oui. — Qui cela ? — Autre que Lucie. — Ah bien ! une autre personne. Voulez-vous que nous lui donnions un nom ? — Non. — Si, ce sera plus commode. — Eh bien, Adrienne. — Alors, Adrienne, m'entendez-vous ? — Oui. »

D'après ces citations, on voit comment se construit la personnalité inconsciente : elle doit son apparition uniquement aux questions suggestives auxquelles correspond une certaine disposition du médium. Cette disposition doit être expliquée par la désagrégation des complexes psychiques, soutenue par le sentiment d'étrangeté de ces automatismes dès que l'attention consciente se trouve concentrée sur l'acte automatique. Binet remarque à propos de l'expérience de Janet rapportée ci-dessus[2] : « Il faut bien remarquer que si la personnalité d'Adrienne a pu se créer, c'est qu'elle a rencontré une possibilité psychologique ; en d'autres termes, il y avait là des phénomènes désagrégés vivant séparés de la conscience normale du

1. P. Janet : *L'Automatisme psychologique*, *op. cit.*, p. 317.
2. Binet : *Les Altérations...*, *op. cit.*, p. 132.

sujet. » L'individualisation du subconscient marque toujours un progrès considérable dont l'influence suggestive est énorme sur la transformation ultérieure des automatismes[1]. C'est de cette façon que l'on peut se représenter la naissance de la personnalité inconsciente dans notre cas.

Évidemment il ne faut plus songer à voir de la « simulation » dans les mouvements de la table, si l'on tient compte que le phénomène de la lecture de pensée se réalise au moyen des mouvements vibratoires intentionnels que le sujet a manifestés en abondance. La lecture rapide et consciente de la pensée exige au moins un entraînement extraordinaire que notre malade, cela est démontré, n'a pas acquis du tout. Avec les mouvements vibratoires intentionnels, on peut tenir de longues conversations, comme cela s'est présenté dans notre cas. De la même manière, on peut montrer objectivement la suggestibilité du subconscient ; si par exemple l'expérimentateur se représente vivement : « La main du médium ne pourra plus mouvoir la table ou le verre » — immédiatement, contre toute attente et au très vif étonnement du sujet lui-même, la table reste irrémédiablement immobile. Naturellement d'autres suggestions quelconques se peuvent aussi réaliser, mais uniquement celles dont l'innervation ne déborde pas le domaine de l'hypnose partielle, ce qui prouve en même temps que l'hypnose n'était que partielle. Les suggestions concernant les jambes ou l'autre bras ne se réaliseront par conséquent pas.

La table tournante n'est pas, chez notre malade, un automatisme limité exclusivement à l'hémisomnambulisme ; cet automatisme apparaît au contraire aussi à l'état de veille sous une forme extrêmement élaborée et provoque dans la plupart des cas l'hémisomnambulisme, dont l'apparition s'annonce généralement par des hallucinations : ainsi par exemple dans la première séance.

2. *L'écriture automatique*. — Comme deuxième phénomène automatique, correspondant dès l'abord à une hypnose partielle

1. « Une fois baptisé, le personnage inconscient est plus déterminé et plus net, il montre mieux ses caractères psychologiques ». P. Janet : *L'Automatisme...*, *op. cit.*, p. 318.

plus profonde, nous avons l'écriture automatique. Elle est, si j'en juge par mon expérience, beaucoup plus rare et plus difficile à produire que les mouvements de la table. Il s'agit encore, comme pour la table tournante, d'une suggestion primaire faite à la conscience, si la sensibilité est conservée, et, dans le cas où elle a disparu, à l'inconscient. Mais la suggestion dans ce cas n'est pas simple, car elle porte déjà en elle l'élément intellectuel : « écrire », c'est : « écrire quelque chose ». Ce contenu spécial de la suggestion, qui est plus que de la motilité simple, provoque souvent chez le sujet un mouvement de surprise d'où naissent aisément des suggestions contraires qui entravent l'apparition des automatismes. Cependant j'ai observé dans quelques cas que la suggestion se réalise malgré son audace relative (elle s'adresse à la conscience éveillée d'un sujet dit normal !) ; mais elle se réalise d'une façon particulière puisqu'elle ne met en état d'hypnose que la partie purement motrice du système central correspondant et que le passage du phénomène moteur à l'hypnose plus profonde ne s'obtient que par autosuggestion, par un processus analogue à celui que nous avons décrit plus haut pour la table tournante. Le sujet[1], dans la main duquel on a mis un crayon, est mêlé intentionnellement à une conversation pour détourner son attention de l'écriture. La main se met bientôt à faire des mouvements qui tracent d'abord des traits en montant, mais aussi parfois des lignes en zigzag. Ou bien la main trace une simple ligne ; il arrive aussi que le crayon ne touche pas du tout le papier et écrive en l'air. Nous devons considérer ces mouvements comme de purs phénomènes automatiques correspondant à l'extériorisation de l'élément moteur contenu dans la représentation : « écrire ». Mais c'est là quelque chose d'assez rare ; le plus souvent, on obtient immédiatement des lettres qu'il faut composer en mots et en phrases comme lors de la table tournante. On observe aussi çà et là une sorte d'écriture renversée. Dans la très grande majorité des cas et sans doute dans toutes les expériences faites avec des débutants qui ne se trouvent pas sous l'influence d'une suggestion particulière, l'écriture obtenue est celle du sujet lui-même. Ce n'est que secondairement que son caractère peut à l'occa-

1. Voir les expériences analogues de Binet et Féré, rapportées dans Binet : *Les Altérations...*, *op. cit.*

sion se transformer souvent de façon considérable[1] et c'est là sans doute un symptôme de l'apparition de la synthèse d'une personnalité subconsciente. Comme nous l'avons déjà dit, l'écriture automatique de notre malade n'est jamais parvenue à un haut degré de perfection. Lors de ces essais, qui furent toujours faits dans l'obscurité, elle glissait le plus souvent à l'hémisomnambulisme ou à l'extase. L'écriture automatique avait donc le même effet que les mouvements préliminaires de la table.

3. *Les hallucinations.* — Le mode de passage au somnambulisme dans la deuxième séance a une très grande importance psychologique. Nous avons dit que les phénomènes automatiques étaient en bonne posture quand l'obscurité se produisit. L'événement intéressant de la séance précédente avait été la brusque interruption d'une communication du grand-père qui avait donné aux participants du cercle l'occasion de plusieurs explications. Ces deux éléments : obscurité et événement marquant semblent avoir été la raison d'un rapide approfondissement de l'hypnose, à la suite de quoi les hallucinations purent se développer. Le mécanisme psychologique de ce processus semble être le suivant : on connaît l'influence de l'obscurité sur la suggestibilité, notamment sur celle des organes des sens[2]. Son influence spéciale sur les hystériques, chez qui elle produit immédiatement la somnolence, est signalée par Binet[3]. Comme les explications précédentes permettent de le supposer, la malade se trouvait dans l'état d'hypnose partielle et il s'était constitué en elle une personnalité subconsciente en rapport très étroit avec la zone du langage. L'extériorisation automatique de cette personnalité est interrompue inopinément par un nouveau personnage dont nul ne soupçonnait l'existence. D'où provient cette scission ? De toute évidence, l'attente impatiente de cette première séance avait fortement préoccupé le sujet. Ce qu'il y avait en lui de souvenirs concernant ma personne et ma

1. Voir les exemples donnés par FOURNOY : *Des Indes à la planète Mars*, *op. cit.*

2. *Cf.* HAGEN : *Zur Theorie der Hallucinationen, Allg. Zeitschr. f. Psych.*, XXV, p. 10.

3. BINET : *Les Altérations...*, *op. cit.*, p. 157.

famille s'était vraisemblablement groupé autour de cet affect d'attente pour se manifester brusquement au summum de l'extériorisation automatique. Le fait qu'il s'agissait justement de la personne de mon grand-père et de nulle autre, par exemple pas de celle de mon père, à qui j'étais beaucoup plus attaché alors que je n'ai jamais connu mon grand-père, indique peut-être où il faut chercher le lieu d'origine de ce nouveau personnage. Il semble que ce soit une dissociation venant du domaine de la personnalité déjà existante qui, pour s'extérioriser, s'emparait des matériaux les plus voisins, les associations concernant ma personne. Dans quelle mesure faut-il rapprocher cela des résultats obtenus par l'étude des rêves (de Freud[1]) ? C'est là une question à laquelle nous ne nous arrêterons pas ; il nous est impossible de déterminer le degré de « refoulement » supporté par l'affect dont il s'agit. La violence avec laquelle la nouvelle personnalité a fait irruption permet de conclure à la grande vivacité de la représentation en question et à l'intensité de l'attente que cherchaient peut-être à atténuer une certaine timidité et une certaine gêne chez la jeune fille. Quoi qu'il en soit, cet événement rappelle vivement la façon soudaine dont le rêve traduit à la conscience, en une symbolique plus ou moins transparente, ce qu'on ne s'était jamais avoué ouvertement avec clarté et cohérence. Quand s'est produite cette scission d'une nouvelle personnalité ? S'est-elle lentement préparée dans l'inconscient ? Ou s'est-elle formée au cours de la séance ? Nous l'ignorons. En tout cas, cet événement marque un progrès notable dans l'extension du domaine inconscient, rendu accessible par l'hypnose. En même temps, si l'on tient compte de l'impression faite sur la conscience de veille du sujet, il faut y voir une suggestion puissante, car la perception de l'irruption inattendue d'une nouvelle puissance devait augmenter encore le sentiment d'étrangeté de l'automatisme et faire naître l'idée que se manifeste vraiment là un esprit indépendant. Il en résulte l'association fort compréhensible qu'il devait être possible de voir cet esprit. La rencontre de la suggestibilité accrue dans l'obscurité et de cette énergique suggestion explique la situation qui se déroula dans la seconde

1. Freud : *La Science des rêves*, trad. franç., Paris, 1926.

séance : l'hypnose, et avec elle les suites représentatives dissociées, font irruption dans la sphère visuelle ; l'extériorisation de l'inconscient, tout à l'heure purement motrice, s'objective alors conformément à l'énergie spécifique du système nouvellement envahi, sous la forme d'images visuelles à caractère hallucinatoire. Et ce n'est pas seulement un accessoire de l'automatisme, mais une fonction qui se substitue à l'autre. L'explication de la situation inattendue créée dans la première séance, et d'abord incompréhensible, se présente alors non pas en mots, mais sous la forme d'une vision explicative allégorique. La phrase : « ils ne se haïssent pas ; ils sont amis » est exprimée en images. Ces phénomènes sont fréquents chez les somnambules ; leur pensée se déroule en représentations plastiques qui surgissent continuellement, tantôt dans tel domaine sensoriel, tantôt dans tel autre, et s'objectivent en hallucinations. Le processus de réflexion se perd dans l'inconscient et seules les parties terminales apparaissent à la conscience, en représentations sensorielles vives et colorées ou directement en hallucinations. Il se passe, dans notre cas, ce qui se passe pour la malade que Binet pique 9 fois à la main anesthésique et qui se sent contrainte, au même moment, de penser vivement au chiffre 9, ou chez l'Hélène Smith de Flournoy qui, dans son commerce, au moment où l'on demande un certain échantillon, voit devant elle en traits de 20 mm de hauteur le nombre des jours (18) depuis que l'échantillon en question a été prêté au dehors[1]. On peut alors se demander : pourquoi l'automatisme n'apparaît-il que dans la sphère visuelle et non dans la sphère acoustique ? Différentes raisons parlent en faveur de ce choix de la sphère visuelle :

1. Le sujet a de mauvaises dispositions acoustiques ; par exemple : elle n'a pas de sens musical.

2. Le silence ordinaire dans l'obscurité, qui aurait favorisé la venue d'acousmies, n'existait pas : on parlait avec vivacité.

3. La conviction, renforcée par le sentiment de l'étrangeté

1. FLOURNOY : *Des Indes...*, *op. cit.*, p. 55.

de l'automatisme, que des esprits sont proches, peut très bien éveiller l'idée que l'on pourrait voir un esprit ; d'où une légère excitation de la sphère visuelle.

4. *Dans l'obscurité, les phénomènes entoptiques favorisent l'apparition d'hallucinations.* Les raisons données aux n°s 3 et 4 : les phénomènes entoptiques dans l'obscurité et l'excitation probable de la sphère visuelle sont d'une importance décisive pour la venue d'hallucinations. Les phénomènes entoptiques jouent dans ce cas pour la production autosuggestive de l'automatisme le même rôle que les légères excitations tactiles dans l'hypnose des centres moteurs. Nous avons signalé que, dans la première séance, le premier état d'obnubilation hallucinatoire était précédé de la vision d'étincelles. Il semble donc qu'alors déjà l'attention était tendue vers des perceptions visuelles, de sorte que les faibles phénomènes lumineux propres à la rétine étaient perçus avec une très grande intensité. Le rôle que jouent les perceptions entoptiques de lumière dans l'apparition des hallucinations mérite donc un examen plus approfondi. Schüle[1] dit : « Le fourmillement de lumière et de couleur qui excite et anime le champ visuel nocturne dans l'obscurité donne la matière des figures fantomatiques qui précèdent l'endormissement. » Chacun sait que nous ne voyons jamais d'obscurité absolue ; toujours quelques parties du champ visuel obscur restent faiblement éclairées ; les taches lumineuses surgissent tantôt ici, tantôt là, se combinent en toutes sortes de formes et une imagination quelque peu vive en fait aisément des figures connues, comme elle en fait avec les formes des nuages au ciel. La puissance du jugement, s'atténuant avec l'endormissement, laisse le champ libre à la fantaisie, si bien que les plus vives figures peuvent se former. « A la place des taches lumineuses, nuages et couleurs mouvantes du champ visuel, apparaissent des contours d'objets déterminés[2]. » C'est ainsi que se produit l'hallucination hypnagogique. Naturellement la fantaisie y joue le rôle principal et c'est pourquoi les gens doués d'une riche imagination sont plus que

1. Schüle : *Handbuch*, p. 134.
2. J. Müller : cité *in Allg. Zeitschr. f. Psych.*, XXV, p. 41.

d'autres sujets aux hallucinations hypnagogiques [1]. (Naturellement les hallucinations hypnagogiques et les hallucinations hypnopompiques [Myers] doivent être mises sur le même plan.)

Il est très probable que les images hypnagogiques sont identiques aux images oniriques du sommeil normal, et même qu'elles en constituent le fondement visuel. En s'observant lui-même Maury [2] a démontré que les images hypnagogiques qui planaient autour de lui formaient l'objet des rêves qu'il avait immédiatement après. G. Trumbull Lad [3] l'a montré avec une force plus convaincante. Il est arrivé, à force d'exercice, à pouvoir se réveiller brusquement, deux ou cinq minutes après s'être endormi. A cette occasion, il remarqua que les images lumineuses de la rétine avaient chaque fois les mêmes contours que celles qu'il venait d'avoir en rêve. Il va jusqu'à dire que presque tous les rêves visuels tirent leurs formes des phénomènes lumineux propres à la rétine. Dans notre cas, la situation était favorable à une interprétation modifiée par l'imagination. Il faut aussi attribuer une influence non négligeable à l'attention soutenue qui donnait à la lumière rétinienne blafarde une intensité accrue [4]. Quant à la configuration ultérieure des

---

1. Spinoza avait la vision hypnopompique d'un « *nigrum et scabiosum Brasilianum* » ; *in* J. MÜLLER, *op. cit.*

Dans *Les Affinités électives* de GOETHE, Ottilie voit parfois, dans la demi-obscurité, la figure d'Édouard dans un lieu faiblement éclairé. *Cf.* aussi : CARDANUS : « *Imagines videbam ab imo lecti, quasi e parvulis annulis arcisque constantes, arborum, belluarum, hominum, oppidorum, instructarum acierum, bellicorum et musicorum instrumentorum aliorumque huius generis adscendentes, vicissimque descendentes, aliis atque aliis succedentibus.* » HIERONIMUS CARDANUS : *De subtilitate rerum.* (« Je voyais au fond du lit, composées comme de petits anneaux et arcs, des figures d'arbres, d'animaux, d'hommes, de villes, d'armées rangées, d'instruments de guerre et de musique et autres de ce genre montant tour à tour et descendant et se succédant les unes aux autres. »)

2. MAURY : *Le Sommeil et les Rêves*, p. 134.

3. TRUMBULL LAD : *Contribution to the Psychology of Visual dreams*, Mind, avril 1892.

4. HECKER dit, à propos des états de cette sorte : « Il existe une vision simple élémentaire par tension de l'activité spirituelle sans création de la fantaisie, même sans représentation sensorielle : c'est la vision de la

phénomènes rétiniens, elle se poursuit conformément aux représentations prédominantes. Ce mode d'apparition des hallucinations a été observé également chez d'autres visionnaires : Jeanne d'Arc[1] vit d'abord un nuage lumineux et ce n'est qu'au bout d'un certain temps que s'en dégagèrent saint Michel, sainte Catherine et sainte Marguerite. Swedenborg[2] ne vit un jour, pendant une heure, que des boules lumineuses et des flammes claires. En même temps il sentit dans son cerveau une violente transformation qui parut comme un « dégagement de lumière ». Au bout d'une heure cependant, il aperçut brusquement des formes réelles qu'il tint pour des anges et des esprits. C'est peut-être ici qu'il faudrait ranger également la vision solaire de Benvenuto Cellini au château de Saint-Ange[3]. Un étudiant qui avait souvent des apparitions disait : « Quand ces apparitions se présentent, je vois toujours d'abord des masses lumineuses isolées en même temps que je perçois dans les oreilles un bruit sourd. Mais petit à petit, les contours se précisent pour devenir des formes nettes[4]. » Chez le médium de Flournoy, Hélène Smith, l'apparition des hallucinations est tout à fait classique. Je reproduis mot à mot les passages correspondants des procès-verbaux[5].

« 18 mars. Tentative d'expérience dans l'obscurité : Mlle Smith voit un ballon tantôt lumineux, tantôt s'obscurcissant.

25 mars. Mlle Smith commence à distinguer de vagues lueurs, de longs rubans blancs, s'agitant du plancher au plafond, puis enfin une magnifique étoile qui, dans l'obscurité, s'est montrée à elle seule pendant toute la séance.

1er avril. Mlle Smith se sent très agitée, elle a des frissons, est particulièrement glacée. Elle est très inquiète et voit tout à coup, se balançant au-dessus de la table, une figure grimaçante

---

lumière sans forme, simple phénomène vital de l'organe visuel intérieurement excité. *Über Visionen*, Berlin, 1848.

1. Jules QUICHERAT : *Procès de condamnation et de réhabilitation de Jeanne d'Arc, dite la Pucelle.*

2. HAGEN : *Zur Theorie..., op. cit.*, p. 57.

3. GOETHE : *Benvenuto Cellini.*

4. HAGEN : *op. cit.*, p. 57.

5. FLOURNOY : *Des Indes..., op. cit.*, pp. 32 sq.

et très laide avec de longs cheveux rouges. — Elle voit alors un magnifique bouquet de roses de nuances diverses ; tout à coup elle voit sortir de dessus le bouquet un petit serpent qui rampe doucement, vient sentir les fleurs, les regarde », etc.

Sur l'apparition de ses visions martiennes, Mlle Smith dit[1] : « La lueur rouge persista autour de moi et je me suis trouvée entourée de fleurs extraordinaires. »

De tout temps les hallucinations complexes des visionnaires ont occupé une place particulière dans la science et les jugements portés sur elles sont très divers ; c'est ainsi que déjà Macario[2] sépare ce qu'il appelle les hallucinations intuitives des autres, parce qu'il prétend qu'elles se présentent chez des individus d'esprit vif, d'entendement profond et d'une haute excitabilité nerveuse. Hecker s'exprime de façon analogue, mais avec plus d'enthousiasme encore ; il admet qu'elles ont pour condition « le haut perfectionnement inné de l'organe de l'esprit[3] qui appelle la vie propre de la fantaisie à s'abandonner à son activité originelle pour atteindre un jeu plus libre et plus mobile ». Ces hallucinations sont des précurseurs, ou encore des signes, d'une puissante « force spirituelle ». La vision est vraiment « une agitation supérieure qui s'insère harmonieusement dans la santé la plus parfaite de l'esprit comme du corps ». Les hallucinations complexes ne paraissent pas à l'état de veille, mais s'accomplissent en général dans un état de veille partielle : le visionnaire est plongé dans sa vision jusqu'à y sombrer totalement. Flournoy[4] lui-même a pu constater pendant les visions de H. S. « un certain degré d'obnubilation ». Dans notre cas, la vision se complique d'un état de sommeil dont nous aurons à examiner plus loin les particularités.

C. **Le changement de caractère**

La caractéristique la plus marquante de l'état second, dans notre cas, est le *changement du caractère*. On trouve dans la lit-

1. FLOURNOY : *op. cit.*, p. 51.
2. *Allg. Zeitschr. f. Psych.*, IV, 139.
3. *Allg. Zeitschr. f. Psych.*, VI, 285 sq.
4. FLOURNOY : *op. cit.*, p. 51.

térature sur ces sujets de nombreux cas qui ont présenté le symptôme d'un changement spontané du caractère. Le premier qui nous soit connu par une publication scientifique est celui de Mary Reynolds, publié par Weir-Mitchel[1]. Il s'agit d'une jeune femme qui demeurait en Pensylvanie vers 1811. Après un profond sommeil de vingt heures environ, elle avait oublié tout son passé et tout ce qu'elle avait appris ; même les mots qu'elle prononçait avaient perdu pour elle leur sens. Elle ne reconnaissait plus ses parents. Elle rapprit lentement à lire et à écrire, mais elle écrivait de droite à gauche. Ce qu'il y avait de plus surprenant chez elle, c'était le changement de son caractère. « *Instead of being melancholic, she was now cheerful to extremity. Instead of being reserved, she was buoyant and social. Formerly taciturn and retiring, she was now merry and jocose. Her disposition was totally and absolutely changed*[2]. » (Au lieu d'être mélancolique, elle était maintenant joyeuse à l'extrême. Au lieu d'être réservée, elle était maintenant gaie et sociable. Auparavant taciturne et retirée, elle était maintenant exubérante et enjouée. Son caractère était totalement et absolument transformé.) Dans cet état, elle abandonnait totalement sa vie antérieure retirée pour entreprendre, à travers forêts et montagnes, d'audacieuses expéditions, sans armes, à pied et à cheval. Durant une de ces tournées, elle rencontra une fois un gros ours qu'elle prit pour un sanglier. L'ours se dressa sur ses pattes de derrière et grinça des dents contre elle. Comme elle ne pouvait faire avancer son cheval, elle marcha sur l'ours avec un simple bâton, le frappa et le mit en fuite. Cinq semaines plus tard, après avoir dormi profondément, elle revint à son état antérieur sans garder le moindre souvenir de ce qui s'était passé dans l'intervalle. Ces états alternèrent environ pendant 16 ans. *Mais Mary Reynolds passa les 25 dernières années de sa vie exclusivement dans son état second.* Schroeder van der Kolk[3] rapporte le cas suivant : Le sujet fut

---

1. *Transactions of the College of Physicians of Philadelphia*, avril 4, 1888. *Id.* in *Harpers Magazine*, 1869. Détails *in* William JAMES : *The Principles of Psychology*, Londres 1891, pp. 391 sq.

2. *Cf.* EMMINGHAUS : *Allg. Psychopathologie*, p. 189 : Fall Ogier Wards.

3. SCHROEDER VAN DER KOLK : *Pathologie und Therapie der Geisteskrankheiten*. Brunschwick, 1863, p. 31, cité *in Allg. Zeitschr. f. Psych.*, XXII, p. 405.

atteint, à l'âge de 16 ans, d'amnésie périodique après trois ans d'une longue maladie. Tous les matins, une fois réveillée, elle traverse un étrange état choréique durant lequel elle fait avec les mains des mouvements comme si elle battait la mesure. Puis au cours de la journée, elle se comporte continuellement comme un enfant stupide ; elle a perdu toutes les aptitudes qu'elle avait développées. (A l'état normal elle est très intelligente, a de la lecture, parle très bien le français. A l'état second, elle commence à apprendre maladroitement cette langue.) Le deuxième jour, elle est de nouveau dans son état normal. Les deux états sont complètement séparés par une totale amnésie[1]. Hoefelt[2] rapporte un cas de somnambulisme spontané chez une servante, qui par ailleurs, à l'état normal, était soumise et modeste, mais dans le somnambulisme était insolente, grossière et violente. La Félida du Dr Azam[3] était, à l'état normal, déprimée, gênée, hésitante ; à l'état second, elle était gaie, sûre d'elle, entreprenante jusqu'à la témérité. *L'état second prit peu à peu toute la place et finit par refouler le premier si bien que le sujet appelait « crise » son état normal dont la durée était très brève.* Les accès amnésiques avaient commencé alors qu'elle avait 14 ans et demi. Avec le temps, l'état s'atténua ; il se produisit un rapprochement entre les caractères de chacun d'eux. Un très bel exemple de changement de caractère a été étudié par Camuset, Ribot, Legrand du Saulle, Richter, Voisin et résumé par Bourru et Burot : c'est celui de Louis V. ; cet homme était atteint d'une grave hystérie avec amnésie alternante. Dans l'état premier, il est impoli, insolent, revendicateur, gourmand, voleur, sans égards. Dans l'état second, il montre un caractère agréable, sympathique et travailleur, docile et obéissant. Le changement amnésique du caractère a été utilisé dans la littérature par Paul Lindau[4] dans sa pièce « L'autre » (*Der Andere*). Rieger[5] rapporte un cas analogue à celui du procureur de Lindau. On peut aussi comparer le nôtre

---

1. *Cf.* Donath : « Über Suggestibilität », *Wiener mediz, Presse*, 1832, n° 31, cité *in Arch. f. Psych.*, XXXII, p. 335.
2. Hoefelt : *Allg. Zeitschr. f. Psych.*, XLIX, p. 250.
3. Azam : *Hypnotisme, double conscience, op. cit.*
4. V. Moll : *Zeitschr. f. Hypn.*, I, 306.
5. Rieger : *Der Hypnotismus*, 1884, pp. 109 sq.

aux personnalités de Lucie et Léonie de Janet [1] ou aux malades de Prince Morton [2], mais ce sont là des produits artificiels de la thérapeutique, dont l'importance essentielle gît dans le domaine de la dissociation de la conscience et de la mémoire.

Dans les cas décrits, l'état second est toujours séparé du premier par une coupure amnestique, et le changement de caractère s'accompagne chaque fois d'une interruption dans la continuité de la conscience. Chez Mlle S. W., il n'y a pas le moindre trouble amnésique ; le passage du premier au deuxième état se fait progressivement et la continuité de la conscience est maintenue, de sorte que tout ce qu'elle apprend dans l'état second, par des hallucinations, au sujet du domaine à elle inconnu de son inconscient, la malade l'emporte dans l'état de veille.

On trouve *des changements de personnalité périodiques sans scission amnésique* dans la folie circulaire ; exceptionnellement aussi ils apparaissent dans l'hystérie ainsi que le montre le cas de Renaudin [3] : un jeune homme, dont la conduite avait toujours été excellente, se livre subitement aux plus mauvaises tendances. On ne constata dans son état mental aucun signe d'aliénation évidente, mais on put se rendre compte que toute la surface de sa peau était devenue absolument insensible. Cet état présentait des intermittences périodiques et le caractère du malade était aussi sujet à des oscillations. Dès que l'insensibilité disparaissait, il était docile et affectueux. Dès qu'elle réapparaissait, les plus mauvais penchants s'emparaient à nouveau de lui et pouvaient, comme il a été constaté, le mener jusqu'au meurtre.

Si nous nous rappelons que notre malade avait 15 ans et demi au moment de l'apparition de ses troubles, qu'elle était donc à l'âge de la puberté qu'elle venait d'atteindre, nous ne pouvons écarter la pensée que *les troubles doivent avoir une certaine relation avec les changements physiologiques de caractère propres à la puberté*. « A la puberté, se fait jour un nouveau groupe de sensations et par suite de sentiments et d'idées. Cet afflux d'états psychiques inaccoutumés, stables

1. P. Janet : *L'Automatisme..., op. cit.*
2. Prince Morton M.D. : *An Experimental Study of Visions, Brain*, 1898.
3. Cité par Ribot : *Les Maladies de la personnalité*, p. 78.

parce que leur cause est stable, coordonnés entre eux parce que la source est la même, tend à modifier profondément la constitution du moi[1]. » On connaît ces variations d'humeur, les nouveaux sentiments obscurs et puissants, le penchant aux idées enthousiastes, à la religiosité exaltée et au mysticisme, et auprès d'eux les rechutes dans l'enfantin qui donnent à l'homme mûrissant ce cachet si infiniment caractéristique ; à cette époque, l'homme fait ses premières et maladroites tentatives d'indépendance dans tous les domaines ; il utilise, pour la première fois avec des intentions à lui, ce que famille et école lui ont inculqué dans son enfance ; il se donne un idéal, construit des plans magnifiques pour l'avenir, vit dans de beaux rêves remplis d'ambition et de fatuité. Telle est toujours l'action du développement physiologique. Mais pour un psychopathe, la puberté est toujours une crise de la plus haute importance. Non seulement les transformations physio-psychiques se déroulent chez lui avec une violence souvent inouïe, mais encore se fixent en même temps les traits d'un caractère héréditairement taré qui, chez l'enfant, ou bien n'apparaissait pas du tout, ou bien n'apparaissait que de façon sporadique. *Pour expliquer notre cas, nous devons donc penser qu'il y a là un trouble spécifique de la puberté.* Les raisons de cette hypothèse apparaîtront au cours de notre étude sur la *personnalité seconde.* (Pour plus de brièveté, nous appellerons Ivenès cette personnalité seconde, comme le faisait Mlle S.W.)

Ivenès continue directement le moi quotidien. Elle en embrasse tout le contenu conscient. A l'état d'hémisomnambulisme, elle a, avec le monde extérieur réel, des relations analogues à celles de l'état de veille ; des hallucinations, il est vrai, viennent troubler cette relation quand elles se présentent ; mais cela ne dépasse guère ce que l'on rencontre chez les délirants psychotiques non confus. Chez Ivenès, cette continuité pénètre jusque dans l'accès hystérique où elle joue des scènes dramatiques, vit des visions, etc. Au cours de l'accès lui-même, elle est généralement isolée du monde extérieur ; elle ne remarque pas ce qui se passe autour d'elle, ne sait pas non plus qu'elle parle à haute voix, etc. ; mais il n'y a pas d'amnésie du contenu

1. Ribot : *Les Maladies de la personnalité*, p. 68.

onirique de l'accès. Il n'y en a même pas toujours en ce qui concerne les extériorisations motrices et les modifications de son entourage. L'amnésie dépend du degré d'intensité de son engourdissement somnambulique et d'un état de paralysie souvent partiel de tel ou tel organe sensoriel ; c'est ce que prouva, par exemple, cet incident où le sujet, bien qu'il eût les yeux ouverts et vît très vraisemblablement les autres assistants, ne me remarqua pas et ne m'aperçut que lorsque je lui adressai la parole. Nous étions alors en présence de ce qu'on appelle une *amnésie systématique* (hallucination négative) comme on en observe assez souvent chez les hystériques.

Ainsi, par exemple, Flournoy[1] raconte de Mlle Hélène Smith que, pendant les séances, soudain elle ne voyait plus les assistants bien qu'elle entendît encore leur voix et sentît leur attouchement, ou bien elle n'entendait brusquement plus rien, bien qu'elle vît que les lèvres de ceux qui parlaient se mettaient en mouvement.

De même qu'elle continue le moi de veille, Ivenès transfère aussi le contenu entier de la conscience dans l'état de veille. Cet étrange comportement s'oppose à ce que l'on établisse une analogie avec les cas de double conscience. Les caractères d'Ivenès que nous avons indiqués contrastent très avantageusement avec ceux de Mlle S.W. ; sa personnalité plus tranquille, plus équilibrée, son agréable modestie et sa réserve, son intelligence plus égale, sa sûre éloquence, tout cela doit être considéré comme une amélioration de tout son être ; là elle ressemble à la Léonie de Janet. Mais c'est tout ce qui les rapproche. Une profonde différence psychologique les sépare, abstraction faite de l'amnésie. Léonie II est la plus saine, la plus normale ; elle a retrouvé ses aptitudes naturelles, elle est l'amélioration passagère d'un état hystérique chronique. Au contraire, Ivenès fait l'impression d'un produit plus artificiel ; elle a quelque chose de prémédité ; malgré tous ses avantages, elle donne l'impression d'un rôle joué à la perfection ; son mal du siècle, son aspiration à l'au-delà, ce n'est plus simple piété, mais au contraire l'attribut de la sainteté ; Ivenès n'est plus tout à fait un être humain, c'est une créature mystique qui

1. FLOURNOY : *Des Indes...*, *op. cit.*, p. 59.

n'appartient plus qu'en partie à la réalité ; son air mélancolique, son abandon douloureux, son destin mystérieux nous rappellent son modèle historique : *La Voyante de Prévorst* de Justinus Kerner. Le contenu de ce livre est, croyons-nous, assez connu pour que nous puissions nous dispenser de montrer par quels traits elle lui ressemble. Pourtant Ivenès n'est pas une copie de la voyante : il lui manque la résignation et la dévotion piétiste de celle-ci. La voyante n'est que l'esquisse d'un original. Notre sujet met son âme dans le rôle de la voyante en s'en faisant un idéal de vertu et de perfection ; elle anticipe son avenir et en Ivenès s'incarne ce que la malade désire être dans 20 ans, une femme sûre d'elle, exerçant autour d'elle son influence, intelligente, gracieuse et pieuse. C'est dans la construction de la personnalité seconde que gît la profonde différence entre Léonie II et Ivenès. Toutes deux sont d'origine psychogène. Mais Léonie I ne fait que recevoir en Léonie II ce qui, à proprement parler, lui appartient ; notre malade au contraire construit au-dessus d'elle-même une personne qui la dépasse. On ne peut dire qu'elle « se ment à elle-même », mais on peut dire qu'« elle se rêve » dans cet état idéal supérieur[1].

La réalisation de ce rêve rappelle vivement la psychologie du menteur pathologique (mythomane). Delbrück[2] et Forel[3] ont indiqué l'importance de l'autosuggestion dans la formation des mensonges et des rêveries pathologiques. Pick[4] donne, comme premier symptôme chez le rêveur hystérique, une intense autosuggestibilité qui rend possible la réalisation des « rêves de jour ». Une de ses malades rêvait qu'elle se trouvait

1. « Les rêves somnambuliques... sortes de romans de l'imagination subliminale, analogues à ces histoires continues, que tant de gens se racontent à eux-mêmes et dont ils sont généralement les héros dans leurs moments de *farniente* ou d'occupations routinières qui n'offrent qu'un faible obstacle aux rêveries intérieures. Constructions fantaisistes mille fois reprises et poursuivies, rarement achevées, où la folle du logis se donne libre carrière et prend sa revanche du terne et plat terre à terre des réalités quotidiennes. » Flournoy : *Des Indes...*, *op. cit.*, p. 8.

2. Delbrück : *Die pathologische Lüge.*

3. Forel : *Der Hypnotismus.*

4. Pick : *Uber pathol. Träumerei und ihre Beziehung zur Hysterie, Jahrb. f. Psych. und Neur.*, xiv, p. 280.

dans une situation moralement dangereuse et finit par exercer sur elle-même une tentative de viol en se couchant nue sur le sol et en s'attachant à une table et à des chaises. D'autres fois, les malades créent un personnage dramatique avec lequel ils entretiennent une correspondance épistolaire, comme dans le cas de Bohn[1] où une malade rêve de relations de fiançailles avec un avocat tout imaginaire de Nice, de qui elle reçoit des lettres, mais qu'elle a elle-même écrites en déguisant son écriture. Ces rêves pathologiques avec falsification de souvenirs autosuggérés, allant jusqu'à la création de véritables illusions chimériques et d'hallucinations, se retrouvent aussi fréquemment dans la vie de nombreux saints. Des représentations à allure de rêve fortement teinté de sensualité, aux hallucinations proprement complexes, il n'y a qu'un pas[2]. Ainsi dans le premier cas présenté par Pick, on voit comment la malade s'imagine être l'impératrice Élisabeth, se perd peu à peu dans ses rêves, si bien qu'il faut considérer son état, extérieurement, comme un véritable état d'obnubilation ; plus tard, en effet, il se transforme en un délire hystérique véritable dans lequel ses fantaisies rêvées deviennent de typiques hallucinations. — Le menteur pathologique (mythomane) qui se laisse entraîner par ses fantaisies ne se comporte pas autrement qu'un enfant qui se perd dans son jeu[3], ou que l'acteur qui s'absorbe totalement dans son rôle. — Il n'y a pas là de différence de principe avec la scission somnambulique de la personnalité, mais une simple différence de degré qui repose sur l'intensité de l'autosuggestibilité primaire ou de la désagrégation des éléments psychiques. *Plus la conscience se dissocie, plus augmente la plasticité des situations rêvées, plus diminue aussi la participation du mensonge conscient et, en général, de la conscience.* C'est cet entraînement de l'intérêt par l'objet que Freud appelle *identification hystérique.* Par exemple, la grande hystérique d'Erler[4] voit apparaître en vision hypnagogique de nombreux petits cavaliers de papier qui absorbent sa fantaisie au point qu'elle a la sensation de se trouver, elle aussi, cavalier de papier parmi

1. Bohn : *Ein Fall von doppeltem Bewusstsein*, Diss. Breslau, 1898.
2. V. Behr : *Allg. Zeitschr. f. Psych.*, LVI, p. 918, et Ballet : *op. cit.*, p. 44.
3. V. Redlich : *Allg. Zeitschr. f. Psych.*, LVII, 66.
4. Erler : *Allg. Zeitschr. f. Psych.*, XXXV, 21.

eux. On rencontre normalement des phénomènes de ce genre dans le rêve, parce que nous nous y pensons d'ordinaire « hystériquement »[1]. L'abandon absolu à la représentation qui intéresse nous explique aussi le naturel des représentations pseudologiques ou somnambuliques que ne peut atteindre le jeu conscient de l'acteur. Moins la conscience de veille intervient avec sa réflexion et son calcul, plus l'objectivation du rêve prend d'assurance et de force persuasive[2].

Notre cas présente encore une analogie avec la *pseudologia phantastica : la continuation par accès de la construction.* La littérature médicale en connaît de multiples exemples où les mensonges pathologiques se forment par accès au sein de divers troubles hystériformes[3]. Notre malade élargit ses systèmes exclusivement pendant l'accès. A l'état normal, elle est tout à fait incapable de produire une idée nouvelle ou de donner des explications quelconques ; il faut pour cela qu'elle se mette en somnambulisme ou attende que cet état apparaisse spontanément. C'est là toute sa parenté avec la *pseudologia phantastica* ou avec la rêverie pathologique.

Elle se distingue encore essentiellement des rêveurs pathologiques en ce sens que jamais on n'a pu démontrer que la trame de ses rêves fantaisistes aurait constitué auparavant l'objet de son intérêt du jour ; ses rêves se présentent comme une explosion, font brusquement irruption avec une abondance vraiment surprenante, sortant de l'obscurité de l'inconscient. La même chose se produit chez l'Hélène Smith de Flournoy. Mais à plusieurs endroits (voir plus loin), on peut montrer que les rêves se rattachent à des perceptions de l'état normal, de sorte que l'on est amené à supposer qu'il est probable que les sources de ces rêves étaient des représentations affectivement accen-

1. Binet : « Les hystériques ne sont pour nous que des sujets d'élection, agrandissant des phénomènes qu'on doit nécessairement retrouver à quelque degré chez une foule d'autres personnes qui ne sont ni atteintes, ni même effleurées par la névrose hystérique. » *Les Altérations..., op. cit.*, p. 79.

2. Que l'on se rappelle, par exemple, les somnambules montant sur les toits.

3. Delbrück : *op. cit.* et Redlich : *op. cit.* Je rappelle ici encore l'élaboration continue des idées délirantes dans l'état d'obnubilation épileptique, comme Mörchen *(Über Dämmerzustände*, 1901) en cite pp. 51 et 59 de son étude.

tuées à l'origine, mais qui n'ont occupé la conscience de veille que pendant un temps très court [1]. Nous devons donc admettre que *lors de l'apparition des rêves de ce genre, la défaillance hystérique de mémoire* [2] *joue un rôle qu'il ne faut pas sous-estimer.* Beaucoup de représentations qui, comme telles, vaudraient la peine d'être conservées à la conscience, arrivent à sombrer ; des suites d'idées qui s'y rattachent disparaissent et, grâce à la dissociation psychique, continuent à se tisser dans l'inconscient ; c'est là un processus que nous retrouvons encore dans la genèse de nos rêves [3]. De cette façon, l'apparition soudaine et, semble-t-il, non préparée, de rêveries se pourrait expliquer. L'absorption totale de la personnalité consciente dans le rôle du rêve prépare indirectement aussi le développement d'automatismes qui existent en même temps : « Une seconde condition peut amener la division de la conscience : ce n'est pas une altération de la sensibilité, c'est une attitude particulière de l'esprit, la concentration de l'attention sur un point unique ; il résulte de cet état de concentration que l'esprit

---

1. Voir à ce sujet les suppositions extrêmement intéressantes de FLOURNOY sur l'origine du Cycle hindou de H. SMITH : « Je ne serais pas étonné que la remarque de Marlès sur la beauté des femmes du Kanara ait été le clou, l'atome crochu qui a piqué l'attention subliminale et l'a très naturellement rivée sur cet unique passage avec les deux ou trois lignes consécutives, à l'exclusion de tout le contexte environnant, beaucoup moins intéressant. » *Des Indes...*, *op. cit.*, p. 285.

2. JANET dit : « C'est de ces oublis que viennent, non pas toujours, mais très souvent, les prétendus mensonges des hystériques. Ainsi s'expliquent également bien des caprices, des changements d'humeur, des ingratitudes, des inconséquences en un mot, car la liaison du passé avec le présent, qui donne du sérieux et de l'unité à la conduite, dépend en grande partie de la mémoire ». (*L'État mental des hystériques*, 1892, t. I, p. 82.)

3. « Notre réflexion consciente nous montre que notre attention suit une voie déterminée. Si elle rencontre sur sa route une représentation qui ne résiste pas à la critique, elle s'en détourne. Or il semble bien que les pensées abandonnées puissent suivre leur cours sans que l'attention se reporte sur elles : elles ne la forcent que lorsqu'elles atteignent une intensité particulièrement élevée. Ainsi, du fait que notre jugement a repoussé des pensées parce qu'elles lui paraissaient inexactes ou inutiles pour un but momentanément poursuivi, peut résulter un processus ignoré par la conscience et qui se continuera jusqu'au sommeil. » FREUD : *La Science des rêves*, trad. franç. de I. Meyerson, p. 583.

devient distrait pour le reste, et en quelque sorte insensible, ce qui ouvre la carrière aux actions automatiques ; et ces actions peuvent prendre un caractère psychique et constituer des intelligences parasites, vivant côte à côte avec la personnalité normale qui ne les connaît pas[1]. »

Sur les sources subjectives de ses rêves, les romans de notre malade donnent des éclaircissements significatifs. Il y a en eux un fourmillement d'amourettes ouvertes et secrètes, de naissances illégitimes et autres suspicions sexuelles. Le centre de ces histoires équivoques est une dame qui lui est antipathique et qui devient peu à peu son antipode, Ivenès étant le summum de la vertu, cette dame, le plus profond bourbier du vice. *Mais sa doctrine de réincarnation, dans laquelle elle apparaît comme la mère ancestrale de milliers d'êtres innombrables, provient, dans sa naïve nudité, d'une imagination exubérante, précisément celle qui caractérise l'âge de la puberté. C'est le pressentiment féminin de la puberté, le rêve de fécondité qui a créé chez elle ces idées monstrueuses*. Nous ne nous tromperons guère en cherchant dans la sexualité naissante la raison suffisante de cet étrange tableau pathologique. Considérée sous cet angle, toute *la personne d'Ivenès* avec son immense famille n'est *rien de plus que la réalisation d'un rêve de désir sexuel* qui se distingue du rêve d'une nuit parce qu'il s'étend sur des mois et des années.

D. Rapport avec l'accès hystérique

Un point, dans l'histoire de Mlle S. W., est resté jusqu'ici sans explication : son accès hystérique. Dans la deuxième séance, elle tombe soudain en une sorte d'état de syncope d'où elle se réveille avec le souvenir de diverses hallucinations. Selon ses dires, elle ne perdit pas conscience un seul instant. A en juger par les symptômes extérieurs et le déroulement de ces attaques, on pourrait penser à une *narcolepsie* ou *léthargie* telle que la décrit entre autres Loewenfeld, d'autant plus que nous savons déjà qu'un membre de sa famille (sa grand-mère)

1. BINET : *Les Altérations..., op. cit.*

a eu un accès de léthargie. Il est possible que notre sujet ait hérité de la *disposition léthargique* (Loewenfeld). Dans les séances spirites, on a souvent l'occasion d'observer des accès de convulsions hystériques. Notre sujet n'a jamais présenté de phénomènes convulsifs ; par contre, elle a eu d'étranges états de somnolence. Dans notre cas, nous devons donc considérer deux éléments pour ce qui concerne l'étiologie (lors de la première apparition) :

1. L'empiètement de l'hypnose ;

2. L'excitation psychique.

1. *Empiètement de l'hypnose partielle.* Janet a observé que les automatismes subconscients ont une influence hypnotisante et peuvent produire un somnambulisme total[1]. Il a fait l'expérience suivante : un deuxième observateur engageait la malade, complètement éveillée, dans une conversation ; pendant ce temps, Janet se place derrière elle et, par des suggestions faites à voix basse, lui fait inconsciemment mouvoir la main, écrire, donner par des signes la réponse à des questions ; soudain le sujet abandonnait la conversation, se tournait vers Janet et continuait, avec sa conscience claire, l'entretien d'abord subconscient ; elle se trouvait dans un somnambulisme hypnotique[2]. Cet exemple nous paraît ressembler à notre cas. Cependant, pour des raisons que nous expliquerons plus loin, il est bon d'admettre que l'état de sommeil ne doit pas être considéré comme de l'hypnose. Il nous faut donc examiner :

2. *L'excitation psychique.* — On raconte que, lorsqu'elle rencontra Goethe pour la première fois, Bettina Brentano s'endormit soudain sur ses genoux[3]. L'histoire des procès de sor-

---

1. « Une autre considération rapproche encore ces deux états, c'est que les actes subconscients ont un effet en quelque sorte hypnotisant et contribuent par eux-mêmes à amener le somnambulisme. » *L'Automatisme*, p. 329.

2. *Ibidem.*

3. Dans la littérature, cet endormissement à l'instant d'une excitation extrême a été exploité par Gustave FLAUBERT dans son roman *Salammbô* : après avoir conquis Salammbô dans de nombreux combats, le héros s'endort brusquement au moment où il effleure le sein de la jeune fille.

cellerie nous parle du sommeil extatique au milieu des tourments extrêmes, sommeil qu'on appelait « le sommeil des sorcières »[1].

Chez les personnes prédisposées, des circonstances relativement bénignes suffisent pour déclencher des états somnambuliques. Par exemple, on enlève à une dame douillette une écharde qu'elle a dans le doigt. En l'absence de toute autre modification corporelle, elle se vit brusquement transportée au bord d'un ruisseau dans une belle prairie où elle cueillait des fleurs. Cet état dura tout le temps de l'insignifiante opération et disparut de lui-même sans qu'il fût besoin d'intervenir[2]. Loewenfeld a observé des provocations non intentionnelles de léthargie hystérique par hypnose[3]. Notre cas a quelque ressemblance avec la léthargie hystérique décrite par Loewenfeld : respiration superficielle, affaiblissement du pouls et pâleur cadavérique du visage, puis l'impression étrange d'agonie avec idée de mort[4]. La persistance de l'activité de certains sens n'est pas en contradiction avec la léthargie : ainsi dans certains cas de mort apparente, l'ouïe est conservée[5]. Dans le cas de Bonamaison[6], non seulement le toucher était conservé, mais encore l'acuité de l'ouïe et de l'odorat avait augmenté. Il arrive aussi que dans la léthargie, il y ait contenu hallucinatoire et conversation à haute voix avec des personnages imaginaires[7]. Généralement l'amnésie est totale pour l'intervalle léthargique. Le sujet de Loewenfeld, D.[8], avait pourtant gardé un souvenir sommaire, tandis que chez celui de Bonamaison, il n'y avait pas d'amnésie. En tout cas, les léthargiques ne sont pas sensibles aux excitations ordinaires, mais Loewenfeld réussit chez son sujet St. à transformer la léthargie en hypnose au moyen

---

1. Peut-être faut-il placer ici les cas de paralysie émotive. *Cf.* Baetz : *Allg. Zeitschr. f. Psych.*, LVIII, p. 717.
2. *Allg. Zeitschr. f. Psych.*, XXV, p. 17.
3. *Arch. f. Psych.*, XXIII, p. 59.
4. Cf. à ce sujet Flournoy, *op. cit.*, p. 65.
5. *Arch. f. Psych.*, XXII, p. 734.
6. Bonamaison : « Un cas remarquable d'hypnose spontanée, etc. », *Rev. de l'hypnotisme*, févr. 1890, p. 234.
7. *Arch. f. Psych.*, XXII, p. 737.
8. *Arch. f. Psych.*, XXII, p. 737.

de passes mesmériques et ainsi à se mettre en relation avec ce qui restait de conscience durant l'accès[1]. Au début, dans la léthargie, notre sujet se montra absolument inaccessible ; ensuite, elle se mit spontanément à parler ; on ne pouvait l'en empêcher quand c'était son moi somnambulique qui parlait, mais on le pouvait quand c'était une de ses personnalités. Dans ce dernier cas, il est probable que l'influence hypnotisante des automatismes avait réussi une transformation partielle de la léthargie en hypnose. Si l'on se rappelle que, selon Loewenfeld, la disposition léthargique ne « saurait être simplement identifiée au comportement de l'appareil nerveux particulier à l'hystérie », l'hypothèse d'une hérédité familiale de la disposition en question, en ce qui concerne notre cas, acquiert une certaine probabilité. Le tableau clinique est fort compliqué par ces accès.

Nous avons constaté jusqu'ici que la conscience du moi du sujet est identique dans tous les états. Nous avons examiné jusqu'à présent deux cas de complexes conscients secondaires, et nous les avons suivis jusque dans l'accès somnambulique où ils se présentaient au sujet sous forme de vision alors qu'ils abandonnaient pendant l'accès leur extériorisation motrice. Durant les accès suivants, ils restèrent dissimulés à la connaissance extérieure ; par contre, leur action devint d'autant plus intense comme vision dans l'état d'obnubilation. Il semble que de bonne heure déjà de nombreuses séries de représentations secondaires se soient dissociées de la personnalité primaire inconsciente, car déjà au bout de quelques séances les « spirits » se succédèrent à la douzaine. Les noms en étaient inépuisables dans leur diversité ; mais par contre les différences entre les personnalités en question furent bientôt épuisées et il apparut qu'on pouvait les classer en deux types : le *grave-religieux* et le *gai-libertin. Par conséquent il n'y avait en somme que deux personnalités subconscientes différentes*, qui se présentaient sous des noms divers, sans avoir de signification essentielle. La première d'entre elles, le grand-père, qui avait le premier introduit les automatismes, se mit aussi à utiliser l'état d'obnubilation. Je ne puis me souvenir d'aucune suggestion

1. *Arch. f. Psych.*, XXIII, pp. 59 sq.

qui aurait servi de point de départ à la parole automatique. Dans ces conditions, d'après les explications antérieures, l'accès peut être considéré comme une auto-hypnose partielle. Le moi conscient conservé qui, isolé du monde extérieur, est entièrement occupé de ses hallucinations, est un reste de la conscience éveillée. L'automatisme a donc à sa disposition un vaste champ d'action. L'indépendance de chacune des sphères centrales, que nous avons déjà constatée au début chez la malade, nous permet de comprendre l'acte d'automatisme verbal. N'arrive-t-il pas que le dormeur parle en rêve ? et même l'homme éveillé n'accompagne-t-il pas d'un murmure inconscient la violence de la pensée [1] ? Les mouvements particuliers des muscles vocaux méritent qu'on les étudie. On les a observés aussi chez d'autres somnambules [2]. Ces essais maladroits doivent être directement rapprochés des mouvements inintelligents et maladroits de la table ou du verre et correspondent très vraisemblablement aux *extériorisations préliminaires des représentations motrices*, ou même à une excitation limitée aux centres moteurs qui jusqu'alors ne s'étaient pas encore subordonnés à un système supérieur. Cela se produit-il aussi chez les gens qui parlent dans leurs rêves ? Je l'ignore. En tout cas, cela a été observé chez des hypnotisés [3].

Le commode moyen de communication qu'est le langage a beaucoup facilité l'étude des personnalités inconscientes. Le domaine intellectuel de ces personnalités est d'une étendue relativement minime. Elles disposent des connaissances qui constituent l'actif du sujet à l'état de veille, à quoi viennent s'ajouter encore quelques données secondaires, dates de naissance de personnes étrangères ou défuntes et autres dont l'origine est plus ou moins obscure, car le sujet ignore où elle aurait pu puiser de façon naturelle la connaissance de ces dates. C'est

1. Voir les recherches de LEHMANN sur le murmure involontaire. *Aberglaube und Zauberei*, 1898, p. 386.

2. C'est ainsi, par exemple, que FLOURNOY écrit : « Dans un premier essai, Léopold (l'esprit de contrôle de H.S.) ne réussit qu'à donner ses intonations et sa prononciation à Hélène ; après une séance où elle avait vivement souffert dans la bouche et le cou comme si on lui travaillait ou lui enlevait les organes vocaux, elle se mit à causer très naturellement. »

3. LOEWENFELD : *Arch. f. Psych.*, t. XXIII, p. 60.

là ce qu'on appelle de la cryptomnésie, mais les connaissances de cette sorte sont trop insignifiantes pour qu'on s'en occupe davantage. L'intelligence des deux personnages subconscients est faible ; elle ne donne rien que des banalités. Plus intéressant est *leur comportement à l'égard du moi conscient du sujet dans le somnambulisme*. Ces personnages sont toujours avertis de tout ce qui se produit au cours de l'extase dont ils donnent parfois de minute en minute une relation [1] ; cependant ils n'ont qu'une connaissance tout à fait superficielle des suites d'idées fantaisistes de Mlle S.W. ; ils ne les comprennent pas et ne peuvent répondre exactement à aucune des questions à leur sujet ; ils renvoient toujours à Ivenès : « Demandez à Ivenès. » Ce trait indique qu'il y a dans le caractère des personnages subconscients un dualisme difficile à expliquer, car le grand-père, qui se manifeste par la parole automatique, apparaît aussi à Ivenès et, dit-elle, lui apprend ce qui concerne les objets en question. Or pourquoi le grand-père n'est-il averti de rien quand il parle par la bouche du sujet alors qu'il renseigne là-dessus Ivenès dans les extases ?

Revenons aux explications de la première apparition des hallucinations. Nous avons alors considéré la vision comme un empiètement de l'hypnose dans la sphère visuelle. Cet empiètement n'a pas conduit à une « hypnose » normale, mais à une « hypnose hystérique », c'est-à-dire que l'hypnose simple se complique d'un accès hystérique.

Il n'est pas rare de voir dans le domaine de l'hypnotisme que l'hypnose normale est troublée ou remplacée par l'arrivée soudaine d'un somnambulisme hystérique et que par suite l'hypnotiseur perd son rapport avec son sujet. Chez Mlle S.W. l'automatisme apparaissant dans la région motrice joue le rôle de l'hypnotiseur ; les suggestions qui partent de lui (appelées autosuggestions objectives) hypnotisent les domaines voisins où l'on avait constaté une certaine réceptivité. Au moment où l'hypnose empiète sur la sphère visuelle, intervient l'accès hys-

1. Ce comportement rappelle les observations de FLOURNOY : tandis que H.S. en somnambulisme parle comme si elle était Marie-Antoinette, ses bras ne font pas partie de la personnalité somnambulique ; ils appartiennent à l'automatisme « Léopold » qui s'entretient par gestes avec l'observateur. FLOURNOY : *Des Indes...*, *op. cit.*, p. 125.

térique provoquant, comme nous l'avons indiqué, une très profonde modification dans une vaste partie du domaine psychique. Nous devons alors nous imaginer que l'automatisme se trouve en face de l'accès comme l'hypnotiseur en face de l'hypnose pathologique ; il n'a plus aucune influence sur le développement ultérieur de la situation. On peut considérer que l'apparition hallucinatoire de la personnalité hypnotisante ou de l'idée suggérée est le dernier acte exercé sur la personnalité somnambulique. A partir de ce moment l'hypnotiseur n'est plus qu'une figure dont la personnalité somnambulique s'occupe séparément ; il ne peut plus que constater par à-peu-près ce qui se déroule, mais il n'est plus la condition *sine qua non* de ce que contient l'accès somnambulique. Le complexe indépendant du moi dans l'accès, dans notre cas Ivenès, a maintenant la haute main et groupe ses propres produits mentaux autour de la personnalité de son hypnotiseur, le grand-père, tombée désormais à l'état de simple image. De cette façon nous parvenons à comprendre le dualisme dans l'être du grand-père. *Le grand-père I, qui parle directement à l'entourage, est une tout autre personne et un simple spectateur de son double, le grand-père II, qui se présente comme le maître d'Ivenès*. Le grand-père I ne manque certes pas d'assurer avec énergie qu'ils sont une seule et même personne et que le n° I possède les mêmes connaissances que le n° II, mais est gêné dans leur expression par les difficultés de la glossolalie. (Mlle S.W. n'avait elle-même aucune conscience de cette scission et les considérait tous deux comme une seule et même personne.) Mais à y regarder de plus près, le grand-père I n'a pas tout à fait tort et peut en appeler à une observation qui semble parler en faveur de l'identité de I et de II : quand I parle automatiquement, II n'est pas présent, ce qui veut dire qu'Ivenès remarque son absence et ne peut indiquer où I se trouvait pendant cette extase, ou bien elle apprend à son retour de voyage que, pendant ce temps, le grand-père a gardé son corps. Inversement le grand-père ne parle jamais quand il s'en va en voyage avec Ivenès ou lui donne des explications particulières. Il vaut la peine de s'arrêter à ce genre de comportement. Si I est réellement l'hypnotiseur bien séparé de la personne d'Ivenès, il n'y a aucune raison pour qu'il ne puisse aussi parler objectivement, ni pour que son image (II) ne se montre pas pendant l'extase.

Quoique cela soit parfaitement possible, on ne l'a jamais observé en fait. Comment sortir de ce dilemme ? L'identité de I et de II est une certitude, toutefois cette identité ne se trouve pas dans le domaine de la douteuse personnalité, mais dans la base qu'elles ont toutes deux en commun et qui est la personnalité, une et indivisible évidemment dans son être profond, de Mlle S.W. Nous touchons ici à ce qui caractérise toutes les scissions hystériques de la conscience. *Ce sont des troubles qui ne concernent que la surface et dont aucun n'est assez profond pour atteindre jamais le fond solidement articulé du complexe du moi.* A un point quelconque, si caché soit-il, nous trouvons toujours le pont qui joint les bords du fossé, quelque insurmontable qu'il paraisse. Si à un sujet hypnotisé on rend invisible par suggestion une des quatre cartes qu'il tient, il ne nomme naturellement que les trois autres. Qu'on lui mette alors un crayon dans la main en lui demandant d'écrire le nom de toutes les cartes qui lui ont été présentées, il y ajoute exactement le nom de la quatrième [1]. — Un malade de Janet [2] avait toujours, dans l'aura de ses accès hystéro-épileptiques, la vision d'un incendie et, chaque fois qu'il voyait du feu, il avait un accès : il suffisait de tenir devant lui une allumette enflammée pour en déclencher un. Son champ visuel était limité à gauche à 30° ; l'œil droit fermé, on lui fait fixer avec l'œil gauche le milieu d'un périmètre tandis qu'à 80° on lui présente une allumette enflammée : aussitôt se déclenche un accès hystéro-épileptique. Quoique dans beaucoup de cas de double conscience l'amnésie soit très étendue, les malades en question ne se comportent pas en fonction du degré de leur ignorance, mais comme si un obscur instinct continuait à guider leurs actes selon leurs connaissances antérieures. Non seulement cette dissociation amnésique relativement légère, mais même la grande amnésie de l'état d'obnubilation épileptique, considérée autrefois comme un irréparable *damnum*, sont incapables de couper les liens très profonds qui rattachent le complexe du moi de l'état d'obnubilation au moi normal. On a même réussi,

1. Dessoir : *Das Doppel-Ich*, t. ii, éd. 1896, p. 29.
2. P. Janet : *L'Anesthésie hystérique, Arch. d. Neur.*, 1892, p. 69.

dans un cas, à rétablir le lien entre le contenu de l'état crépusculaire et le complexe du moi de veille[1].

Appliquons ces expériences à notre cas : nous en arrivons à l'hypothèse explicative suivante : les couches de l'inconscient que la dissociation n'a pas atteintes tentent, sous l'influence de suggestions convenables, de traduire évidemment l'unité de la personnalité automatique ; mais la tentative échoue *en présence du trouble plus profond causé par l'attaque hystérique*[2] qui empêche une synthèse plus parfaite en faisant intervenir dans les associations celles qui sont, pourrait-on dire, la propriété première de la personnalité surconsciente : *quand il apparaît, le rêve d'Ivenès est mis dans la bouche de figures que le hasard a mises dans le champ visuel et, à partir de ce moment, il reste associé à ces personnages.*

E. **Relation avec les personnalités inconscientes**

Nous avons vu que les nombreuses personnalités se réduisent à deux types, le grand-père et Ulrich de Gerbenstein. Le premier s'en tient à des propos bigots, donne une foule de préceptes moraux édifiants, etc. Le second est en bref une jouvencelle qui n'a de viril que le nom. Il nous faut ici compléter l'anamnèse et dire qu'à 15 ans, Mlle S.W. a été confirmée par un pasteur rigoureusement piétiste ; chez elle, elle a dû entendre, à l'occasion, des sermons de morale piétiste. Le grand-père représente cet aspect de son passé ; Gerbenstein représente l'autre ; d'où l'étrange contraste. Nous retrouvons donc ici la personnification des principaux caractères du passé ; d'abord l'être qui a reçu une éducation piétiste rigoureuse, puis tout le relâchement d'une jeune fille de 15 ans, vive et qui dépasse souvent les bornes[3]. Chez Mlle S.W., nous retrouvons

1. Graeter : *Zeitschr. f. Hypnotismus*, VII, p. 129.

2. « L'attaque hystérique n'est pas un processus psychique pur. Les processus psychiques déclenchent seulement un mécanisme préformé qui n'a en soi rien de commun avec des processus psychiques. » Karplus : *Jahrbuch f. Psych.*, XVII.

3. Cette objectivation de certains complexes associatifs a été utilisée dans la littérature par Carl Hauptmann, dans son drame *Les Mineurs (Die*

les deux traits en un curieux mélange : tantôt elle est angoissée, craintive et d'une retenue exagérée ; tantôt elle est relâchée jusqu'à la limite de ce qui est permis. *Ces contrastes lui sont souvent très pénibles*. Voilà la clé de l'origine des deux personnages subconscients. Il semble que notre sujet cherche une voie moyenne entre les deux extrêmes ; elle s'efforce de les refouler et de tendre vers un état plus idéal. Cet effort la conduit au rêve pubertaire de l'idéale Ivenès auprès des incarnations de qui les traits imprécis de son propre caractère passent à l'arrière-plan. Mais ils ne sont pas perdus ; ils commencent au contraire à mener en tant qu'idées refoulées, et comme l'avait fait l'idée d'Ivenès, une existence indépendante sous forme de personnalités automatiques.

Tout cela rappelle fortement les études faites par Freud sur les rêves où il découvre les rejetons indépendants qui poussent à la suite d'idées refoulées[1]. Et nous comprenons maintenant pourquoi chez Ivenès les personnages des hallucinations diffèrent de ceux qui écrivent ou parlent automatiquement. Les premiers lui apprennent les secrets de l'au-delà, lui racontent toutes les histoires fantastiques sur ce qu'il y a d'extraordinaire dans sa personne, lui créent des situations dans lesquelles elle peut jouer un rôle dramatique avec les attributs de sa puissance, de son intelligence et de sa vertu. Ils ne sont pas autre chose que des dissociations dramatiques de son moi de rêve. Les seconds, au contraire, sont ceux qu'il faut dominer ; ils ne doivent pas participer à Ivenès. Ils n'ont avec ses compagnons spirituels rien de commun que le nom. A priori nous ne devons pas nous attendre, dans un cas comme le nôtre où il n'y a jamais de séparations bien nettes, à ce que deux particularités caractérologiques aussi prononcées disparaissent d'un complexe somnambulique du moi si étroitement lié à la conscience éveillée. De fait nous le trouvons en partie dans ces scènes extatiques de pénitence et en partie dans ces romans remplis de bavardages d'une plus ou moins grande banalité. Dans l'ensemble, il se présente sous une forme sensiblement atténuée.

Bergschmiede). Dans une hallucination au cours d'une affreuse nuit, apparaît aux yeux du chercheur de trésor ce qu'il y a de meilleur en lui.

1. Freud : *La Science des rêves*. Voir aussi Breuer et Freud : *Études sur l'hystérie*, 1895.

F. Évolution de la crise

Il ne nous reste plus qu'à dire quelques mots de l'évolution de cette étrange affection. Le processus atteignit son point culminant au bout d'un à deux mois. C'est dans cet intervalle que se déroule la description esquissée d'Ivenès et des personnalités subconscientes. A partir de ce moment, on put remarquer un déclin progressif indiqué par le vide des extases et l'accroissement de l'influence de Gerbenstein. Les phénomènes perdirent de plus en plus de leur plasticité ; peu à peu se produisit un méli-mélo inextricable des caractères d'abord bien distincts. Le butin psychologique diminua sans cesse et toute l'histoire finit par prendre un air de parfait charlatanisme. Cette dégringolade atteignit aussi lourdement Ivenès ; elle manifesta une pénible incertitude, s'exprima avec prudence, en tâtonnant, tandis que le caractère de Mlle S.W. apparaissait de plus en plus dévoilé. Les attaques somnambuliques aussi perdirent de leur fréquence et de leur intensité. Il fut possible d'observer tous les degrés qui conduisent du somnambulisme au mensonge conscient.

Le rideau tomba. La malade est, depuis lors, allée à l'étranger. Son caractère est devenu plus agréable et plus constant ; c'est une constatation qui mérite notre attention si nous nous rappelons les cas où l'état II remplaçait l'état I. Peut-être s'agit-il ici d'un phénomène semblable.

On sait que les phénomènes somnambuliques sont particulièrement fréquents précisément à l'époque de la puberté[1]. Ainsi le cas de somnambulisme de Dyce[2] commença immédiatement à l'apparition de la puberté et dura exactement jusqu'à sa fin. De même le somnambulisme de H. Smith est en rapport étroit avec la puberté[3]. Schroeder van der Kolk présente une malade qui a 16 ans au moment où elle est atteinte ; Félida X. a 14 ans et demi. Nous savons aussi que c'est à ce moment que se forme et se fixe le caractère futur. Dans les cas de Félida X. et de Mary Reynolds, nous avons vu que les traits de l'état II refoulent peu à peu ceux de l'état I et les rempla-

1. Pelmann : *Allg. Zeitschr. f. Psych.*, xxi, p. 74.
2. *Allg. Zeitschr. f. Psych.*, xxii, p. 407.
3. Flournoy : *Des Indes..., op. cit.*, p. 28.

cent. *On peut donc fort bien admettre que des phénomènes de double conscience de ce genre ne soient pas autre chose que de nouvelles formations de caractère ou des tentatives de percée de la personnalité future qui, par suite de difficultés particulières* (circonstances extérieures défavorables, disposition psychopathique du système nerveux, etc.), *se trouvent liées à certains troubles de la conscience.* A l'occasion, les somnambulismes acquièrent, justement à cause des difficultés qui s'opposent au caractère futur, une importance téléologique de premier plan parce qu'ils donnent à l'individu, infailliblement condamné à succomber, la possibilité de vaincre. Je pense ici surtout à Jeanne d'Arc dont le courage extraordinaire rappelle vivement les exploits de Mary Reynolds II. Indiquons également ici la signification analogue des « hallucinations téléologiques » dont certains cas sont parvenus à la connaissance du public sans qu'on les ait jusqu'ici étudiés scientifiquement.

G. **L'hyperactivité inconsciente**

Nous avons examiné maintenant tous les phénomènes essentiels présentés par notre cas et qui sont importants pour sa structuration interne. Il ne nous reste plus qu'à soumettre à un bref examen certains phénomènes accessoires : il s'agit des *hyperactivités inconscientes*. Dans ce domaine, on se heurte à un scepticisme non injustifié de la part des représentants de la science. Déjà la conception que se faisait Dessoir du moi second se heurta à de multiples contradictions et fut repoussée par beaucoup sous prétexte qu'elle était trop enthousiaste. On sait que c'est surtout l'occultisme qui s'est emparé de ce domaine pour tirer d'observations douteuses des conclusions hâtives. Et vraiment nous sommes bien loin de pouvoir donner à ce sujet quelque chose de définitif : nous n'avons encore nulle part des documents suffisants. Si donc nous pénétrons dans le domaine de l'hyperactivité inconsciente, c'est uniquement pour ne négliger aucun aspect de notre cas. Par *hyperactivité inconsciente nous entendons le processus automatique dont les résultats dépassent les possibilités de l'individu qui en est le théâtre.* Il faut ranger ici avant tout la lecture de pensée par les mouvements de la table. J'ignore s'il y a des personnes capables de deviner d'assez longues suites de pensées au moyen de conclusions inductives tirées de mouvements oscillatoires intentionnels. En tout cas, il est certain que, cette possibilité étant admise, ces personnes devraient disposer d'une routine acquise par un entraînement acharné. Mais dans notre cas, on ne saurait parler de routine et il ne nous reste pas autre chose à faire que de supposer, jusqu'à nouvel ordre, l'existence d'une réceptivité de l'inconscient, réceptivité primaire de beaucoup supérieure à celle de la conscience. Cette hypothèse se fonde sur de nombreuses observations faites sur des somnambules. Il me suffira de signaler les expériences de Binet[1] : sur la peau anesthésique du dos de la main ou du cou, il appliquait des lettres ou autres objets, ou même de petits reliefs compliqués ; il faisait reproduire ensuite par le dessin les perceptions inconscientes. Voici les conclusions auxquelles ces expériences l'ont conduit : « D'après les calculs que j'ai pu faire, la sensibilité inconsciente d'une hystérique est à certains moments *cinquante fois* plus fine que celle d'une personne normale. » — Une autre hyperactivité à considérer dans notre cas, et pour de nombreux autres somnambules, est le processus que l'on appelle en France « cryptomnésie »[2]. On entend par ce terme la venue à la conscience d'une image-souvenir que pourtant on ne reconnaît pas d'abord comme souvenir et qu'on ne reconnaîtra que secondairement soit par une reconnaissance venue après coup soit par la voie d'un raisonnement abstrait. Il est caractéristique, dans la cryptomnésie, que l'image apparue ne porte pas en soi les attributs de l'image-souvenir, autrement dit qu'elle ne soit pas reliée au complexe du moi surconscient.

D'une façon générale, on distingue trois voies par lesquelles l'image cryptomnésique est conduite à la conscience.

1. *L'image entre dans la conscience sans l'intermédiaire des sphères sensorielles (elle est donc intrapsychique)*. C'est une idée soudaine, dont l'enchaînement causal est soustrait à la pensée du sujet. La cryptomnésie ainsi comprise est un événement tout à fait quotidien et touche de très près les processus psychiques nor-

---

1. BINET : *Les Altérations..., op. cit.*, p. 125. Voir aussi les données de LOEWENFELD dans *Hypnotismus*, 1901.

2. Il ne faut pas confondre *cryptomnésie* et *hypermnésie*. Par ce dernier terme on désigne le développement anormalement aigu de la faculté de se ressouvenir, qui reproduit les images-souvenirs comme telles.

maux. Combien de fois induit-elle en erreur le savant, l'écrivain ou le compositeur, les laissant croire à l'originalité de leurs idées alors que, par la suite, le critique découvre la source ! La plupart du temps, la forme personnelle donnée à la description protège l'auteur de l'accusation de plagiat et prouve sa bonne foi. Mais il peut se présenter des cas dans lesquels la reproduction est textuelle bien qu'inconsciente. Si le passage en question renferme une idée remarquable, le soupçon d'un plagiat plus ou moins conscient est justifié, parce qu'une idée importante est liée au complexe du moi par de multiples associations ; on y a pensé à différents moments et dans différentes situations ; elle dispose donc de nombreux points d'attache de tous les côtés, si bien qu'elle ne disparaît jamais de la conscience au point que sa continuité puisse être perdue pour l'ensemble de la mémoire consciente. Or nous avons un critère qui nous permet à tout moment de découvrir la cryptomnésie intrapsychique : *La représentation cryptomnésique est reliée au complexe du moi par un minimum d'associations*. Il faut en chercher la raison dans le rapport de l'individu à l'objet en question, dans la disproportion entre cet objet et l'intérêt qu'on lui porte. Deux éventualités peuvent se présenter : 1° l'objet mérite qu'on s'intéresse à lui, mais l'intérêt est faible par suite de la distraction ou du manque de compréhension. 2° l'objet ne mérite pas qu'on s'intéresse à lui, d'où la faiblesse de l'intérêt qu'on lui porte. — Dans les deux cas, il s'établit un lien fragile avec la conscience qui explique le rapide oubli. Le pont léger est rapidement rompu et la représentation acquise sombre dans l'inconscient où elle n'est plus accessible à la conscience. Mais si, par la voie de la cryptomnésie, elle pénètre à nouveau dans la conscience, elle présentera ou bien un caractère hétérogène ou bien celui d'une création originale parce que la voie par laquelle elle pénétra jadis dans l'inconscient a complètement disparu. Hétérogénéité et création originale sont d'ailleurs très proches l'une de l'autre si l'on en juge par les témoignages des natures géniales, nombreuses dans les belles-lettres (possession par le génie)[1]. Abstraction faite de quelques cas remarquables de

1. « Quelqu'un a-t-il, en cette fin du XIXe siècle, la notion claire de ce que les poètes, aux grandes époques de l'humanité, appelaient l'*inspiration* ? Si nul ne le sait, je vais vous l'expliquer ici.

Pour peu que l'on ait gardé en soi la moindre parcelle de superstition,

ce genre, dans lesquels il est douteux qu'il s'agisse de création cryptomnésique ou originale, il en existe aussi où la cryptomnésie reproduit un passage de contenu secondaire presque mot à mot comme dans le cas suivant :

NIETZSCHE : *Ainsi parlait Zarathoustra*, tr. H. Albert, p. 185. (Mais la voie étroite qui descend à cette porte traverse elle-même le volcan.)

« A cette époque donc, tandis que Zarathoustra séjournait dans les îles Bienheureuses, il arriva qu'un vaisseau jeta son ancre dans l'île où se trouve la montagne fumante ; et *son équipage descendit à terre pour tirer des lapins*. Pourtant à l'heure de midi, *tandis que le capitaine et ses gens se trouvaient de nouveau réunis, ils virent soudain un homme traverser l'air en s'approchant d'eux* et une voix prononça distinctement ces paroles : "*Il est temps ; il est grand temps !" Lorsque la vision fut le plus près d'eux* — elle passait très vite pareille à une ombre dans la direction du volcan — ils reconnurent avec un grand effarement que c'était Zarathoustra ; car ils l'avaient tous déjà vu, excepté le capitaine lui-même. — "Voyez donc ! dit levieux pilote, *voilà Zarathoustra qui va en enfer !*" »

Extrait effrayant du journal du vaisseau « Le Sphinx » de l'année 1686 dans la mer Méditerranée. Just. KERNER : *Blätter aus Prevorst*, t. IV, p. 57.

« Les quatre capitaines et un marchand, M. Bell, *débarquèrent sur la rive* de l'île du mont Stromboli, *pour tirer des lapins*. Vers 3 heures, *ils rassemblèrent leurs gens* pour retourner à bord quand, à leur indicible étonnement, *ils virent apparaître deux hommes qui volaient très vite vers eux*. L'un était vêtu de noir, l'autre avait des vêtements gris, *ils passèrent avec la plus grande rapidité près d'eux* et à leur grand effarement *ils se précipitèrent dans* les flammes brûlantes, dans *l'horrible cratère du volcan "le mont Stromboli"*.

C'étaient des gens de Londres que nous connaissions. »

---

on ne saurait en vérité se défendre de l'idée qu'on n'est que l'incarnation, le porte-voix, le médium de puissances supérieures. Le mot "révélation", entendu dans ce sens que tout à coup "quelque chose" *se révèle à notre vue* ou à notre ouïe, avec une indicible précision, une ineffable délicatesse, "quelque chose" qui nous ébranle, nous bouleverse jusqu'au plus intime de notre être, — est la simple expression de l'exacte réalité. On entend, on ne cherche pas ; on rend, on ne se demande pas qui donne. Tel un éclair, la pensée jaillit soudain avec une nécessité absolue, sans hésitation ni recherche. Je n'ai jamais eu à faire un choix. » NIETZSCHE, *Ecce homo*, trad. H. ALBERT, *Mercure de France*, Paris, 1909, p. 126.

D'après ce que m'a fait savoir la sœur du poète, Madame Förster-Nietzsche, entre 12 et 15 ans, Nietzsche s'occupa beaucoup de Just. Kerner chez son grand-père, le pasteur Oehler, à Pobler ; il ne s'en occupa plus par la suite. Or il n'est guère probable que le poète ait eu l'intention de plagier un journal de bord, et si cela avait été, il aurait sans doute laissé de côté le passage tout à fait prosaïque — et qui n'a aucune importance pour l'ensemble de la situation : « pour tirer des lapins ». Il semble bien que tandis qu'il faisait la description poétique de la descente de Zarathoustra aux enfers, cette impression, à moitié ou tout à fait inconsciente de sa jeunesse, se soit glissée dans son récit.

Ces exemples nous font voir toutes les particularités de la cryptomnésie : un détail tout à fait insignifiant, digne tout au plus d'un rapide oubli, est soudain reproduit avec une exactitude presque textuelle, alors que les points essentiels du récit se trouvent, on ne peut pas dire changés, mais du moins recréés d'une manière personnelle ; autour du noyau individuel, autour de l'idée de la descente aux enfers, viennent se ranger en détails pittoresques les vieilles impressions oubliées d'une situation analogue. Le passage en question est d'ailleurs si niais que le jeune Nietzsche, qui lisait beaucoup, l'a sans doute parcouru rapidement sans apporter à la chose aucun intérêt profond. Nous avons donc ici le minimum exigé de liaison associative ; car on ne peut guère imaginer distance plus grande que celle qui sépare ce vieux récit ridicule de l'esprit de Nietzsche en 1883. Si nous nous représentons dans quel état d'esprit se trouvait Nietzsche au moment où il composa son Zarathoustra [1] et si nous nous rappelons que l'extase du poète est, en plus d'un point, proche du pathologique, cette réminis-

1. « C'est un ravissement où notre âme démesurément tendue se soulage parfois par un torrent de larmes, où nos pas, sans que nous le voulions, tantôt se précipitent, tantôt se ralentissent ; c'est une extase qui nous ravit entièrement à nous-mêmes en nous laissant la perception distincte de mille frissons délicats qui nous font vibrer tout entiers, jusqu'au bout des orteils ; c'est une plénitude de bonheur où l'extrême souffrance ou l'horreur ne sont plus éprouvées comme contrastes mais comme parties intégrantes et indispensables, comme des nuances *nécessaires* au sein de cet océan de lumière. » NIETZSCHE, *Ecce homo, op. cit.*, p. 127.

cence anormale nous sera compréhensible. Quant à l'autre éventualité citée ci-dessus, la conservation d'un sujet en soi sans intérêt dans un état de distraction ou au cours d'un demi-intérêt par suite du manque de compréhension et sa reproduction cryptomnésique, nous la trouvons surtout chez les somnambules ; nous la trouvons aussi signalée dans la littérature en tant que phénomène curieux chez les mourants[1]. Parmi la foule de phénomènes de ce genre, nous avons surtout à considérer *le parler en langue étrangère*, symptôme que l'on appelle *glossolalie*. Ce phénomène est signalé partout où se présentent des états extatiques correspondants : dans les Actes des Apôtres, du Nouveau Testament[2], dans les procès de sorcellerie et récemment chez la Voyante de Prévorst, chez Laura, fille de Judge Edmond, chez l'Hélène Smith de Flournoy, dont l'étude à ce point de vue est unique en son genre ; puis dans le cas étudié par Bresler[3] qui, sans doute, est le même que celui du pasteur Blumhardt[4]. Ainsi que l'a montré Flournoy, dans la mesure où il s'agit d'une langue véritable, la glossolalie est un phénomène cryptomnésique κατ'ἐξοχήν. Je renvoie aux très intéressantes observations de cet auteur[5].

Dans le cas de Mlle S.W., on n'a observé qu'une fois une glossolalie durant laquelle les seuls mots compréhensibles étaient parsemés, çà et là, des variations du mot « vena ». L'origine de ce mot est claire : quelques jours auparavant, la malade s'était plongée dans l'examen d'un atlas anatomique et en particulier dans ce qui concernait les veines du visage où leurs noms étaient donnés en latin et le mot *vena* avait été employé par elle dans ses rêves, comme il arrive aussi chez les gens en bonne santé. Les autres mots et phrases en langue étrangère trahissent dès l'abord leur origine : le français, que la malade parle assez couramment. Malheureusement je n'ai pas les traductions exactes des différentes phrases parce que Mlle S.W. n'a pas voulu les donner ; mais nous pouvons

1. ECKERMANN : *Gespräche mit Goethe*, t. III, p. 280. Ed. Reklam.
2. *Cf.* GOERRES : *Die christliche Mystik.*
3. BRESLER : *Kulturhistorischer Beitrag zur Hysterie, Allg. Zeitschr. f. Psych.*, LIII, p. 333.
4. ZÜNDEL : *Biographie Blumhardt's.*
5. FLOURNOY : *Des Indes..., op. cit.*

admettre qu'il s'agit d'un phénomène analogue à celui de la langue martienne de Mlle H. Smith. Flournoy démontre que cette langue martienne n'est pas autre chose qu'une traduction enfantine du français dans laquelle seuls les mots ont été modifiés tandis que la syntaxe est restée la même. Mais il est plus vraisemblable encore de supposer que le sujet mettait à la queue leu leu des sons dépourvus de sens mais d'allure étrangère, sans former proprement des mots [1] en empruntant au français et à l'italien certaines intonations verbales qu'elle combinait à la façon d'une langue, un peu comme Hélène Smith remplissait les lacunes entre les mots sanscrits réels par un pseudo-langage qu'elle fabriquait elle-même. Les noms bizarres du système mystique se ramènent aisément, pour la plupart, à des racines connues. Les cercles déjà rappellent vivement les orbites des planètes dont tous les atlas scolaires donnent le schéma ; on y reconnaît même assez bien les rapports des planètes au soleil ; aussi ne nous tromperons-nous guère en considérant les noms comme des réminiscences empruntées à l'astronomie populaire. Voici par exemple comment s'expliquent Persus, Fenus, Nenus, Sirum, Surus, Fixus et Pix : ce ne sont que des déformations enfantines de Perseus (Persée), Vénus, Sirius et étoile fixe (Fix-stern) (déformations analogues à celles de vena). Magnesor rappelle vivement Magnétisme, dont la malade avait appris la signification mystique dans *La Voyante de Prévorst*. Connesor, opposé à Magnesor, rappelle le préfixe « con » du mot français « contre ». Hypos et Hyfonismus rappellent hypnose et hypnotisme, sur la signification desquels courent, comme on le sait, dans les milieux profanes, les idées les plus extravagantes. Les terminaisons en « us » et en « os » fréquemment employées sont les caractéristiques par lesquelles, en général, le profane comprend la différence entre le latin et le grec. Les autres noms proviennent probablement de circonstances fortuites analogues dont nous ne savons rien. La modeste glossolalie de ce cas ne prétend nullement être

1. « Le baragouin rapide et confus dont on ne peut jamais obtenir la signification, probablement parce qu'il n'en a en effet aucune, et n'est qu'un pseudo-langage », p. 193, analogue au baragouinage par lequel les enfants se donnent parfois dans leurs jeux l'illusion qu'ils parlent chinois, indien ou « sauvage », *ibid.*, p. 152.

un modèle de cryptomnésie ; elle ne consiste en effet qu'en l'utilisation inconsciente de diverses impressions parfois optiques, parfois acoustiques, très faciles à saisir.

2. L'image cryptomnésique parvient à la conscience (sous forme d'hallucination) *par l'intermédiaire des sens.* C'est encore Hélène Smith qui nous en donne les exemples classiques. Je rappelle le cas cité plus haut du nombre 18 [1].

3. L'image parvient à la conscience par l'intermédiaire de l'automatisme moteur. Hélène Smith avait perdu une broche à laquelle elle tenait beaucoup. Dix jours plus tard, son guide Léopold lui fit savoir, au moyen de la table, où elle retrouverait cette broche. D'après les indications reçues, on la retrouva en effet la nuit, en plein champ, sous une couche de sable [2]. A strictement parler, il ne s'agit pas, dans la cryptomnésie, d'hyperactivité au sens propre du mot puisque la fonction de la mémoire consciente ne subit aucune augmentation, mais simplement un enrichissement de son contenu. L'automatisme se borne à rendre accessible à la conscience, par des voies indirectes, certains domaines qui lui étaient auparavant fermés. Mais l'inconscient n'accomplit pour cela aucun travail qui dépasse, en qualité ou en quantité, les possibilités du conscient. La cryptomnésie n'est donc qu'une apparente hyperactivité, au contraire de l'hypermnésie qui représente en fait une augmentation de la fonction [3]. Nous avons parlé plus haut d'une réceptivité de l'inconscient qui serait supérieure à celle du conscient, en particulier en ce qui concerne les simples expériences de transmission de pensée avec des nombres. Comme nous l'avons dit, outre notre malade, un nombre relativement grand de gens sains sont à même de deviner d'assez longues suites de pensées, pourvu toutefois qu'elles ne soient pas d'un caractère trop compliqué, en utilisant des mouvements vibratoires. Ces expériences sont en quelque sorte le phénomène originel de ces cas plus rares et infiniment plus surprenants de connais-

---

1. P. 179.
2. Flournoy : *Des Indes..., op. cit.*, p. 378.
3. Voir un cas de ce genre *in* v. Krafft-Ebing : *Lehrbuch*, IVe éd., p. 578.

sance *intuitive* que présentent parfois les somnambules[1]. Dans l'examen qu'il fit sur lui-même, Zschocke[2] découvre que les phénomènes de ce genre ne se trouvent pas seulement dans le domaine du somnambulisme, mais apparaissent aussi chez des personnes qui ne sont pas somnambules.

Il semble que la formation de connaissances de cette sorte se produise de diverses manières : avant tout intervient la finesse déjà signalée des perceptions inconscientes. Ensuite, il faut avoir soin de mettre en évidence l'énorme suggestibilité des somnambules. *Le somnambule incarne en quelque sorte toute idée suggestive, mais en outre, il vit aussi la suggestion par excellence, dans la personne de son médecin ou de l'expérimentateur, avec l'abandon particulier aux hystériques suggestibles.* Le rapport entre Madame Hauffe et Kerner en est un bel exemple. Et si, dans ces cas-là, on en arrive à un haut degré de *concordance associative*, il n'y a rien qui puisse étonner. C'est un fait que, dans ses expériences sur la transmission mentale de pensée, Richet, par exemple, aurait dû prendre davantage en considération. Enfin il y a des cas d'hyperactivité somnambulique que l'on ne peut expliquer simplement par l'hyperesthésie de l'activité sensorielle inconsciente, ni par la concordance associative ; ils présupposent en effet *une activité intellectuelle extraordinairement développée de l'inconscient.* Le déchiffrage des mouvements vibratoires intentionnels exige, non seulement une extraordinaire délicatesse de la sensibilité, mais encore une énorme délicatesse sensorielle rendant possible la combinaison des perceptions isolées en une rigoureuse unité de pensée, si toutefois nous pouvons établir une analogie entre le processus de connaissance dans le domaine de l'inconscient et ce même processus dans le conscient. En tout cas nous ne devons pas oublier que *dans l'inconscient, sentiments et concepts ne sont pas si nettement séparés et qu'il peut même arriver qu'ils se confondent.* L'essor intellectuel

---

1. « La limitation des processus associatifs et la continuelle concentration de l'attention à un domaine déterminé de représentation peuvent aussi conduire au développement de nouvelles pensées que ne pourrait faire naître aucun effort volontaire à l'état de veille. » LOEWENFELD : *Hypnotismus*, p. 289.

2. ZSCHOCKE : *Eine Selbstschau*, 3e éd., Aarau, 1843, pp. 227 sq.

que montrent de nombreux somnambules dans l'extase est évidemment rare, mais c'est un fait constaté[1]. Je serais même disposé à dire que le schéma inventé par notre sujet provient précisément d'une hyperactivité dépassant son intelligence normale. Nous avons déjà découvert l'origine probable d'une partie de ce schéma. Le cycle de vie de Madame Hauffe que Kerner décrit dans son livre en est probablement une deuxième source. Il semble que sa forme extérieure en soit déterminée par ces points de repère. Ainsi que je l'ai fait remarquer en décrivant le cas, l'idée du dualisme provient des fragments de conversation perçus par la malade durant l'état crépusculaire qui succédait chaque fois à ses extases.

Là s'arrête ma connaissance des sources où a puisé Mlle S.W. D'où provient l'idée fondamentale ? Elle-même ne saurait le dire. Naturellement j'ai compulsé la littérature occultiste dans la mesure où c'était nécessaire, pour y découvrir quelque chose ; j'y ai trouvé une foule de cas parallèles à ce système gnostique dans différents siècles ; mais ils étaient dispersés dans des œuvres de toutes sortes dont la malade ne pouvait avoir eu connaissance. D'ailleurs, étant donné son âge et son milieu, il est absolument impossible qu'elle ait pu en faire l'étude. Un bref examen du système sur la base des explications données par Mlle S.W. montre quelle somme de réflexion il a fallu pour en faire la construction. Mais quelle valeur faut-il accorder à cette production intellectuelle ? C'est là affaire de goût. Quoi qu'il en soit, vu la grande jeunesse et la disposition d'esprit de notre sujet, nous ne pouvons qu'y voir un produit qui dépasse de beaucoup l'ordinaire.

III. CONCLUSION

Je suis bien loin de penser que ce travail pourrait apporter de quelque manière un résultat définitif et satisfaisant au point

1. Gilles de la Tourette dit : « Nous avons vu des jeunes filles somnambules pauvres, sans instruction, très peu douées à l'état de veille, dont l'attitude se transformait dès qu'elles étaient endormies. Auparavant elles étaient ennuyeuses et maintenant elles sont vives et animées, parfois même pleines d'esprit. » Cité par Loewenfeld, *Hypnotismus, op. cit.*, p. 132.

de vue scientifique. J'ai voulu surtout me dresser contre l'opinion courante qui n'a pour ces phénomènes dits occultes qu'un sourire méprisant ; j'ai voulu montrer combien ces phénomènes se rattachent au domaine où s'exerce l'activité du médecin et du psychologue et souligner les nombreuses questions importantes que cache encore cette région inexplorée. Si j'ai entrepris ce travail, c'est que j'étais persuadé que, dans ce domaine, mûrit une riche moisson pour la psychologie expérimentale, et que j'avais conscience que la science de langue allemande s'est jusqu'à présent trop peu préoccupée de ces questions. Cette dernière raison m'a conduit à expliquer un cas de somnambulisme en me plaçant exclusivement au point de vue pathologique afin de préciser d'une manière générale la position du somnambulisme par rapport à la pathologie.

Je me permets d'espérer que le présent travail pourra ouvrir à la science une voie qui lui permettra de comprendre et d'assimiler peu à peu la psychologie encore si controversée de l'inconscient.

ÂME ET MORT

On m'a souvent demandé ce que je pensais de la mort, cette fin évidente de l'existence humaine individuelle. Nous savons qu'elle est un terme absolu. Elle est le point final qui, souvent, se pose déjà avant que la phrase soit terminée, et au-delà duquel il ne reste plus chez autrui que des souvenirs ou des conséquences. Pour celui qui en est touché, le sablier s'est vidé ; la pierre qui roulait s'est arrêtée. En face de cette mort, la vie nous apparaît toujours comme un écoulement, la marche d'une montre qu'on a remontée, dont l'arrêt final est tout naturel. Jamais nous ne sommes mieux convaincus de cet « écoulement » qu'au moment où une vie humaine s'arrête sous nos yeux, et jamais ne se pose plus pressante et plus douloureuse la question du sens et de la valeur de la vie qu'à l'instant où nous voyons le dernier souffle abandonner un corps tout à l'heure encore animé. Combien différent nous semble ce sens selon que nous contemplons le jeune homme tendu vers des buts lointains, créant l'avenir, ou un incurable, ou un vieillard s'enfonçant à contre-cœur dans la tombe où les pousse leur faiblesse. La jeunesse — croyons-nous — a un but, un avenir, un sens, une valeur. Tandis que mourir, c'est simplement s'arrêter d'être : cela n'a pas de sens. Qu'un jeune ait peur du monde, de la vie, de l'avenir, tout le monde trouve que c'est fâcheux, déraisonnable, névrotique ; on le tient pour un lâche qui se dérobe. Mais qu'un homme vieillissant éprouve une secrète horreur, une angoisse affreuse à l'idée qu'il ne peut raisonnablement plus espérer que tant ou tant d'années de vie, alors nous éprouvons quelque peine au souvenir de certains sentiments qui ont agité notre propre cœur ; nous détournons notre regard autant que possible et orientons la conversation vers un autre sujet. L'optimisme avec lequel on considère et l'on juge les jeunes est ici impuissant. On dispose bien, pour chaque éventualité, de quelques sages maximes appropriées que l'on sert à l'occasion à ses semblables : « Nous sommes tous mortels », « On n'est pas éternel », etc. Mais une fois seul, dans le silence et l'obscurité de la nuit, face aux pensées qui additionnent et retranchent les années vécues, à la longue suite des événements qui prouve combien a tourné l'aiguille de l'horloge, à l'approche lente et continue du mur noir qui engloutira définitivement tout ce qu'on aime, désire, possède, espère, tout ce à quoi on aspire, alors toutes les sagesses disparaissent dans une introuvable cachette et l'angoisse tombe sur notre insomnie comme une couverture qui étouffe.

Bon nombre de jeunes gens éprouvent, au fond d'eux-mêmes, une angoisse panique devant la vie à laquelle ils aspirent si ardemment ; peut-être un nombre plus grand encore d'hommes vieillissants éprouvent-ils cette même angoisse devant la mort. J'ai même observé que ce sont précisément les jeunes gens qui ont peur de la vie qui, plus tard, éprouvent le plus la peur de la mort. Jeunes, on dit qu'ils souffrent de résistances infantiles à l'égard des exigences normales de la vie ; vieux, on devrait en somme faire la même remarque : ils ont peur également d'une exigence normale de la vie. Mais on est tellement persuadé que la mort est simplement la fin d'un déroulement, qu'il ne vient à l'esprit de personne de la considérer comme un but et un accomplissement, comme on le fait tout naturellement quand il s'agit des buts et des intentions d'une jeune vie qui monte.

La vie est un déroulement énergétique comme un autre. Or tout processus énergétique est, en principe, irréversible et, pour cette raison, orienté nettement vers un but unique qui est l'état de repos. Un processus n'est, en somme, qu'un commencement de trouble dans un état de repos qui cherche toujours à se rétablir. Téléologique « par excellence », la vie est en elle-même tendance vers un but, et le corps vivant est un système de finalités qui tendent à se réaliser. Le terme de tout écoulement est son but. Chaque écoulement est comme un coureur qui met tous ses efforts et toute son énergie à atteindre son but. L'aspiration des jeunes au monde et à la vie, leurs efforts pour réaliser de grands espoirs et des buts lointains traduit, de toute évidence, la tendance même de la vie vers son but, tendance qui se transforme immédiatement en peur de vivre, résistances névrotiques, dépressions et phobies dès qu'elle reste de quelque manière accrochée au passé, ou qu'elle recule, effrayée, devant les risques à courir, sans lesquels on ne peut atteindre les buts fixés. La maturité et l'apogée de la vie, qui coïncident environ avec son milieu, ne mettent nullement fin à cette tendance vers des buts. Aussi intensément et inlassablement qu'elle montait avant d'avoir atteint son milieu, elle descend maintenant l'autre versant, car le but n'est pas au sommet, mais dans la vallée où commença la montée. La courbe de la vie est semblable à la parabole d'un projectile. Tiré de sa position initiale d'inertie, le projectile s'élève pour revenir ensuite à la position de repos.

La courbe psychologique de la vie, il est vrai, ne veut pas coïncider avec cette conformité aux lois naturelles. Le désaccord commence parfois dès le début de la montée. Le projectile s'élève biologiquement ; psychologiquement, il hésite. On reste en arrière de ses années, on conserve son enfance, comme si l'on ne pouvait se détacher du sol. On arrête l'aiguille et on s'imagine avoir arrêté le temps. Pourtant, une fois parvenu, avec quelque retard, à un sommet, on s'y installe psychologiquement dans le repos, et, bien que l'on puisse s'apercevoir que l'on commence à glisser de l'autre côté sur la pente descendante, on s'accroche, au moins par de longs regards en arrière, à la hauteur une fois atteinte. La peur, autrefois obstacle à la vie, se dresse maintenant en face de la mort. On avoue que la peur de vivre avait retardé l'ascension et ce retard sert maintenant à justifier un désir d'autant plus grand de rester sur la hauteur atteinte. La preuve est faite que, malgré toutes les résistances (que l'on regrette — oh ! combien ! — maintenant) la vie l'a emporté ; mais, sans en tenir compte, on cherche une fois de plus à l'arrêter. La psychologie de l'homme qui agit ainsi perd son terrain naturel. Sa conscience reste en suspens, tandis qu'au-dessous de lui la parabole s'abaisse en une accélération accrue.

Le sol nourricier de l'âme, c'est la vie naturelle. Celui qui ne tient pas compte de son cours reste en suspens et se fige. D'où la rigidité de tant d'hommes d'âge mûr ; ils regardent en arrière et s'accrochent au passé avec, dans le cœur, une secrète angoisse de mourir. Ils se dérobent au processus de vie, du moins psychologiquement, semblables à des statues de sel du souvenir, se rappelant intensément le temps de leur jeunesse, sans pouvoir établir quelque relation vivante avec le présent. A partir du milieu de l'existence, celui-là seul reste vivant qui veut mourir avec la vie. Car c'est à l'heure mystérieuse du midi de la vie que la parabole se retourne et que se produit la *naissance de la mort*. Dans sa deuxième moitié, la vie n'est pas montée, déploiement, multiplication, débordement ; elle est mort, car son but, c'est la fin. Ne-pas-vouloir-l'apogée-de-sa-vie et ne-pas-vouloir-sa-fin, c'est la même chose. L'un et l'autre signifient ne-pas-vouloir-vivre. Ne-pas-vouloir-vivre a le même sens que ne-pas-vouloir-mourir. Devenir et disparaître forment une même courbe.

Cette vérité absolument indubitable, la conscience fait tout ce qu'elle peut pour ne pas l'accepter. On est en général prisonnier de son passé et l'on demeure dans l'illusion de la juvénilité. Être vieux est extrêmement impopulaire. On ne semble pas comprendre que ne-pas-vouloir-vieillir est aussi insensé que ne-pas-pouvoir-sortir-de-l'enfance. On doit certes déplorer qu'un homme de trente ans en soit resté au stade infantile ; mais un juvénile sexagénaire, n'est-ce pas charmant ? L'un et l'autre pourtant sont pervers, sans style, psychologiquement contre nature. Un jeune qui ne lutte ni ne remporte de victoires a manqué le meilleur de sa jeunesse, et le vieillard qui ne sait pas prêter l'oreille au secret des torrents qui bruissent en roulant du sommet des monts jusqu'aux vallées est insensé, momie spirituelle figée dans un passé révolu. Il est en dehors de sa propre vie, et se répète machinalement jusqu'au radotage. Que dire d'une culture qui a besoin de tels fantômes ?

La durée statistique relativement longue de notre vie est une conquête de la civilisation. Les hommes primitifs n'atteignent qu'exceptionnellement un âge avancé. Je n'ai vu que très peu d'hommes à cheveux blancs, âgés approximativement de plus de soixante ans, dans les tribus primitives que j'ai visitées en Afrique orientale. Mais ils étaient réellement vieux, vieux comme s'ils l'avaient toujours été, tellement ils s'étaient habitués à leur âge. Ils se montraient précisément ce qu'ils étaient sous tous les rapports. Nous sommes toujours plus ou moins que nous ne sommes réellement. On dirait que notre conscience s'est quelque peu écartée de son fondement naturel et ne voit plus bien clair dans la durée naturelle. Il semble que nous souffrions d'un orgueil de la conscience qui nous fait croire que la durée de la vie est une simple illusion, modifiable à volonté. (On se demande d'où la conscience tire son aptitude à être contraire à la nature et ce que peut bien vouloir dire cet autoritarisme.)

La trajectoire du projectile se termine au but ; de même la vie se termine à la mort, qui est le but final où elle tend. Sa montée même et son apogée ne sont que des degrés, des moyens en vue d'arriver à ce but : la mort. Cette formule paradoxale découle tout logiquement du fait que la vie tend vers une fin et un but déterminés. Je ne crois pas me prêter là à un simple jeu syllogistique. Nous attribuons un but et un sens à la montée de la vie, pourquoi pas à la descente ? La naissance de l'homme est grosse de signification ; pourquoi pas sa mort ? Durant vingt années et plus, on prépare le jeune être humain au déploiement complet de son existence individuelle : pourquoi ne se préparerait-il pas, pendant vingt ans et plus, à sa fin ? Avec l'apogée, il est vrai, on a visiblement atteint quelque chose, quelque chose que l'on est et que l'on possède. Mais qu'atteignons-nous avec la mort ?

Il m'est désagréable, au moment où l'on est en droit d'espérer une réponse, de sortir brusquement de ma poche une croyance et d'inviter mon lecteur à faire précisément ce qu'il ne put jamais : adopter une croyance. Je dois avouer que, moi-même, je ne l'ai jamais pu. Aussi ne vais-je point affirmer maintenant qu'il faut croire que la mort est une deuxième naissance qui mène à une existence continuée au-delà de la tombe. Du moins me sera-t-il permis de signaler que le *consensus gentium* a, de la mort, des conceptions très nettes, exprimées sans ambiguïté dans toutes les grandes religions de la terre. Bien plus, on peut même affirmer que la plupart de ces religions sont des systèmes compliqués de préparation à la mort, au point que la vie ne serait réellement, au sens de ma formule paradoxale de tout à l'heure, qu'une préparation au but dernier : la mort. Selon les deux plus grandes religions aujourd'hui vivantes, le christianisme et le bouddhisme, le sens de la vie se parfait dans sa fin.

Au siècle des lumières *(Aufklärung)* se forma, sur l'essence des religions, une opinion qui mérite d'être mentionnée à cause de sa large propagation, bien qu'elle soit une méprise typique de l'époque. Selon cette opinion, les religions seraient des espèces de systèmes philosophiques qui, comme ces derniers, seraient sortis de la tête des gens. Un homme quelconque aurait un jour imaginé un dieu et des dogmes et, grâce à cette fantaisie « réalisatrice de désirs », il aurait conduit l'humanité par le bout du nez. A cette opinion s'oppose la réalité psychologique de la difficulté que l'on a à saisir intellectuellement les symboles religieux. Ils ne proviennent nullement de la raison, mais d'ailleurs : du cœur peut-être, en tout cas d'une couche psychique profonde, qui ressemble peu à la conscience qui, elle, n'est que surface. Aussi les symboles religieux ont-ils toujours un caractère très marqué de « révélation », autrement dit, ce sont en général des produits spontanés de l'activité inconsciente de l'âme. Ils sont tout ce que l'on voudra sauf inventés par la pensée ; révélations naturelles de l'âme humaine, ils ont plutôt grandi peu à peu au cours des millénaires, comme des plantes. Aujourd'hui encore, nous pouvons toujours observer, chez des individus isolés, l'apparition spontanée de véritables et authentiques symboles religieux, surgissant de l'inconscient comme des fleurs d'une espèce étrangère ; la conscience en est embarrassée et ne sait que faire de ces produits. On peut, sans trop de difficulté, constater que ces symboles, individuels quant à leurs contenus et leurs formes, proviennent du même « esprit » inconscient (ou de quoi que ce soit) que les grandes religions humaines. En tout cas, l'expérience prouve que les religions ne proviennent nullement de subtilités conscientes, mais de la vie naturelle de l'âme inconsciente, dont elles sont en quelque sorte une expression adéquate. Ainsi s'explique qu'elles soient universellement répandues et aient exercé, au cours de l'histoire, leur immense influence sur l'humanité. Cela ne se comprendrait pas si les symboles religieux n'étaient au moins des vérités psychologiques naturelles.

Je sais que le terme « psychologique » crée à bien des gens des difficultés. Pour tranquilliser ces critiques, j'ajoute que personne ne sait ce qu'est la « psyché » et qu'on ne peut davantage indiquer quelle est son étendue dans la nature. Une vérité psychologique est donc aussi bonne et aussi convenable qu'une vérité physique qui se borne à la matière comme la première à la psyché.

Le *consensus gentium* qui s'exprime dans les religions concorde, nous l'avons vu, avec ma formule paradoxale. Il semble donc plus conforme à l'âme générale de l'humanité de considérer la mort comme l'accomplissement du sens de la vie et comme son véritable but, au lieu de voir en elle un simple arrêt dénué de sens. Qui souscrit en cette matière à une opinion de l'époque des lumières s'isole psychologiquement et se trouve en opposition avec une réalité généralement humaine.

Cette dernière phrase renferme la vérité fondamentale de toutes les névroses : l'essence des troubles nerveux consiste, en dernière analyse, en une aliénation vis-à-vis des instincts, en une dissociation de la conscience d'avec certaines réalités psychiques fondamentales. Les opinions « éclairées » se trouvent ainsi, sans s'en rendre compte, dans le voisinage immédiat des symptômes névrotiques. Comme eux, elles sont une *pensée déformée*, mise à la place de la pensée psychologique juste, qui, elle, reste toujours unie au cœur, à la profondeur de l'âme, à la souche. Car — lumière ou non, conscience ou non — la nature se prépare à la mort. Si nous pouvions observer directement et enregistrer les pensées d'un jeune homme quand il a le loisir de s'abandonner à la rêverie, à côté de quelques images-souvenirs, nous constaterions surtout la présence de fantaisies concernant l'avenir. De fait, la grande majorité des fantaisies est composée d'anticipations. Ce sont pour la plupart des actes préparatoires, ou des entraînements psychiques en vue de certaines réalités futures. S'il était possible de faire la même expérience avec un homme vieillissant — naturellement, sans qu'il le remarque — nous trouverions certainement, parce qu'il regarde en arrière, un plus grand nombre d'images-souvenirs que chez le jeune, mais avec elles, une quantité surprenante d'anticipations de l'avenir, la mort y comprise. Avec les années, les idées de mort s'accumulent même en quantités étonnantes. L'homme qui vieillit se prépare *nolens volens* à mourir. C'est pourquoi je pense que la nature elle-même veille à cette préparation en vue de la fin. L'opinion de la conscience individuelle n'a ici aucune importance objective. Mais au point de vue subjectif, il est fort différent que la conscience marche de pair avec l'âme ou qu'elle s'accroche à des opinions que le cœur ne connaît pas. Ne pas s'adapter au but qu'est la mort est une névrose aussi grave que de refouler, dans la jeunesse, les fantaisies qui s'occupent de l'avenir.

Ma longue expérience psychologique m'a permis de faire une série d'observations sur des personnes dont j'ai pu suivre l'activité psychologique inconsciente jusqu'aux approches de la mort. En général, la fin prochaine était annoncée par des symboles qui, même dans la vie normale, indiquent les transformations d'états psychologiques : symboles de renaissance tels que changement de lieu, voyages et autres images semblables. J'ai pu parfois poursuivre les annonces de la mort prochaine dans des séries de rêves pendant plus d'une année, même dans des cas où la situation extérieure semblait ne permettre aucune pensée de ce genre. Ainsi l'individu commençait à mourir bien avant l'arrivée de la mort réelle. Il se produit aussi assez fréquemment une modification particulière du caractère qui peut précéder de loin l'instant de la mort. En somme, assez peu de choses, et j'ai toujours été étonné du peu de cas que l'âme inconsciente fait de la mort, événement qui serait relativement anodin ; à moins que notre âme ne s'inquiète point de ce qui peut arriver à l'individu. Par contre, l'inconscient semble s'intéresser d'autant plus *à la façon* dont on meurt, à savoir si l'attitude de la conscience convient ou non en face de la mort. J'ai eu à soigner une femme de 62 ans. Elle était encore fraîche et d'une intelligence assez vive. Ce n'était pas par incapacité qu'elle ne comprenait rien à ses rêves. Il était malheureusement trop évident qu'elle ne *voulait* pas comprendre. Ses rêves, très clairs, lui étaient d'autant plus désagréables. Elle s'était imaginé qu'elle était pour ses enfants une mère irréprochable ; ses enfants n'étaient pas du tout de son avis, et les rêves, eux aussi, exprimaient une conviction très différente. Au bout de quelques semaines d'efforts infructueux, je dus interrompre le traitement parce que je fus appelé au service militaire (c'était pendant la guerre). Entre-temps, ma malade fut atteinte d'un mal incurable qui la conduisit en quelques mois à un état d'agonie dans lequel sa fin pouvait arriver à tout moment. Elle se trouvait, la plupart du temps, dans un état de délire ou de somnambulisme, et c'est dans cet état particulier qu'elle reprit spontanément le travail analytique interrompu. Elle se mit à reparler de ses rêves et s'avoua tout ce qu'autrefois elle m'avait nié avec le plus grand entêtement, et bien d'autres choses encore. Ce travail d'auto-analyse se fit à raison de quelques heures chaque jour pendant environ six semaines. Au bout de ce temps, elle s'était calmée, comme un malade au cours d'un traitement normal. Alors elle mourut.

Cette expérience, et un certain nombre d'autres du même genre, m'obligent à conclure que notre âme, à tout le moins, n'est pas indifférente à la mort de l'individu. Le besoin, si fréquent chez les mourants, de mettre de l'ordre partout où il est nécessaire, semble donner la même indication.

Quelle doit être l'ultime interprétation de ces expériences, c'est là un problème qui dépasse les compétences d'une science empirique, ainsi que nos capacités intellectuelles, car la conclusion impliquerait nécessairement l'expérience même de la mort. Malheureusement, cette expérience place l'observateur dans une situation qui lui rend impossible toute communication objective de ce qu'il sait et des conclusions à en tirer.

La conscience se meut dans d'étroites limites, tendue qu'elle est dans un court laps de temps entre commencement et fin, raccourcie encore d'environ un tiers par la périodicité du sommeil. La vie du corps dure un peu plus longtemps ; elle commence toujours plus tôt et ne finit très souvent qu'après la conscience. Commencement et fin sont les inévitables caractéristiques de tout processus. Cependant, à y regarder de plus près, il est extrêmement difficile d'indiquer où commence et où finit quelque chose, car les événements et les déroulements, les commencements et les termes forment, à proprement parler, une continuité jamais divisible. Nous découpons des processus pour les distinguer et les reconnaître, sachant bien, au fond, que toute division est arbitraire et conventionnelle. Ce faisant, nous n'intervenons aucunement dans la continuité du processus universel ; « commencement » et « fin » sont, en effet, en tout premier lieu, des nécessités de notre connaissance consciente. Nous pouvons bien constater avec une suffisante certitude qu'une *conscience* individuelle est, par rapport à nous, parvenue à sa fin. Mais la continuité du processus *psychique* est-elle par là interrompue ? Nous n'en savons rien, car aujourd'hui nous nous sentons moins sûrs qu'il y a cinquante ans de pouvoir affirmer que l'âme est liée au cerveau. Avant de se prononcer définitivement, la psychologie doit encore assimiler certaines réalités parapsychologiques ; elle n'a pas encore commencé ce travail.

Il semble que la psyché qui nous est inconsciente possède

des qualités qui jettent une lumière tout à fait curieuse sur les rapports qu'elle entretient avec l'espace et le temps. Je pense aux phénomènes télépathiques dans l'espace et le temps, qu'il est, chacun le sait, plus facile d'ignorer que d'expliquer. Jusqu'à présent, à quelques louables exceptions près, la science en a pris à son aise sur ce point. Je dois, pour ma part, avouer que les prétendues aptitudes télépathiques de la psyché ont été pour moi un casse-tête chinois, car le terme de « télépathie » est loin d'expliquer quoi que ce soit. La limitation temporo-spatiale de la conscience est d'une réalité tellement frappante que toute transgression de cette vérité fondamentale devient un événement d'une haute importance théorique. La preuve serait ainsi apportée qu'il est possible de supprimer cette limitation dans l'espace et le temps. L'instrument de cette suppression serait la psyché, dont la spatialité et la temporalité ne seraient que relatives, autrement dit : des qualités conditionnées. Le cas échéant, elle pourrait aussi briser les limites spatio-temporelles et cela nécessairement en vertu de cette propriété essentielle qu'elle possède d'être relativement en dehors du temps et de l'espace. Cette possibilité, très facile à concevoir, ce me semble, est d'une portée si considérable qu'elle devrait inciter les chercheurs à des efforts renouvelés. Mais nous sommes actuellement tellement en retard dans le développement de notre conscience (les exceptions confirment la règle) que nous manquons en général des moyens scientifiques et mentaux qui permettraient d'estimer, à sa juste valeur pour la psyché, l'importance des faits de télépathie. Je n'ai attiré l'attention sur ce genre de phénomènes que pour montrer que la liaison de la psyché au cerveau, donc sa limitation temporo-spatiale, n'est ni si évidente, ni si irréfutable qu'on pensait devoir l'admettre jusqu'ici.

Celui qui a ne serait-ce que quelque connaissance des faits parapsychologiques déjà connus et suffisamment sûrs sait qu'on ne peut mettre en doute, en particulier, la réalité des phénomènes de télépathie. Un examen objectif et critique des observations que nous possédons oblige à constater que des perceptions se produisent partie comme s'il n'y avait point d'espace, partie comme si le temps n'existait pas. On ne peut naturellement pas en tirer la conclusion métaphysique qu'il n'y a ni temps ni espace et que, par conséquent, l'esprit humain est enfermé dans les catégories du temps et de l'espace comme dans une nébuleuse illusion. Au contraire espace et temps sont non seulement des certitudes des plus immédiates et des plus naïves, ce sont encore des évidences empiriques, puisque tout ce qui est perceptible paraît se dérouler en eux. En présence de cette accablante certitude, il est compréhensible que la raison ait bien de la peine à admettre le caractère particulier du phénomène télépathique. Mais pour être équitable envers les faits, on ne peut se refuser à reconnaître que c'est l'apparence du non-temporel et du non-spatial qui en constitue l'essence propre. En somme, les intuitions naïves et les certitudes immédiates ne sont, rigoureusement parlant, que des sortes de preuves qu'il existe un à priori psychologique de formes représentatives qui ne sauraient de toute façon se présenter autrement. Notre incapacité totale d'imaginer une forme d'être sans temps ni espace ne peut être considérée comme une preuve que celle-ci est, en soi, impossible. Du caractère d'extemporalité et d'exspatialité apparentes, il n'est pas permis de conclure de façon absolue à la réalité d'un être en dehors de l'espace et du temps ; mais il n'est pas permis davantage, de l'apparente qualité temporelle et spatiale de la perception, de conclure qu'il ne peut exister aucune forme d'être dépourvue de ces qualités. L'hypothèse selon laquelle l'âme pourrait toucher une forme d'existence dépourvue de ces qualités est une question que la science pourrait, jusqu'à nouvel ordre, prendre au sérieux. Les idées et les doutes de la physique théorique moderne doivent rendre prudent même le psychologue. Que signifie en effet, philosophiquement parlant, « limitation de l'espace » sinon que l'on rend relative la catégorie de l'espace ? La même aventure pourrait arriver à la catégorie du temps (comme à celle de la causalité). Le doute à ce sujet est donc plus fondé aujourd'hui que jamais.

L'essence de la psyché atteint sans doute à des fonds obscurs bien au-delà des catégories de notre raison. L'âme renferme autant d'énigmes que le monde avec ses systèmes galactiques, devant le sublime spectacle desquels seul un esprit sans imagination peut ne pas avouer son insuffisance. Devant cette extrême incertitude de la pensée humaine, les prétentions au savoir sont, non seulement ridicules, mais aussi tristement dépourvues d'esprit. Si donc quelqu'un, obéissant au besoin intime de son cœur, ou se sentant en accord avec les sagesses les plus anciennes de l'humanité, ou encore s'appuyant sur le fait psychologique qu'il existe des perceptions « télépathiques », voulait conclure que la psyché participe dans son tréfonds à une entité sans temps ni espace et qu'elle appartient ainsi à ce que nous appelons maladroitement et symboliquement « éternité », le raisonnement critique ne pourrait lui opposer d'autre argument que le *non liquet* de la science. Il aurait en outre l'avantage non méprisable de se trouver en harmonie avec un « penchant » de l'âme humaine, qui existe depuis des temps immémoriaux et est universellement répandu. Qui n'aboutit pas à cette conclusion, par scepticisme ou par rébellion contre la tradition, par manque de courage, par manque d'ampleur de son expérience psychologique, ou par une ignorance irréfléchie, aura très peu de chance de devenir un pionnier de l'esprit ; il aura par contre l'indubitable certitude de se trouver en contradiction avec les vérités de son sang. Que celles-ci soient des vérités absolues ou non, on ne pourra jamais le démontrer. Il suffit qu'elles existent comme « penchant » ; nous savons assez ce que c'est que de s'engager à la légère dans un conflit avec ces « vérités » ; c'est comme si l'on voulait se mettre consciemment au-dessus des instincts, c'est le déracinement, la désorientation, l'absurdité de la vie, quel que soit le nom donné à tous ces symptômes d'infériorité. Une des erreurs sociologiques et psychologiques les plus funestes, si nombreuses à notre époque, consiste à s'imaginer qu'à partir d'un moment donné quelconque une chose peut changer du tout au tout, que l'homme, par exemple, peut se transformer de fond en comble, ou que l'on peut découvrir une formule, une vérité absolument nouvelles. La transformation profonde des choses ou déjà leur simple amélioration fut toujours un miracle. S'écarter des vérités du sang conduit à l'*agitation* névrotique que nous connaissons aujourd'hui plus que suffisamment. L'agitation engendre l'absurdité, et l'absurdité de la vie est un mal spirituel dont notre époque n'a pas encore saisi toute l'étendue ni toute la portée.

FONDEMENTS PSYCHOLOGIQUES DE LA CROYANCE AUX ESPRITS

Quand nous contemplons le passé de l'humanité, nous remarquons, à côté de nombreuses autres convictions religieuses, une croyance généralement répandue à l'existence de fantômes, d'êtres immatériels qui se tiennent dans le voisinage immédiat des hommes, exerçant sur eux une influence invisible mais très efficace. Le plus souvent, on y rattache l'idée que ces êtres sont les esprits ou les âmes des morts. Cette croyance se rencontre depuis les peuples de la plus haute culture jusqu'aux nègres d'Australie qui en sont encore à l'âge de la pierre. Chez les peuples civilisés d'Occident, il est vrai, la phase de rationalisme éclairé qui dure depuis un peu plus d'un siècle a combattu et, chez un grand nombre de gens instruits, refoulé, la croyance aux esprits en même temps que d'autres convictions métaphysiques. Mais, comme ces dernières, elle n'en reste pas moins vivace parmi la grande masse. La maison hantée n'a pas encore disparu même des villes les plus éclairées et les plus intellectuelles, et le paysan n'a pas cessé de croire aux sorts jetés sur son bétail. Au contraire, nous avons pu voir qu'à l'époque même du matérialisme — conséquence inévitable du rationalisme éclairé — la croyance aux esprits s'est ranimée sur un plan plus élevé. Cette fois il ne s'agit point d'une rechute dans la nuit de la superstition, mais d'un intérêt scientifique intense, d'un besoin d'éclairer à la lumière de la vérité le sombre chaos de ces faits incertains. Les noms d'un Crookes, d'un Myers, d'un Wallace, d'un Zoellner et de beaucoup d'autres savants notoires, symbolisent cette renaissance et ce renouvellement de la croyance aux esprits. On peut discuter sur la nature des faits observés ; on peut reprocher à ces savants des erreurs et des illusions ; du moins leur restet-il l'immortel mérite moral d'avoir, de tout le poids de leur autorité et du grand nom qu'ils ont dans la science, faisant fi de toute crainte personnelle, pris sur eux de tenter de jeter dans cette obscurité une nouvelle lumière. Ils n'ont reculé ni devant le préjugé académique, ni devant les moqueries de la foule ; à une époque, précisément, où la pensée des gens instruits était plus que jamais absorbée par le courant matérialiste, ils ont attiré l'attention sur des phénomènes d'origine psychique qui paraissaient en contradiction avec le matérialisme contemporain. Ces hommes marquent donc une réaction de l'esprit humain contre la conception matérialiste. Du point de vue historique, il n'y a rien d'étonnant qu'ils se soient servis précisément de la croyance aux esprits comme de l'arme la plus efficace contre la vérité de provenance uniquement sensorielle, car la croyance aux esprits a pour le primitif la même valeur fonctionnelle. Le primitif dépend énormément des circonstances qui se déroulent autour de lui. Sa vie, faite de difficultés et de misères innombrables, au milieu de voisins hostiles et de bêtes sauvages dangereuses, le plus souvent à la merci d'une nature impitoyable, ses sens aiguisés, son aspiration sensuelle, sa domination imparfaite des affects, tout l'enchaîne aux réalités physiques, de sorte qu'il court sans cesse le danger de sombrer dans une attitude totalement matérialiste, par conséquent de dégénérer. Mais sa croyance aux esprits, ou plus exactement sa perception du spirituel, l'arrache continuellement aux chaînes qui le lient à un monde purement visible et tangible, lui imposant la certitude d'une réalité spirituelle dont il doit observer les lois avec autant de soin et de scrupule que celles de la nature physique qui l'entoure. Ainsi vit-il à proprement parler dans deux mondes. Sa réalité physique est en même temps aussi un monde d'esprits, et si la première (la réalité physique) est pour lui indéniable, le second (le monde des esprits) lui est tout aussi réel, non parce qu'il en est convaincu, mais à cause de la naïveté avec laquelle il perçoit les choses spirituelles. Dès que le contact avec la culture et ses lumières rationnelles — si funeste au primitif — a fait disparaître cette naïveté, le primitif cesse d'être guidé par la loi de l'esprit et dégénère. De cette défaite, le christianisme ne le préservera pas non plus, parce que cette religion si hautement évoluée exige une psyché très évoluée aussi pour pouvoir développer ses bienfaisantes conséquences.

Le phénomène des esprits est pour le primitif l'évidence immédiate de la réalité du spirituel. Si nous recherchons de plus près en quoi consiste pour lui ce phénomène des esprits, nous découvrons les faits psychologiques suivants : avant tout la vision d'esprits n'est pas rare chez les primitifs. On tend à croire qu'elle est chez lui beaucoup plus fréquente que chez le civilisé, et l'on en conclut qu'il n'y a là que simple superstition, un fait de ce genre ne se produisant jamais chez un homme civilisé, sauf peut-être dans des états maladifs. Il est bien certain que l'homme civilisé fait beaucoup moins usage de l'hypothèse des esprits que le primitif ; cependant, à mon avis, il est tout aussi évident que le phénomène psychique en lui-même n'est pas beaucoup plus rare chez le premier que chez le second. Je suis persuadé qu'un Européen qui suivrait les mêmes exercices et les mêmes pratiques que le sorcier utilise pour rendre visibles les esprits aurait aussi les mêmes perceptions. Il les interpréterait certes autrement, ce qui leur enlèverait leur puissance ; mais le fait en tant que tel n'y perdrait absolument rien. On sait que l'Européen aussi peut avoir toutes sortes de perceptions psychiques étonnantes quand il est contraint de vivre assez longtemps dans des conditions primitives ou quand le hasard l'a mis dans des situations psychiques extraordinaires.

La croyance aux esprits s'appuie, chez le primitif, essentiellement sur le *rêve*. En lui apparaissent très souvent des personnages en action que la conscience primitive considère volontiers comme des esprits. On sait que, pour le primitif, certains rêves ont une valeur incomparablement plus grande que pour l'homme civilisé. Non seulement il en parle beaucoup, mais ils ont aussi à ses yeux une telle importance qu'il semble souvent pouvoir à peine les distinguer de la réalité. Pour les hommes civilisés en général, les rêves paraissent sans importance ; pourtant il en est aussi parmi eux un très grand nombre qui attribuent à certains une grande importance précisément à cause de leur caractère souvent étrange et impressionnant. Cette particularité que présentent certains rêves rend compréhensible la supposition qu'ils sont inspirés. Or s'il y a inspiration, il doit y avoir aussi implicitement quelque chose qui inspire, un *spiritus*, un esprit, bien qu'il ne soit guère question de cette conséquence logique. Un cas particulièrement favorable est l'apparition, assez fréquente dans les rêves, de personnes décédées. L'entendement naïf la considère comme une réapparition des morts.

Comme autre source de la croyance aux esprits, il faut citer les maladies psychogènes, les troubles nerveux, surtout ceux de nature hystérique qui semblent assez fréquents chez les primitifs. Comme ces maladies proviennent de conflits psychologiques la plupart du temps inconscients, il semble qu'elles soient provoquées par des personnes vivantes ou mortes, rattachées, de quelque manière, étroitement à ce conflit subjectif. S'agit-il des morts ? On est tenté de croire que ce sont leurs esprits qui ont exercé une influence mauvaise. Les conflits pathogènes, qui remontent souvent à l'enfance, sont rattachés au souvenir des parents ; il est donc compréhensible que, pour le primitif, les esprits des parents aient précisément une importance particulière. C'est là ce qui explique que le culte des ancêtres et des parents soit si répandu. Le culte des morts est avant tout une protection contre la malveillance des défunts. Quand on traite des troubles nerveux, on sait de quel poids est l'influence des parents sur les malades. Beaucoup se sentent réellement poursuivis par eux, même quand ils sont morts depuis longtemps. Le retentissement psychologique des parents est si puissant que, chez beaucoup de peuples, comme nous l'avons dit, il en est issu tout un système de culte des morts[1].

---

1. En 1925-1926, je prenais part à une expédition au Mount Elgon. Une de nos porteuses d'eau tomba malade. C'était une jeune femme demeurant dans un kraal voisin. Il s'agissait, selon toute apparence, d'un avortement septique avec très forte fièvre. Notre équipement sommaire ne permettait pas de la soigner. La famille fit immédiatement venir un « nganga », un « medicine man ». Celui-ci marcha en cercles de plus en plus larges autour de la hutte en flairant les alentours. Tout à coup, il s'arrêta sur un sentier qui descendait de la montagne et déclara que la malade était la fille unique de parents qui étaient morts bien trop jeunes, et qui se tenaient en haut dans la forêt de bambous d'où ils descendaient chaque nuit pour rendre leur fille malade afin qu'elle meure et vienne leur tenir compagnie. On construisit aussitôt sur ce sentier un « piège à esprits » en forme de hutte en miniature ; on fit une petite statue de glaise comme simulacre de la

Les *maladies mentales* jouent un rôle d'une importance indubitable dans l'origine de la croyance aux esprits. Chez les primitifs, pour autant que nous le sachions, il s'agit le plus souvent de maladies de nature délirante, hallucinatoire et catatonique qui semblent appartenir au vaste domaine de ce qu'on appelle schizophrénie, maladie qui constitue la majorité des maladies mentales chroniques. Toujours et partout les aliénés furent regardés comme possédés par les mauvais esprits. Le malade favorise cette croyance par ses hallucinations. Les malades de cette sorte souffrent moins de visions que d'hallucinations auditives : ils entendent des « voix ». Ce sont très souvent celles de parents ou de personnes rattachées de quelque manière aux conflits subjectifs du malade. A l'entendement naïf, ces sortes d'hallucinations donnent l'impression qu'elles proviennent des esprits.

Il est impossible de parler de la croyance aux esprits sans songer aussi à la croyance à l'âme qui lui est corrélative. Le primitif est persuadé qu'un esprit est presque toujours l'esprit d'un mort ; il fut donc auparavant l'âme d'un vivant. C'est notamment le cas lorsque règne la conviction que l'homme ne possède qu'*une seule* âme. Il n'en est pas ainsi partout et on lui en suppose fréquemment deux ou plusieurs, dont l'une ou l'autre subsiste après la mort et possède une relative immortalité. Dans ce cas, le revenant n'est qu'une des différentes âmes du vivant. Il n'est donc qu'une partie de l'âme totale, un fragment psychologique, pourrait-on dire.

La croyance à l'âme se trouve ainsi être une condition nécessaire de la croyance aux esprits, du moins tant qu'il s'agit de croyance à l'esprit des morts. Mais le primitif croit aussi qu'ils ne sont pas seuls et qu'il y a aussi des démons élémentaires dont on ne suppose pas qu'ils aient jamais été des âmes humaines ou des parties de celle-ci. Pour ce groupe d'esprits, il conviendrait donc de chercher une autre origine.

Avant d'examiner de plus près les fondements psychologiques de la croyance à l'âme, jetons un regard rapide sur les

---

malade que l'on plaça dans la petite hutte avec du « posho » (nourriture). La nuit, les esprits y entrèrent parce qu'ils pensaient être auprès de leur fille. A notre extrême étonnement, la malade guérit en l'espace de deux jours. Notre diagnostic était-il faux ? L'énigme n'est pas résolue.

faits mentionnés ci-dessus. J'ai indiqué trois sources principales qui donnent à la croyance aux esprits un fondement en quelque sorte réel : la vision de fantômes, le rêve et les troubles pathologiques de la vie mentale. Le plus normal et le plus commun est le rêve, dont on reconnaît en général la très grande importance pour la psychologie primitive. Or qu'est-ce que le rêve ?

Le rêve est un phénomène psychologique qui, sans motivation consciente, apparaît pendant le sommeil. La conscience cependant n'est pas complètement évanouie pendant le sommeil onirique ; il en subsiste un faible degré. C'est ainsi que, dans la plupart des rêves, on conserve une relative conscience du moi, mais d'un moi très borné et transformé de façon étrange que l'on appelle moi onirique. Ce n'est qu'un fragment ou une esquisse du moi de veille. La conscience n'existe que dans la mesure où un contenu psychique est associé au moi. Le moi est un complexe psychique d'une solidité interne toute particulière. Comme il est très rare que le sommeil soit sans rêves, on peut aussi admettre que le complexe du moi suspend rarement toute son activité. Elle n'est en général que restreinte par le sommeil. A ce moi s'associent dans le rêve des contenus psychiques qui approchent de lui, par exemple les événements extérieurs réels : aussi nous trouvons-nous transportés en rêve dans des situations qui ne ressemblent en rien à la pensée de veille, mais se rapprochent plutôt de situations réelles. Les hommes et les choses qui existent pénètrent dans le champ de notre vision ; de même les images du rêve pénètrent dans le champ de conscience du moi onirique comme une réalité d'autre sorte. Nous n'avons pas le sentiment que nous faisons les rêves, mais qu'ils viennent à nous. Ils ne se soumettent pas à notre bon plaisir, mais obéissent à leurs propres lois. Ils représentent manifestement des complexes psychiques autonomes qui se forment d'eux-mêmes. Nous n'avons pas conscience de la source d'où ils proviennent. Aussi disons-nous qu'ils tirent leur origine de l'inconscient. Il nous faut donc admettre l'existence de complexes psychiques indépendants, échappant au contrôle de notre conscience, apparaissant et disparaissant selon leurs propres lois. L'expérience de notre vie éveillée nous fait croire que nous sommes les auteurs de nos pensées et que nous les suscitons quand nous voulons. Nous croyons aussi savoir d'où elles viennent, et pourquoi et dans quel but nous les avons. S'il arrive qu'une pensée s'empare de nous contre notre gré, ou qu'elle disparaisse de même brusquement, nous avons l'impression qu'il s'est produit quelque chose d'exceptionnel ou même de morbide. La différence entre l'activité psychique de l'état de veille et celle de l'état de sommeil paraît donc extraordinaire. Dans le premier, la psyché semble contrôlée par l'activité consciente alors que, dans le second au contraire, elle semble donner naissance à des contenus qui pénètrent dans notre conscience comme des faits étrangers et incompréhensibles, venus d'un autre monde.

Il en est de même de la vision. Elle est comme un rêve, mais apparaît à l'état de veille. Issue de l'inconscient, à côté de la perception consciente, elle n'est pas autre chose que l'irruption d'un contenu inconscient dans la continuité du conscient. Ce même phénomène se retrouve dans les troubles mentaux. Sans cause apparente, semble-t-il, l'oreille n'entend pas seulement les bruits de l'entourage, les vagues sonores qui proviennent de l'extérieur : elle est de plus excitée de l'intérieur et entend des contenus psychiques qui n'étaient pas des contenus immédiats de la conscience du sujet[1]. A côté des jugements que l'intellect et le sentiment tirent de prémisses, surgissent des opinions et des convictions qui s'imposent au sujet, apparemment sous l'influence de perceptions réelles, en réalité causées par des conditions intérieures inconscientes. Ce sont les idées délirantes.

Le caractère commun de ces trois cas est que la psyché, quoique formant un tout, n'est pas une unité indivisible, mais bien une totalité divisible et plus ou moins divisée. Bien que les diverses parties soient reliées entre elles, elles conservent cependant une relative indépendance, au point que certaines parties de l'âme ne s'associent que très rarement ou pas du tout au moi. J'ai donné à ces fragments psychiques le nom de *complexes autonomes* et c'est sur le fait de leur existence que j'ai fondé ma *théorie dite des complexes* de la psyché[2]. D'après cette théorie, le complexe du moi forme le centre

1. Il y a aussi des cas où les voix des malades expriment tout haut leurs propres pensées conscientes. Mais ils sont assez rares.

2. *Cf.* « Généralités sur la théorie des complexes », in *L'Homme à la découverte de son âme, op. cit.,* p. 189.

caractéristique de notre psyché. Mais il n'en est qu'un parmi une diversité d'autres. Les autres s'associent plus ou moins fréquemment à lui et deviennent ainsi conscients. Ils peuvent cependant exister un certain temps sans s'y associer. La psychologie de la conversion de saint Paul en est un exemple excellent et généralement connu. Bien que l'instant même de la conversion semble tout à fait inattendu, nous savons pourtant, parce que de multiples expériences répétées nous l'apprennent, qu'une transformation aussi fondamentale est précédée d'une longue préparation intérieure ; c'est seulement une fois celle-ci terminée, autrement dit lorsque l'individu est mûr pour la conversion, que la nouvelle vérité éclate accompagnée d'émotion violente. Saint Paul, sans le savoir, était chrétien depuis longtemps ; de là sa haine fanatique du christianisme, car le fanatisme ne se rencontre jamais que chez ceux qui ont à étouffer des doutes secrets. C'est pourquoi les convertis sont toujours les pires fanatiques. L'apparition du Christ sur la route de Damas n'indique que le moment où le complexe chrétien inconscient s'associa au moi de saint Paul. Si le Christ lui apparut sous forme de vision quasi objective, c'est que les sentiments chrétiens de saint Paul étaient un complexe inconscient. Aussi lui apparaissaient-ils projetés, comme s'ils ne lui appartenaient pas. Incapable de se concevoir chrétien, il devint aveugle par résistance au Christ et ne put guérir que grâce à un chrétien. La cécité psychogène dont il s'agit dans ce cas est toujours due à un refus (inconscient) de voir. Le refus de voir correspond en fait à la résistance fanatique de saint Paul contre le christianisme. L'Écriture prouve que cette résistance ne s'éteignit jamais complètement chez saint Paul ; elle éclatait de temps en temps dans des attaques que l'on a dites, à tort, épileptiques. Ces attaques correspondent à un retour soudain du complexe Paul, dissocié par la conversion comme l'avait été avant elle le complexe chrétien.

Des raisons de morale intellectuelle nous interdisent de soumettre le cas de saint Paul à une explication métaphysique, autrement il nous faudrait aussi expliquer de la même manière tous les cas analogues que nous rencontrons chez nos malades. Cela nous mènerait à des conclusions tout à fait absurdes contre lesquelles s'insurgent, non seulement la raison, mais encore le sentiment. Dans les rêves, les visions, les hallucinations pathologiques et les folies, les complexes autonomes de la psyché se manifestent avec une particulière netteté. Comme le moi n'en a pas conscience, qu'ils lui sont par conséquent étrangers, ils apparaissent toujours d'abord sous forme de projections. Dans les rêves, ils sont représentés sous les traits d'autrui ; dans les visions, ils sont en quelque sorte projetés dans l'espace ; de même les voix, dans l'aliénation, puisque les malades ne les attribuent pas directement aux personnes de leur entourage. Les idées de persécution sont fréquemment attribuées à certaines personnes auxquelles le malade prête les qualités de ses complexes inconscients. Le malade sent que ces personnes lui sont hostiles parce que son moi est hostile au complexe inconscient, comme le fut Paul à l'égard de son complexe du Christ non accepté. Les chrétiens furent persécutés par lui parce qu'ils représentaient ce complexe du Christ qui existait en lui, bien qu'il ne l'eût pas reconnu. Ce cas se répète dans la vie quotidienne : sans grande hésitation, on est toujours prêt à projeter une supposition sur les hommes et les choses et à les haïr ou à les adorer selon cette projection. Mais contrôle et réflexion sont si compliqués et si difficiles que l'on préfère juger à la légère, sans s'apercevoir que l'on ne fait que projeter et que l'on est ainsi victime d'un insensé tour de passe-passe. On ne se rend absolument pas compte de l'injustice et de la dureté d'un tel procédé, et surtout on ne pense jamais à l'importante perte de personnalité que l'on subit lorsque, par pure insouciance, on se donne le luxe de prêter à autrui ses fautes ou ses avantages personnels. Il est à tous points de vue extrêmement désavantageux de tenir autrui pour aussi sot et aussi inférieur que l'on est soi-même et l'on devrait savoir quel dommage on se cause en cédant de plein gré ses bonnes qualités personnelles à des brigands moraux, avides de butin.

Du point de vue psychologique, donc, *les esprits* sont *des complexes autonomes inconscients qui apparaissent projetés* puisqu'ils ne sont, par ailleurs, pas directement associés au moi [1].

J'ai indiqué plus haut que la croyance à l'âme est un corréla-

---

1. Que l'on ne commette pas l'erreur de prendre ceci pour une constatation métaphysique. La question de savoir s'il existe des *esprits en soi* est loin d'être ainsi résolue. La psychologie n'a pas à s'occuper de l'« en-soi » des choses, mais de leur représentation.

tif nécessaire de la croyance aux esprits. Tandis que les esprits se font sentir comme étrangers au moi et indépendants de lui, les âmes se comportent autrement. Le primitif ressent la proximité ou l'influence d'un esprit comme désagréable ou dangereuse ; il se sent allégé quand il a pu le bannir. Il en est autrement de la perte de l'âme qu'il ressent comme une grave maladie, et c'est également à cette perte qu'il attribue les graves maladies corporelles. Il existe de nombreux rites dont le but est de faire rentrer dans le malade l'oiseau-âme. Il est interdit de frapper les enfants parce que leur âme pourrait en être offensée et se retirer. L'âme est donc, pour le primitif, quelque chose qui devrait normalement être avec lui, tandis que les esprits semblent être pour lui autre chose qui ne doit point normalement rester dans son voisinage. Aussi évite-t-il les lieux où se tiennent les esprits. Il n'y pénètre qu'avec crainte et dans des intentions religieuses ou magiques.

La pluralité des âmes indique une pluralité de complexes relativement autonomes qui peuvent se comporter comme des esprits. Néanmoins ces complexes d'âme semblent devoir être rattachés au moi et leur perte être considérée comme une maladie, à l'inverse des complexes d'esprits dont les rapports avec le moi causent la maladie et leur dissociation, la guérison. C'est pourquoi la pathologie primitive reconnaît comme cause de maladie, non seulement la perte de l'âme, mais aussi la possession par l'esprit. Les deux théories se contrebalancent à peu près.

En conséquence, nous devrions admettre l'existence de complexes inconscients appartenant normalement au moi et l'existence d'autres complexes qui normalement ne devraient pas s'y associer. Les premiers sont les complexes d'âme, les seconds, les complexes d'esprits.

Cette discrimination courante dans la pensée des primitifs cadre en tous points avec ma conception de l'inconscient. Selon elle, l'inconscient se divise en deux sphères nettement distinctes. L'une est celle que j'appelle *inconscient personnel*. Il renferme tous les contenus psychiques oubliés au cours de la vie. Leurs traces continuent à se conserver dans l'inconscient, même lorsque tout souvenir conscient est éteint. De plus, l'inconscient personnel renferme toutes les impressions subliminales ou les perceptions douées d'une énergie trop faible pour pouvoir atteindre la conscience. A cela viennent s'ajouter les combinaisons représentatives inconscientes *encore* trop faibles ou trop imprécises pour pouvoir franchir le seuil de la conscience. On y trouve enfin tous les contenus incompatibles avec l'attitude consciente. Le plus souvent, il s'agit de tout un groupe de contenus. Sont surtout soumis au refoulement par suite d'incompatibilité ceux qui semblent inadmissibles aux points de vue moral, intellectuel ou esthétique. On sait qu'il est impossible à l'homme de ne penser et de ne sentir que le beau, le bon et le vrai. Mais si l'on s'efforce de garder une attitude aussi idéale qu'il se peut, on refoule automatiquement tout ce qui ne convient pas à cette attitude. Si, comme il arrive presque toujours chez les hommes différenciés, une fonction, par exemple la pensée, est particulièrement développée et domine la conscience, le sentiment se trouve naturellement repoussé à l'arrière-plan et retombe ainsi pour une grande part dans l'inconscient.

C'est là ce qui compose l'inconscient personnel. L'autre partie, je l'appelle *inconscient impersonnel ou collectif.* Comme l'indique déjà le terme, il ne contient rien de personnel, mais uniquement du collectif, c'est-à-dire ce qui n'appartient pas à un individu unique et spécifique, mais au moins à tout un groupe d'individus, le plus souvent à tout un peuple, voire à toute l'humanité. Ce ne sont pas des acquisitions de l'existence individuelle, mais des produits de formes spirituelles et d'instincts innés. Bien que l'enfant n'ait point de représentations innées, il possède cependant un cerveau hautement développé avec des possibilités fonctionnelles bien déterminées. Ce cerveau, il l'a hérité de ses ancêtres. Il est comme le résidu des fonctions nerveuses de toute son ascendance. L'enfant apporte ainsi au monde un organe tout prêt à fonctionner au moins comme il le fit de tout temps. Dans ce cerveau gisent préformés les instincts ainsi que les images primordiales qui ont toujours servi de base aux pensées des hommes, donc toute la richesse des motifs mythologiques[1]. Chez l'homme normal,

1. Par quoi il ne faut entendre en aucun cas la forme que prend chaque fois le motif, mais son schéma préconscient (donc non sensible). On peut le comparer au réseau cristallin qui se trouve préformé dans l'eau-mère, et qu'il ne faut pas confondre avec les divers systèmes axiaux des cristaux particuliers.

il n'est naturellement pas facile de démontrer immédiatement l'existence d'un inconscient collectif ; pourtant, dans ses rêves, s'annoncent de temps en temps des représentations mythologiques. Les contenus de l'inconscient collectif apparaissent très nettement dans certains cas de troubles mentaux, en particulier dans la schizophrénie. Souvent s'y développent des images mythologiques en une variété insoupçonnée. Les aliénés produisent souvent des associations d'idées et des symboles qu'il est impossible de ramener aux expériences de leur existence individuelle, mais qui se rapportent certainement à l'histoire de l'esprit humain. Il s'agit de la pensée primitive mythologique qui reproduit ses images primordiales, et nullement de la reproduction d'expériences conscientes[1].

L'*inconscient personnel* contient donc des complexes appartenant à l'individu et qui forment une partie indispensable de sa vie psychique. Lorsque des complexes quelconques, qui devraient être associés au moi, deviennent inconscients par refoulement ou par disparition, l'individu subit une perte. Et lorsqu'un complexe perdu redevient conscient, par exemple à la suite de traitement psychothérapeutique, il éprouve comme un accroissement d'énergie[2]. La guérison de bon nombre de névroses s'effectue de cette façon. Au contraire, quand un complexe de l'inconscient *collectif* s'associe au moi, c'est-à-dire devient conscient, l'individu a l'impression de quelque chose d'étranger et d'inquiétant et en même temps de fascinant ; en tout cas la conscience en est considérablement influencée, parce qu'elle a l'impression que le complexe est quelque chose de morbide, ou qu'elle est détournée par lui de la vie normale. L'association au moi d'un contenu collectif

1. *Cf.* à ce sujet *Métamorphoses de l'âme et ses symboles*, Georg, Genève, 1953. SPIELREIN : *Über den psychischen Inbalt eines Falles von Schizophrenie, Jahrb. f. Psychoanal. u. Psychopath. Forsch.*, t. III, 1911. NELKEN : *Analytische Beobachtungen über Phantasien eines Schizophrenen, Jahrb. f. Psychoanal. Forsch.*, t. IV, 1912. C.A. MEIER : *Spontanmanifestationen des kollektiven Unbewussten, Zentralbl. f. Psychotherapie*, t. XI, 1939.

2. Cet accroissement, il est vrai, on ne le trouve pas toujours agréable. C'est qu'on n'avait pas été du tout mécontent de la perte du complexe, tant que les désagréables conséquences de cette perte ne s'étaient pas fait sentir.

provoque toujours un état d'« aliénation » parce qu'alors se mêle à la conscience individuelle quelque chose qui devrait plutôt rester inconscient, autrement dit séparé du moi. Si l'on réussit à écarter de la conscience un contenu de ce genre, l'individu se sent plus léger et plus normal. L'irruption de ces contenus étrangers est un symptôme caractéristique du commencement de nombreuses maladies mentales. Les malades sont assaillis d'idées étranges et inouïes, le monde paraît transformé, les hommes ont des visages étranges et grimaçants, etc.[1].

Nous sentons que les contenus de l'inconscient personnel appartiennent à notre âme ; ceux de l'inconscient collectif au contraire paraissent étrangers et semblent venir du dehors. La réintégration d'un complexe personnel produit un allégement et souvent une véritable guérison ; l'irruption d'un complexe collectif inconscient est au contraire un indice très désagréable, et même dangereux. Le parallélisme avec la croyance primitive aux âmes et aux esprits est évident. *Les âmes des primitifs correspondent aux complexes autonomes de l'inconscient personnel ; les esprits, par contre, aux complexes de l'inconscient collectif.*

Du point de vue de la science, nous désignons prosaïquement ce que le primitif considère comme des âmes ou des esprits du nom de complexes psychiques. Vu le rôle extraordinaire que joue dans l'histoire et dans le présent la croyance aux âmes et aux esprits, nous ne pouvons nous contenter d'en constater simplement l'existence ; nous devons en pénétrer plus profondément la nature.

On peut aisément démontrer l'existence des complexes au moyen de l'expérience d'association. Le procédé est le suivant : l'expérimentateur prononce un mot auquel le sujet doit répondre immédiatement, aussi vite que possible, par un mot

1. Des connaisseurs en cette matière trouveront à redire à la partialité de ma description, car ils savent que l'*archétype*, c'est-à-dire le contenu collectif autonome, n'a pas uniquement l'aspect négatif décrit ici. Or je me suis borné à la symptomatologie courante telle qu'on la trouve dans tout manuel de psychiatrie et à l'attitude de défense, tout aussi courante, contre l'inhabituel. Il est évident que l'archétype a aussi une « numinosité » positive, dont j'ai abondamment parlé ailleurs.

qui s'y associe. On mesure la durée de la réaction. On s'attendrait à ce que la réponse à tous les mots simples puisse se faire avec la même rapidité et que seuls les mots « difficiles » exigent un allongement du temps de réaction. En réalité les choses se passent autrement. Souvent des temps de réaction d'une longueur inattendue succèdent à des mots simples, alors que les mots difficiles reçoivent une réponse immédiate. Un examen plus minutieux a montré que l'allongement du temps de réaction apparaît le plus souvent lorsque le mot *stimulus* touche un contenu à forte teinte affective. En plus de l'allongement du temps de réaction, apparaissent d'autres troubles caractéristiques dont je ne puis ici décrire le détail. Les contenus affectivement teintés concernent généralement des faits que le sujet préférerait garder ignorés d'autrui. Le plus souvent, il s'agit d'événements pénibles que l'on a refoulés pour cette raison, ou même parfois de faits inconnus du sujet lui-même. Lorsqu'un mot *stimulus* rencontre un complexe de ce genre, le sujet ne trouve aucune réponse, ou bien tant de choses lui viennent à l'esprit qu'il ne sait plus du tout que répondre, qu'il répète machinalement le *stimulus*, ou donne une réponse qu'il remplace immédiatement par une autre, etc. Une fois l'expérience terminée, si l'on demande au sujet de répéter les réponses données à chacun des *stimuli*, il se rappelle fréquemment les réponses ordinaires, mais se souvient le plus souvent mal des réponses données aux mots qui se rattachent à des complexes. Ces particularités montrent nettement les propriétés spéciales du complexe autonome : il provoque un dérangement dans la disposition à réagir, il enlève la possibilité de répondre, ou provoque tout au moins un retard disproportionné, ou bien il cause une réaction qui ne convient pas ; souvent aussi il fait disparaître le souvenir de la réponse. Il contrecarre donc la volonté consciente en perturbant l'attitude. C'est pourquoi nous parlons de l'*autonomie des complexes*. Lorsque nous soumettons à cette expérience un nerveux ou un aliéné, nous découvrons que les complexes qui troublent la réaction sont aussi le contenu principal du trouble psychique. En même temps que les anomalies de la réaction, ils provoquent aussi des symptômes. J'ai observé des cas où le sujet répondait à certains *stimuli* par des paroles incohérentes, apparemment dépourvues de sens, qui lui échappaient de façon inattendue, comme si elles étaient prononcées par une personne étrangère. Ces paroles faisaient partie du complexe autonome. Lorsqu'un *stimulus* extérieur vient de les provoquer, ces complexes autonomes peuvent causer de brusques confusions de la pensée, des affects, des dépressions, des états d'angoisse, etc., à moins qu'ils ne se manifestent par des hallucinations. Bref, leur comportement est tel qu'on a l'impression que la croyance primitive aux esprits en est une excellente expression.

On peut pousser plus loin cette comparaison. Certains complexes naissent à la suite d'expériences douloureuses ou pénibles de la vie individuelle. Ce sont des expériences de nature émotionnelle qui font des blessures psychiques de longue durée. Une expérience catastrophique peut, par exemple, détruire chez un homme des qualités de haute valeur. Il en résulte des complexes inconscients, de nature personnelle. Dans un cas semblable, un primitif parlerait de perte de l'âme — et il aurait raison, car certaines parties de la psyché ont réellement disparu. Une partie des complexes autonomes provient d'expériences personnelles de ce genre. Mais il en est qui proviennent d'une source tout à fait différente. Autant la première est facile à reconnaître — précisément parce qu'elle concerne la vie extérieure que chacun peut voir — autant la seconde est obscure et difficile à saisir parce qu'elle concerne toujours des perceptions ou des impressions touchant des contenus de l'inconscient collectif. D'ordinaire, on cherche à rationaliser ces perceptions internes à l'aide de causes extérieures, sans d'ailleurs y parvenir. Ce sont au fond des contenus irrationnels dont l'individu n'eut jamais conscience auparavant et dont il cherchera en vain à découvrir une cause extérieure. La conception primitive les traduit excellemment quand elle exprime sa conviction qu'un esprit étranger y est pour quelque chose. J'ai remarqué que ces événements intérieurs paraissent dans les deux cas suivants : lorsqu'un événement extérieur a ébranlé l'individu au point de provoquer l'écroulement de toute la conception de la vie qu'il avait eue jusqu'alors, ou encore lorsque, pour une raison quelconque, les contenus de l'inconscient collectif ont acquis une intensité d'énergie qui leur donne le pouvoir d'influencer la conscience. Ce cas se présente, je crois, lorsqu'un changement profond de nature sociale, politique ou religieuse se produit dans la vie d'un peuple ou d'un groupe humain considérable. Un tel changement est l'indice aussi d'une modification de l'attitude psychologique. Nous sommes, il est vrai, habitués à ramener les changements historiques profonds uniquement à des causes extérieures. Mais je crois que ces dernières ne sont, plus ou moins, que de simples occasions grâce auxquelles se manifeste la nouvelle attitude en face du monde et de la vie, qui s'est préparée dans l'inconscient. Les conditions politiques, sociales et religieuses générales affectent l'inconscient collectif en ce sens que tous les facteurs que réprime la conception dominante du monde, ou l'attitude en face de la vie, se rassemblent peu à peu dans l'inconscient collectif et animent ainsi ses contenus. Le plus souvent alors un individu, ou plusieurs doués d'une intuition particulièrement puissante, perçoivent ces transformations de l'inconscient collectif et les traduisent en idées communicables. Ces idées se répandent ensuite avec rapidité, parce que des transformations analogues se sont produites dans l'inconscient des autres hommes. Il règne une disposition générale à accepter les idées nouvelles malgré la résistance qui se manifeste d'autre part. Les idées nouvelles ne sont pas seulement de simples ennemies des anciennes ; elles se présentent aussi le plus souvent sous une forme qui semble plus ou moins inacceptable à l'attitude antérieure.

Chaque fois que des contenus de l'inconscient collectif s'animent, cet événement exerce sur la conscience une action d'une puissance extrême. Il se produit toujours une certaine confusion. Si la réanimation de l'inconscient collectif a pour cause la faillite totale des espérances et des attentes de la vie, le danger est grand que l'inconscient ne prenne la place de la réalité. Ce serait là un état morbide. Si au contraire l'animation de l'inconscient collectif a pour cause des processus psychologiques dans l'inconscient du peuple, l'individu se sent certes menacé, ou tout au moins désorienté, mais l'état qui en résulte n'a rien de maladif, du moins pour l'individu. On pourrait toutefois comparer l'état mental du peuple tout entier à une psychose. Lorsque l'on réussit à traduire l'inconscient en un langage communicable, l'effet est salutaire, les forces instinctives contenues dans l'inconscient se trouvent, grâce à cette traduction, transférées dans le conscient et deviennent une source nouvelle de puissance qui peut déclencher un enthousiasme lourd de conséquences [1].

Les esprits ne sont pas, en toutes circonstances, dangereux et malfaisants ; traduits en idées, ils peuvent développer des effets bienfaisants. Un exemple bien connu de cette transition d'un contenu de l'inconscient collectif en langage compréhensible commun est donné par le miracle de la Pentecôte. Pour les Gentils, les Apôtres semblaient être dans un état de confusion extatique [2]. Mais dans cet état ils enseignèrent la nouvelle doctrine qui offrait à l'attente inconsciente du peuple l'expression convenable et salutaire, et qui se répandit, avec une étonnante rapidité, à travers tout l'immense empire romain.

Les esprits sont des complexes de l'inconscient collectif qui remplacent l'adaptation perdue ou cherchent à remplacer chez un peuple, par une nouvelle attitude, celle qui est devenue insuffisante. Les esprits sont donc des idées morbides ou des idées nouvelles encore inconnues.

Les esprits des morts se forment de la façon suivante : tout l'attachement affectif qui unissait le mort à ses parents perd, après la mort, son utilisation réelle ; aussi disparaît-il aussitôt dans l'inconscient où il anime un contenu collectif qui n'exerce aucune influence heureuse sur le conscient. C'est pourquoi les Bataks et beaucoup d'autres primitifs disent que, dès qu'ils sont morts, les défunts prennent un méchant caractère et cherchent toujours à nuire de quelque manière aux vivants. C'est sans doute qu'ils ont fait souvent l'expérience qu'un attachement persistant aux morts rend les hommes moins aptes à la vie et cause même des maladies psychiques. L'effet défavorable peut apparaître immédiatement sous forme de perte de libido, de dépression, et de maladie corporelle. On considère aussi comme événement venant après la mort les phénomènes généraux d'apparition de fantômes. Il s'agit là, en premier lieu, de réalités psychiques que l'on ne peut mettre en doute. La phobie de la superstition, si étrangement liée à ce que l'on appelle la philosophie des lumières, est très souvent cause que

1. La description ci-dessus de la réalisation d'une psyché collective a été faite au printemps de 1919. Les événements qui se produisirent en 1933 sont venus la confirmer.

2. Actes des Apôtres, II, 13 : « Ils sont pleins de vin doux. »

des récits de faits extrêmement intéressants ont été rapidement écartés et ont été ainsi perdus pour la science. Non seulement j'ai pu découvrir de nombreux récits de ce genre chez mes malades, mais j'en ai moi-même observé quelques-uns. Mais mon matériel est trop réduit pour que j'en puisse tirer une opinion fondée. Quoi qu'il en soit, j'en suis arrivé à l'opinion personnelle qu'il s'agit, dans les apparitions, de faits dont on rêve, certes, mais dont la « sagesse d'école » ne veut rien savoir.

*
* *

J'ai esquissé dans cette étude une conception psychologique du problème des esprits telle qu'elle se dégage des connaissances actuelles sur les processus inconscients. Je me suis tenu rigoureusement dans les limites de la psychologie, évitant intentionnellement la question de savoir si les esprits existent en soi et pourraient manifester leur existence par des effets matériels. Ce n'est pas que je pense à priori qu'une telle question serait insensée. Mais je ne suis pas à même de faire état de la moindre expérience probante. Mon lecteur comprendra aussi bien que moi qu'il est extrêmement difficile de trouver des preuves de l'existence indépendante des esprits, car les communications spirites courantes ne sont le plus souvent pas autre chose que des manifestations très quotidiennes de l'inconscient personnel. Cependant, il y a des exceptions qui méritent d'être signalées. C'est pourquoi je tiens à attirer l'attention sur le cas extraordinaire que Stewart E. White décrit dans une série de livres. Les communications ont ici une portée extraordinairement plus profonde que partout ailleurs. Elles produisent par exemple une série d'idées archétypiques, parmi lesquelles l'archétype du Soi, de sorte que l'on pourrait presque penser qu'il s'agit là d'emprunts faits à mes écrits. Un plagiat conscient étant mis à part, je considère aussi qu'une reproduction cryptomnésique est peu probable. Il s'agit probablement en réalité d'une production originale spontanée de l'archétype collectif. En soi, il n'y a rien là d'extraordinaire puisque l'on peut justement rencontrer le type du Soi partout dans la mythologie comme dans les produits de la fantaisie individuelle. L'apparition spontanée dans la conscience de contenus collectifs, dont la psychologie a déjà depuis longtemps signalé la présence dans l'inconscient, est une des tendances générales des communications des médiums par lesquelles sont transmis à la conscience des contenus de l'inconscient. J'ai étudié la plus grande partie de la littérature spirite précisément au sujet des tendances qui se manifestent dans les communications et j'en suis arrivé à la conclusion que nous avons, dans le spiritisme, un essai spontané de l'inconscient pour devenir conscient en une forme collective. Les efforts desdits esprits tendent ou bien à rendre les vivants directement plus conscients, ou bien à faire profiter les morts récents, et indirectement aussi les vivants, de leurs efforts psychothérapeutiques. Le spiritisme, en tant que phénomène collectif, tend donc au même but que la psychologie médicale ; il provoque les mêmes représentations fondamentales, ainsi que le montrent ces différentes manifestations — il est vrai sous la forme de « doctrines spirites » — caractéristiques de l'essence de l'inconscient collectif. Si ahurissants qu'ils puissent être, ces faits n'apportent rien, ni pour, ni contre l'hypothèse des esprits. Il en est autrement, il est vrai, de la réussite de *preuves d'identité*. Je n'aurai pas la folie, à la mode aujourd'hui, de considérer comme charlatanerie tout ce que je ne puis expliquer. Sans doute n'y a-t-il que très peu de preuves de ce genre qui puissent résister au critère de la *cryptomnésie* et surtout à celui de l'*extra sensory perception*. La science ne peut pas se permettre le luxe d'être naïve. Ces questions attendent encore leur réponse. Mais à qui s'intéresse à la psychologie de l'inconscient, je ne puis que recommander de lire les livres de Stewart E. White[1]. Le plus intéressant me semble être : *The Unobstructed Universe* (1944). Est remarquable aussi : *The Road I know* (1945) parce qu'on y trouve une excellente introduction à la méthode d'*imagination active* que j'utilise depuis plus de trente ans dans le traitement des névroses pour amener à la conscience des contenus inconscients[2]. On trouve encore dans ces écrits l'équation primitive : monde des esprits = monde des rêves (inconscient).

Quant aux phénomènes parapsychiques, ils semblent en

---

1. C'est le Dr Künkel, de Los Angeles, qui a amicalement attiré mon attention sur Stewart E. WHITE.

2. Une brève description de la méthode est donnée dans *Le Moi et l'Inconscient, op. cit.*

général être liés à la présence d'un médium [1]. Ils sont, pour ce qui concerne mon expérience, des effets extériorisés de complexes inconscients. Je suis certes persuadé de l'existence de ces extériorisations. J'ai vu bien des fois, par exemple, des effets télépathiques de complexes inconscients et j'ai aussi observé une série de phénomènes parapsychiques. Mais je ne puis dans tout cela voir aucune preuve de l'existence d'esprits véritables et dois, jusqu'à nouvel ordre, considérer le domaine de ces phénomènes comme un chapitre de la psychologie [2]. Je crois que la science doit s'imposer ces limitations. Mais il ne faut jamais oublier que la science est uniquement affaire d'intellect. Or l'intellect n'est qu'une fonction psychique parmi d'autres fondamentales ; aussi ne suffit-il pas à donner une image complète de l'univers. Il faut y ajouter au moins le sentiment. Or celui-ci a bien souvent des convictions autres que celles de l'intellect, et il n'est pas toujours possible de prouver qu'elles sont inférieures aux siennes. Il y a en outre les perceptions subliminales de l'inconscient qui ne sont pas à la disposition de l'intellect conscient et qui, par suite, n'apparaissent pas dans une image intellectuelle de l'univers. Nous avons donc toutes raisons de n'accorder à notre intellect qu'une valeur limitée. Mais quand nous travaillons avec l'intellect, nous devons procéder scientifiquement et rester fidèles à un principe d'expérience aussi longtemps que nous n'aurons rencontré aucune preuve incontestable qu'il est dépourvu de valeur.

---

1. Mais il y a aussi certaines exceptions remarquables à cette règle. Cf. les rapports de Harry PRICE sur Borely Rectory.

2. Après avoir depuis un demi-siècle collectionné les expériences psychologiques de beaucoup d'hommes et dans de nombreux pays, je ne m'en sens plus aussi certain qu'en 1919, alors que j'écrivais la phrase ci-dessus. Franchement je doute qu'une méthode et une étude exclusivement psychologiques puissent rendre un compte exact des phénomènes dont il s'agit. Non seulement les constatations de la parapsychologie, mais aussi mes propres réflexions théoriques, que j'ai esquissées en 1946 dans ma contribution à *Eranos*, m'ont conduit à certains postulats qui voisinent avec le domaine des représentations de la physique atomique, c'est-à-dire du continuum espace-temps. Ainsi se trouve posée la question de la réalité transpsychique qui est le fondement immédiat de la psyché.

Voir : *Les Racines de la conscience, op. cit.*

INDEX ALPHABÉTIQUE [1]

1. Nous adressons nos plus vifs remerciements à Madame *Nicole Goldin* qui a bien voulu assumer la tâche de cet index (Dr R. C.).

D

E

F

J

M

N

O

P

Q

R

W

Y

Z

Table

Achevé d'imprimer en mars 2022, en France par
La Nouvelle Imprimerie Laballery
58500 Clamecy (Nièvre)
N° d'impression : 203272
Dépôt légal 1re publication : septembre 1996
Édition 13 - avril 2022

LIBRAIRIE GÉNÉRALE FRANÇAISE
21, rue du Montparnasse - 75283 Paris Cedex 06

42/0443/4